Die Kabbalistische Lerntafel der Prinzessin Antonia in Bad Teinach

Matthias Morgenstern, Monika Garruchet (Hg.)

Die KABBALISTISCHE LERNTAFEL

der Prinzessin Antonia in Bad Teinach

Mit Fotos von Ewald Freiburger

EDITION Papierblatt

J. S. Klotz Verlagshaus

Impressum

Titel:	Die Kabbalistische Lerntafel der Prinzessin Antonia in Bad Teinach
Herausgeber:	Matthias Morgenstern und Monika Garruchet
Verleger:	Ewald Freiburger und Jeff S. Klotz von Eckartsberg J. S. Klotz Verlagshaus GmbH Schloss Bauschlott Am Anger 70 | 75245 Neulingen www.klotz-verlagshaus.de
Satz, Umschlag:	Harald Funke
Fotos:	Ewald Freiburger, Ausnahmen im Bildnachweis
Grafik und Bildbearbeitung:	Harald Funke und Susanne Kaiser-Asoronye
Endkorrektorat:	Corinna Wintzer
Titelbilder:	Umschlagvorderseite: Die Frau im grünen Kleid am Eingang des Paradiesgartens Umschlagrückseite: Innenteil des Bad Teinacher Buchstaben- und Gemäldeschreins

Bibliographische Information der Deutschen Nationalbibliothek:
Die Deutsche Nationalbibliothek verzeichnet diese Publikation in der Deutschen Nationalbibliographie; detaillierte bibliographische Daten sind im Internet über http://dnb.de abrufbar.

Das Werk ist in allen Teilen urheberrechtlich geschützt. Jede Verwertung ist ohne Zustimmung des J. S. Klotz Verlagshauses unzulässig. Dies meint vor allem Vervielfältigungen, Einspeicherung und Weiterverarbeitung durch digitale Systeme.

ISBN: 978-3-949763-53-3
© J. S. Klotz Verlagshaus GmbH, 2023

Alle Rechte vorbehalten
Informationen über Bücher aus dem Verlag unter
www.klotz-verlagshaus.de

Inhaltsverzeichnis

Vorwort 7
Thorsten Trautwein

Die kabbalistische Lerntafel der Prinzessin Antonia in Bad Teinach 9
Matthias Morgenstern

Notizen zur Biografie der Lerntafel und ihrer Autorin –
eine Spurensuche 129
Monika Garruchet

Zwei hebräische Gebete der Prinzessin Antonia von Württemberg
(1613–1679) im Kontext der Einweihung der kabbalistischen Lehrtafel
in Bad Teinach 173
Reinhard Gruhl und Matthias Morgenstern

Anhänge 191
    Anhang I: Der Kanzeldeckel in der Jakobuskirche Brackenheim 191
                      Monika Garruchet und Matthias Morgenstern
    Anhang II: Die Stiftungen der Prinzessin Antonia 201
                      Ewald Freiburger, Monika Garruchet und Eckart Schultz-Berg

Glossar 239
Personenregister 258
Bildnachweis 260
Beitragende 261
Danksagungen 261
Mit freundlicher Unterstützung 262
Edition Papierblatt 263

Vorwort

von Thorsten Trautwein

Vor 350 Jahren, zum 60. Geburtstag der württembergischen Prinzessin Antonia, wurde in der Ev. Dreifaltigkeitskirche in Bad Teinach ein einzigartiges Kunstwerk aufgestellt, das bis heute fasziniert. Es ist ein Bilderschrein, der durch seine außergewöhnliche Gestaltung über Generationen hinweg zum Entdecken und Lernen einlädt.

„Lernen" ist das Stichwort, das Matthias Morgenstern und Monika Garruchet hervorheben. Bewusst sprechen sie von der „Lerntafel" der Antonia und nehmen uns mit auf eine faszinierende Entdeckungsreise, auf der wir die Lerntafel als ein eindrucksvolles Zeugnis für die Bedeutung des christlichen Lernens aus jüdischen Quellen kennenlernen. Dabei geht es der Lerntafel nicht nur um ein rein kognitives Verstehen, sondern um eine tiefe Gottesbeziehung, die zur existentiellen Zufriedenheit führt. Mit Psalm 37,4 steht dieses „Lernziel" als Verheißung auf dem oberen Querbalken des Schreins geschrieben: „Habe deine Lust am Herrn. Er wird dir geben, was dein Herz begehrt."

Ein großer Dank gebührt Jeff Klotz und Ewald Freiburger sowie Harald Funke vom J. S. Klotz Verlagshaus. Sie haben die Entstehung des Buches engagiert begleitet und seinem Inhalt mit dem reichhaltigen Bildmaterial, das teilweise bereits von Erwin Morgenthaler für eine Ausstellung verwendet wurde, und dem wunderschönen Layout eine würdevolle äußere Gestalt gegeben. Mit ihrer finanziellen Förderung machen die Ev. Kirchengemeinde Bad Teinach-Zavelstein, der Ev. Kirchenbezirk Calw-Nagold, der Landkreis Calw, der Kreisgeschichtsverein Calw e. V., die Agentur Eidon Architecture, die Forschungsstiftung für Spätmittelalter und Reformation e. V. (Tübingen) und der Württembergische Geschichts- und Altertumsverein e. V. deutlich, welche Bedeutung auch sie der Lerntafel und der Auseinandersetzung mit ihr beimessen. Danke!

Mit der Aufnahme des Buchs in die Edition Papierblatt wollen wir einen weiteren Beitrag zur Erschließung der Zusammenhänge von jüdischem und christlichem Glauben, von deutscher und jüdischer Geschichte leisten.

Thorsten Trautwein, Ev. Schuldekan

Die kabbalistische Lerntafel der Prinzessin Antonia in Bad Teinach

von Matthias Morgenstern

1. Einleitung

Ein Kunstschatz im Nordschwarzwald

Unweit der Hermann-Hesse-Stadt Calw im Nordschwarzwald, im Tal des Bächleins Teinach, eines Zuflusses der Nagold, liegt der kleine Ort, dem der Bach seinen Namen gegeben hat: Bad Teinach. Bekannt durch seinen Sauerbrunnen, der ihn zu einem Kurort werden ließ, wurde Teinach, damals „Deinach" genannt, nach dem Dreißigjährigen Krieg zur Sommerresidenz der Herzöge von Württemberg. An der Grenze zwischen dem Kur- und dem Wohnbezirk des Heilbades ließ Herzog Eberhard III. (1614–1674) in den Jahren 1662–1665 eine Kirche erbauen, die Dreifaltigkeitskirche, in der heute die evangelische Kirchengemeinde und Kurgäste ihre Gottesdienste feiern. In diesem Gotteshaus ist an der Südseite des Chors ein Kunstschatz zu bestaunen – die, wie sie meist genannt wird, *Lehrtafel* der württembergischen Prinzessin Antonia (1613–1679).

Herzog Eberhard III.

Chor der Dreifaltigkeitskirche. Im Chorraum hinter der Sakristei befindet sich die Kabbalistische Lerntafel.

Wie ich im Folgenden zeigen möchte, sollte dieses Kunstwerk aber besser *Lerntafel* heißen. Denn der farbenprächtige Schrein präsentiert weder fertige Lehren noch „von oben herab verkündete" Glaubenswahrheiten im Sinne eines Katechismus. Er lädt seine Betrachterinnen und Betrachter vielmehr dazu ein, sich auf einen *Weg des Lernens* zu machen – den Weg, das Geheimnis zu erkunden, das die Bad Teinacher Kirche in ihrem Namen trägt, die Dreieinigkeit des lebendigen Gottes. Diesem Geheimnis ist im christlichen Kalender ein

Kruzifix von 1666 von Jakob Eberhard Schwarz, Chororgel und Kabbalistische Lerntafel. Die Lerntafel nimmt fast die gesamte Südseite des Chorraums ein.

besonderer Platz gewidmet. Am Fest der Dreieinigkeit (Trinitatis), eine Woche nach Pfingsten, beschließen Christen jedes Jahr die Abfolge von Weihnachts- und Osterfestkreis und fassen damit zusammen, dass sie von Gott nur so sprechen können, dass zugleich von Jesus Christus und vom Heiligen Geist, Gottes Gegenwart in der Kirche, die Rede ist: Gott ist einer in drei Personen.

Die Rede von der →Trinität findet sich freilich nicht in der Bibel; die entsprechenden Formulierungen wurden auf den christlichen Konzilien des vierten und fünften Jahrhunderts beschlossen. Deshalb und weil die Trinitätslehre dem jüdischen Eingottglauben (Monotheismus) widerspricht (oder zu widersprechen scheint) gilt die Rede vom dreieinigen Gott vielfach als Merkmal der Trennung zwischen Juden und Christen und Stein des Anstoßes im jüdisch-christlichen Dialog. Der Bad Teinacher Schrein führt dem Betrachter aber vor Augen, dass dem nicht so sein muss. Mit seinen hebräischen Buchstaben und Gestalten aus der Hebräischen Bibel und der Geschichte des Volkes Israel ist er ein einzigartiges Zeugnis der christlichen →Kabbala, ein „Weltwunder", das Zeugnis gibt von einer Frömmigkeit, die vom Glauben an den dreieinigen Gott und *zugleich* von Bildern und Symbolen aus dem Judentum geprägt ist.[1]

Das Kunstwerk, ein aufklappbares Triptychon von 5,10 m Breite und 6,50 m Höhe, nimmt fast die gesamte Südwand des Altarraumes ein. Es zeigt den persönlichen Weg der Prinzessin zu Gott und zur Erkenntnis der Wahrheit. Auf der Grundlage des Alten und Neuen Testaments bietet es eine Darstellung der biblischen Heilsgeschichte und der Geschichte des ganzen Kosmos von der Paradieserzählung bis zum Endgericht am letzten Tag. Zugleich enthält der Schrein eine zehnfach gegliederte Darstellung Gottes, eine auf Spekulationen jüdischer Gelehrsamkeit beruhende schematische Darstellung der

---

1 Zum Wort Johann Laurentius Schmidlins vom „Weltwunder" vgl. Oetinger, Die Lehrtafel, S. 510 und Betz, Licht vom unerschaffnen Lichte, S. 7.

→zehn Offenbarungsweisen oder „Abglänzungen" (→*Sefirot*, Singular: *Sefira*) des Gottes Israels, wie er sich in Natur und Geschichte offenbart. Getreu den Anweisungen der Prinzessin und ihres Beraterkreises wurde diese theologische Gesamtschau von Welt und Geschichte in den Jahren 1659 bis 1663 in Form und Farbe gesetzt. Der Künstler war wahrscheinlich der württembergische Hofmaler Johann Friedrich Gruber (um 1620–1681), obgleich seine Signatur auf dem Bilderschrein bisher nicht zu entdecken war. Wer auch immer den Pinsel geführt hat – sicherlich hat er oft geseufzt über viele Veränderungs- und Verbesserungswünsche seiner Auftraggeberin und ihres Kreises.

Balthasar Raiths judenfeindliche Predigt

Nach seiner Fertigstellung stand das Kunstwerk zehn Jahre lang in den Gemächern des herzoglichen Schlosses in Stuttgart, bis die Prinzessin es im Frühjahr 1673, nach ihrem 60. Geburtstag, in der Teinacher Kirche aufstellen ließ. Am Dreieinigkeitssonntag desselben Jahres, am 25. Mai nach dem im Herzogtum zu dieser Zeit noch geltenden julianischen Kalender[2], wurde es der anwesenden Gemeinde feierlich vorgestellt. Die Festpredigt hielt – wie er betonte, auf Wunsch der Prinzessin – der Theologieprofessor und Rektor der Universität Tübingen Balthasar Raith (1616–1683). Seinen distanzierten Worten ist noch heute abzuspüren, dass der Schrein ihn wie viele Zeitgenossen eher befremdete.[3] Kabbalistischen Traditionen stand Raith reserviert und herablassend gegenüber. Den schwäbischen Gelehrten Johannes Reuchlin (1455–1522), den „Weiland gewesenen Würtenbergischen Rath", der die →christliche Kabbala in Württemberg eingeführt hatte, verdächtigte er abergläubischer Praktiken, denen Christen nicht nachgehen sollten. Der schwäbische

Lied zum Einweihungsgottesdienst der Lerntafel am Sonntag Trinitatis 1673.

---

2 Vgl. dazu Gruhl, Die kabbalistische Lehrtafel, S. 265. Dieses Datum entspricht dem 4. Juni nach dem gregorianischen Kalender. Zum Nebeneinander von julianischem und gregorianischen Kalender im 17. Jahrhundert vgl. unten Kap. 4 („Beobachtungen zum Bilder- und Buchstabenschrein"), Abschnitt „Kalendarische Unordnung".

3 Raiths Predigt wurde 1673 in einem Tübinger Separatdruck veröffentlicht; der Text findet sich transkribiert und sachkundig kommentiert bei Gruhl, Die kabbalistische Lehrtafel, S. 239–253.

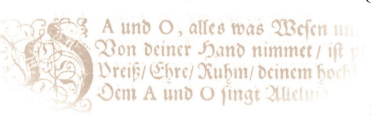

Gelehrte, der zu Beginn des 16. Jahrhunderts in ganz Europa bekannt geworden war, weil er in der Öffentlichkeit dafür eintrat, die jüdischen Handschriften und Bücher vor dem Verbrennen zu retten (→Judenbücherstreit), habe, so Raith, die ersten fünf Verse des ersten Buches Mose „auf Jungfern=Pergament geschrieben" als Amulett am Hals getragen.[4] Der (angeblich) missbräuchlichen Verwendung *hebräischer* Lettern bei Reuchlin stellt Raith zu Beginn seiner Predigt das Bekenntnis zu Jesus Christus als dem „A und O" des Glaubens entgegen – nicht zufällig mit Verweis auf die *griechischen* Buchstaben Alpha und Omega (Offenbarung 1, 8).[5] Die Kabbala sei eine „unmässig=gerühmte" Lehre, die den Juden nur „zu härterer Verstockung" in ihrem Unglauben oder zum Aberglauben (*superstitio*) diene. Um dem Ressentiment und seiner →Judenfeindschaft Ausdruck zu verleihen, griff Raith zu einer alttestamentlichen Erzählung, die er auf befremdliche Art und Weise aktualisierte: Die Christen sollten mit den Juden so verfahren „wie Benaja der vortreffliche Held Davids", der einem furchterregenden ägyptischen Mann mit einem Stecken in der Hand entgegentrat, ihm „seinen spieß auß der Hand gerissen und mit selbigem ihn erwürget hat" (2. Samuel 23, 21).[6] Diese Ermahnung an die Gottesdienstbesucher ist schon deshalb bemerkenswert, weil der Prediger hier an ein Motiv aus der Geschichte des Alten Israel anspielt, das auf der an biblischen Themen gewiss reichen Bad Teinacher Tafel gerade *nicht* zu finden ist. Wären Juden (die sich nach dem seit 1498 in Geltung befindlichen Ausweisungsbefehl des Grafen Eberhard im Bart freilich nicht mehr in Württemberg aufhalten durften) zugegen gewesen, hätten sie Raiths Äußerung wohl als eine Art Mordaufruf verstanden. Ungeachtet dieses gewalttätigen Satzes sah Raith für christliche Betrachter des Bildes die Gefahr, sie könnten einen „müden Kopf" bekommen. Kabbalistische Vorstellungen, so sein Resümee, seien für Christen nur deshalb nützlich, weil sie hülfen, angeblich falsche jüdische Vorstellungen zu widerlegen.[7]

---

4 Zitiert nach Gruhl, Die kabbalistische Lehrtafel, S.259. Das Amulett bestand angeblich aus den fünf hebräischen Endbuchstaben der Schlussworte der Verse 1. Mose 1, 1–5 (vgl. a.a.O., S. 271–272 und 371). Mit Jungfernpergament ist wahrscheinlich ein aus Häuten ungeborener oder neugeborener Lämmer gefertigtes Material gemeint, das als besonders rein gilt.

5 Vgl. Gruhl, Die kabbalistische Lehrtafel, S. 249.

6 Zitiert nach Gruhl, Die kabbalistische Lehrtafel, S. 258. Raith spielt offenbar auf die Vorstellung von der in Ägypten beheimateten →Zauberei an. Auf deren Vertreter war seiner Meinung nach das biblische Urteil aus 2. Mose 22, 17 anzuwenden: „Zauberinnen sollst du nicht leben lassen!"

7 Vgl. Gruhl, Die kabbalistische Lehrtafel, S. 5–6. Zu Raith vgl. Morgenstern, Balthasar Raith.

Lehrtafel, „Burg Antonia" oder „Lerntafel"?

Wenn der Tübinger Professor, dessen „Würdigung" der von Antonia gestifteten Tafel – allen pflichtgemäßen Bekundungen der Ehrerbietung dem herzoglichen Haus gegenüber zum Trotz – bis an die Grenze der Unhöflichkeit ging, das Bild eine „lehrreiche Tafel" nannte[8], war das daher nicht nur als Gattungsbestimmung gemeint. Es ging ihm auch um die Einordnung des Bildes in die herrschende orthodox-lutherische „Lehre".[9] Wohl aus diesem Grund nannte der Sindelfinger Pfarrer Johann Laurentius Schmidlin (1626–1692), der zum Beraterkreis der Prinzessin gehörte, seine Abhandlung zur Erklärung des Schreins *Pictura docens* („lehrendes Bild"). Auch er wollte seine Leser von der theologisch korrekten Konzeption des Kunstwerks überzeugen und seiner öffentlichen Wahrnehmung eine bestimmte Richtung geben. Schmidlin, der Großvater des schwäbischen Pietisten Johann Albrecht Bengel (1687–1752), stellte seinen Text, den er im Auftrag der Prinzessin verfasste und ihr widmete, bereits 1660 fertig[10] – zwei Jahre, nachdem der mutmaßliche Maler, Johann Friedrich Gruber, 1658 mit seiner Arbeit an dem Schrein begonnen hatte. Doch während die Auftragsarbeit 1662/63, zu Antonias fünfzigstem Geburtstag, fast beendet war, wurde Schmidlins Text, obwohl er – wie Friedrich Christoph Oetinger (1702–1782) berichtet – dem Stuttgarter Konsistorium zur Begutachtung vorlag und nicht beanstandet wurde, nie veröffentlicht.[11] Erst im 20. Jahrhundert, nach Untersuchungen Friedrich Häußermanns und nach ihrer Edition und Übersetzung aus dem Lateinischen ins Deutsche (2005), konnte Schmidlins *Pictura docens* ihren vollen Beitrag zum Verständnis des Schreins leisten.

Theologische Entwürfe, die in Sprachgebrauch oder Form von den Erzeugnissen der herrschenden protestantischen Dogmatik abwichen, galten in den evangelischen Territorien des Deutschen Reiches im 17. Jahrhundert als verdächtig. 1676 wurde im Stuttgarter Konsistorium über den Fall des Pfarrers Ludwig Brunnquell verhandelt; der Geistliche wurde wegen der Verbreitung der Thesen des Mystikers Jakob Böhme und wegen seiner Ansichten, die auf die baldige Ankunft eines diesseitigen Friedensreiches Christi gerichtet waren (Chiliasmus), verwarnt.[12] Die Schriften des Erbauungsschriftstellers Johann Arndt, der im Anschluss an den Schweizer Arzt und Naturphilosophen Paracelsus (Theophrast von Hohenheim, 1493/94–1541) alchemistischen und astrologischen Vorstellungen gegenüber offen war, durften im Herzogtum Württemberg zu Lebzeiten der Prinzessin nicht gedruckt werden.[13] Auch Antonias Werk lag der Stuttgarter Kirchenbehörde zur Begutachtung vor.[14] Wäre es als ketzerisch eingestuft worden, wäre die Aufstellung in einer evangelischen Kirche verboten worden. Dies geschah nun nicht; immerhin scheint

---

8   Zitiert nach Gruhl, Die kabbalistische Lehrtafel, S. 252.
9   Zitiert nach Gruhl, Die kabbalistische Lehrtafel, S. 250.
10 Vgl. Schmidlin, Pictura docens (Einleitung, S. XVI).
11 Vgl. Schmidlin, Pictura docens (Einleitung, S. XXXI).
12 Vgl. Wallmann, Pietismus-Studien, S. 132 und 155.
13 Wallmann, Pietismus-Studien, S. 73.
14 Betz, Licht vom unerschaffnen Lichte, S. 96.

es der Zensur recht gewesen zu sein, den Schrein nicht in der Hauptstadt, sondern in einem weit entfernt liegenden Schwarzwaldtal zu wissen. Auffällig ist jedenfalls, dass verschiedene Handreichungen, die Antonia zum Verständnis ihres Werkes verfasste, unveröffentlicht blieben.[15] Nur Raiths Einweihungspredigt blieb als Druck erhalten. Seiner Definition des Schreins als „Lehrtafel" müssen wir uns heute aber nicht mehr verpflichtet fühlen. Wir können versuchen, der ursprünglichen Intention der Prinzessin nachzuspüren und dabei zugleich die kabbalistischen Anteile ihrer Konzeption zu würdigen. Im Umkreis der Prinzessin wurde das Kunstwerk eher *Turris Antonia* oder *Arx Antonia* genannt, „Turm Antonias" oder „Burg Antonia", unter Anspielung auf die von dem jüdischen Hohenpriester (134–103 v. Chr.) zum Schutz des Jerusalemer Tempels erbaute Burg Baris, die König Herodes der Große nach dem Bericht des antiken jüdischen Historikers Flavius Josephus in *Turris Antonia* umbenannt hatte.[16] Für Antonia war das Jerusalemer Heiligtum mit seinen exponiert freistehenden Säulen im Eingangsbereich, die →*Boas* (hebräisch: „mit Kraft") und →*Jachin* (hebräisch: „er errichtet") hießen, Salomos Weisheitstempel. In diesem Bauwerk fand sie Gottes ursprüngliches Handeln an der Schöpfung und seine weiter anhaltende Fürsorge für den Kosmos ebenso symbolisiert wie die göttliche Weisheit. Die alttestamentliche Weisheit deutete sie dabei als Vorwegnahme des neutestamentlichen Logos, des göttlichen Wortes, das in Christus Fleisch wurde (Johannes 1, 14). Im übertragenen Sinn war daher auch das von ihr initiierte Kunstwerk für sie ein „Schloss der Bildung und der Frömmigkeit", eine „feste Burg des Herzens", ein „Symbol der auf den Fels Christi gegründeten Hoffnung".[17] Welche Bezeichnung man auch wählen mag: Ein Bild, sei es auch ein „Lehr-Bild", ist keine schulmäßige „Tafel" zur Vermittlung fertiger kirchlicher Dogmen.

Das „Recht des Königs" im Talmud

Vielleicht dachte die Prinzessin auch an ein Wort wie Sacharja 9, 12: „Kehrt um nach der festen Burg, ihr Gefangenen der Hoffnung." Dieser Vers wird im Babylonischen →Talmud zitiert – im Traktat über den „Hohen Rat" in Jerusalem, den →Sanhedrin. Dieser Traktat, den Johannes Reuchlin in seinem Besitz hatte, stand wahrscheinlich auch den württembergischen Theologen um Prinzessin Antonia zur Verfügung.[18] Denn die Schöpfer des Schreins hatten offenbar diesen Talmudtext vor Augen, als sie

---

15   Gruhl, Die kabbalistische Lehrtafel, S. 4.
16   Betz, Licht vom unerschaffnen Lichte, S. 9; Gruhl, Die kabbalistische Lehrtafel, S. 12.
17   Betz, Licht vom unerschaffnen Lichte, S. 9; Schmidlin, Pictura docens, Einleitung, S. XXXVI.
18   Diese Handschrift erwarb Reuchlin 1512; vgl. Geiger, Reuchlin, S. 117.

auf ihrem Bild in der linken Vorhalle des Tempels, am Innenpfeiler sitzend, dem biblischen Apokalyptiker Daniel die Flammenschrift mit den aramäischen Worten „Mené mené tekél u-farsin" („gewogen, gewogen, zu leicht befunden und zerteilt" nach Daniel 5, 25) über den Arm legten: „Gezählt hat Gott dein Königtum und es beendet. Gewogen hat man dich und zu leicht befunden. Dein Reich ist zerteilt und den Persern und Medern gegeben" (Daniel 5, 26–28).

Das Zitat aus der Bibel soll, so sieht es der Talmud an dieser Stelle vor, nicht waagerecht, sondern senkrecht geschrieben werden. Das Innenbild des Schreins gibt es ebenso wieder:[19]

מ	מ	ת	ו	ס
נ	נ	ק	פ	י
א	א	ל	ר	ן

In lateinischen Buchstaben (gemäß der hebräischen Leserichtung muss spaltenweise und von rechts nach links gelesen werden):

M	M	T	U	S
N	N	K	F	I
E	E	L	R	N

Daniel mit der Flammenschrift über dem Arm – unter ihm kauert der „Drache von Babel"; die drei links stehenden Buchstaben שוש („schuschan") bezeichnen die Stadt Susa (Daniel 8, 2) und sind zugleich eine Abkürzung für die Botschaft in Daniel 9, 24: „Siebzig Jahrwochen sind verhängt".

---

19 Schauer, Prinzessin Antonia, S. 209, zitiert diesen Text (Sanhedrin, Folio 22a) unvollständig und nach der deutschen Übersetzung Lazarus Goldschmidts (präzise: Goldschmidt, Der Babylonische Talmud, Band 8, S. 543). Bei Antonia und ihren Beratern (und bei Schauer, Prinzessin Antonia, S. 54) gilt Daniel als „Prophet". Nach der Anordnung des christlichen Alten Testaments, in der die Propheten am Ende stehen und als Hinweis auf Christus verstanden werden, folgt Daniel direkt auf die Propheten Jesaja, Jeremia und Hesekiel. In der jüdischen Bibel sind die biblischen Bücher aber anders angeordnet: Es gilt die Reihenfolge „Tora – Propheten – Schriften" (mit dem hebräischen Akronym Tanakh). Hier zählt das Danielbuch nicht zu den „Propheten", sondern zum dritten Kanonteil, den „Schriften", die am Ende des Kanons stehen.

Als *Menetekel* steht dieser Satz seither über jeder irdischen Herrschaft. Ob Antonia und ihr Kreis bei dem Gerichtswort („zu leicht befunden und zerteilt!") auch an das Schicksal Württembergs im Dreißigjährigen Krieg gedacht haben (s. dazu unten)? Die Deutung des aramäischen Wortes „farsin" mit einem hebräischen Wortspiel als „Ende des Königreichs" der Babylonier findet sich im Kommentar des jüdischen Gelehrten →Raschi zum Talmudtext Sanhedrin (Folio 22a), der in allen gedruckten Ausgaben am inneren Seitenrand zu lesen ist. In der Bibel richtet sich dieser rätselhafte Satz gegen den König von Babylon, bei dem das Volk Israel im Exil war. Aber das herzogliche Haus hatte ja ebenfalls eine Exilserfahrung hinter sich! Kabbalistisch gedeutet, wird Gottes Königreich jedenfalls am Ende der Zeiten über alle menschlichen Königreiche triumphieren – das Buch Daniel verwendet im Original das hebräische Wort →*Malchut* für „Königreich", eben jenen Begriff, der auch die zehnte *Sefira* kennzeichnet, durch die und in der Gott allmählich seine Herrschaft auf dieser Erde durchsetzt (s. dazu unten).[20]

Die Vorschrift für die graphische Gestaltung des *Menetekel* im Talmud dürfte für Antonia noch aus einem anderen Grund wichtig gewesen sein: Die Schreibanleitung für Daniel 5, 25 steht in einem Abschnitt, der das „Recht des Königs" behandelt: Normen für den monarchischen Herrscher, deren Nichtbefolgung göttliche Strafen nach sich zieht. Im Talmud ist hier der Jerusalemer König aus der Dynastie Davids gemeint, aber die Württemberger denken natürlich an ihr eigenes Herrscherhaus. Dem Kreis um die Prinzessin waren die Vorschriften gut bekannt: Der Tübinger Gelehrte Wilhelm Schickart hatte 1625 in Straßburg die Abhandlung *Mischpat Ha-Melech* (hebräisch: „Das Recht des Königs") mit dem Untertitel *Jus Regium Hebraeorum* (lateinisch: „Das Recht der hebräischen Könige") veröffentlicht und dabei die Staatsordnung des Alten Israel als Vorbild für die eigene Zeit dargestellt.[21] Im Talmud werden dem Monarchen bemerkenswerte Gesetze vor Augen gehalten: Er darf „nicht zu viele Rosse halten" (5. Mose 17, 16), das heißt, er soll sein Vermögen nicht für Krieg und Militär ausgeben. Daneben steht, dass der König in eigener Person „eine Torarolle auf seinen eigenen Namen schreiben" soll. Darin soll er „sein Leben lang lesen."[22]

Die letztere Vorschrift übertrug Antonia offenbar auf sich selbst. In ihrem Nachlass finden sich zahlreiche selbstgeschriebene Bibeltexte in hebräischer Quadratschrift. Im Lichte des Talmudtextes verstehen wir, dass es sich dabei nicht nur um Schreib-Etüden handelte, die Teil ihres Studienprogrammes waren. Es waren geistliche Übungen, mit denen die Prinzessin dem „Königsrecht" folgte, wie es im Talmud steht. Es verstand sich für sie dabei von selbst, dass es galt, besonders sorgfältig zu sein. Ihr Berater Johann Steudner berief sich auf Jesu Wort in Matthäus 5, 18: „Wahrlich, ich sage euch: Bis

---

20 Kabbalistisch verstanden, steht demnach dem „zu leicht befundenen" Königreich (hebräisch: *Malchut*) des Königs Belsazar das Königreich der zehnten Sefira (bei Antonia: Christus) gegenüber.
21 Schickart, Jus Regium Hebraeorum; vgl. Schauer, Prinzessin Antonia, S. 209, Anm. 189.
22 Goldschmidt, Der Babylonische Talmud, Band 8, S. 539.

Himmel und Erde vergehen, wird nicht der kleinste Buchstabe vergehen, bis alles geschieht." Das „Tüpfelchen" vom Gesetz, von dem Jesus hier spricht, ist das *Jod,* der kleinste Buchstabe des hebräischen Alphabets. Steudner erklärte, das hebräische Alphabet sei „wegen sonderbarer Göttlicher Geheimnussen / so darinnen oder dadurch bezeichnet worden / eines grösseren Bedenckens und Betrachtung wol würdig und wehrt."[23]

Auf dem Bad Teinacher Buchstaben- und Bilderschrein sind die hebräischen Lettern daher nicht nur verschlüsselte Mitteilungen für Sprachkundige. Sie sind ein den Bildern gleichwertiges graphisches Ausdrucksmittel, das vielseitig deutbar ist. Die Notizen und Schreibübungen aus dem Nachlass der Prinzessin zeigen, dass sie prinzipiell auch lateinische Lettern verwenden konnte. Auf dem Bad Teinacher Schrein orientiert sich die Bildsprache der Buchstabenzeichen aber am Talmud und an den Traditionen der jüdischen Bibelauslegung (→Midrasch), wie sie im Mittelalter in der Kabbala gipfeln und wie Johannes Reuchlin sie seinen Lesern in seinem Hauptwerk *De arte cabalistica* (1517) vor Augen führt.[24]

Die Bezeichnung *Midrasch* (hebräisch „Forschung", Plural: *Midraschim*) bezieht sich zum einen auf eine Bibelauslegung, die, der Buchstabenmalerei vergleichbar, von den Buchstaben des Textes ausgeht. Zum andern meint *Midrasch* aber auch einen Typ von Bibelexegese, in dem Stoffe und Motive auf völlig unerwartete Weise neu miteinander kombiniert werden. Midraschim gehen in dichterisch freier Weise mit der Bibel um: Sie füllen Lücken in biblischen Texten narrativ aus, geben Erzählungen eine neue Wendung, verknüpfen biblische Verse und Motive unterschiedlicher Zeiten und Genres frei (Historiker und Philologen würden sagen: willkürlich) miteinander und geben den Inhalten eine Bedeutung, die unmittelbar bedeutsam für die Gegenwart ist. Jüdische Ausleger bedienen sich dabei der oben erwähnten Techniken, die sie spielerisch auf die hebräische Sprache der Bibel anwenden. Etwas verwirrend ist für moderne Leser, dass die Midrasch-Autoren unterschiedliche Auslegungen, auch solche, die sich nach gewöhnlichem Verständnis widersprechen, unverbunden nebeneinanderstellen. Auf diese Weise ermöglichen sie eine multiperspektivische Betrachtung, die eher an Kunstwerke als an Bibelkommentare erinnert. Nicht zufällig wird die Gattung *Midrasch* in der neueren Forschung mit der Malerei verglichen. Midrasch-Autoren verwenden die Bibel, so der nordamerikanisch-jüdische Talmudforscher Jacob Neusner (1932–2016), wie ein Maler die Palette benutzt, um mit Farben, also Bibelversen, eigene Ideen zum Ausdruck zu bringen.[25] Das Resultat ist jeweils eine bunte „Collage" von Bibeltexten und Motiven. Im Lehrhaus, dem →*Bet Midrasch*, sind diese Midrasch-„Bilder" Ausgangspunkt der lernenden Aneignung, des Studiums der Tora.

---

23 Zitiert nach Gruhl, Die kabbalistische Lehrtafel, S. 83, Anm. 224.
24 Vgl. Gruhl, Die kabbalistische Lehrtafel, S. 209. Zum Midrasch als Methode jüdischer Bibelauslegung vgl. Stemberger, Einleitung in Talmud und Midrasch, München, 8. Auflage 1992.
25 Vgl. Neusner, The Role of Scripture, S. 196 und Erzberger, Kain, Abel und Israel, S. 17.

Kupferstich der geöffneten Lerntafel mit Legende.

Antonias Schrein ist daher nicht nach Maßgabe herkömmlicher kunstgeschichtlicher Methoden zu analysieren und zu verstehen. Zwar verarbeitet das Kunstwerk sinnbildliche und allegorische Darstellungen (→Embleme) und ist insofern mit anderen Kunstschätzen der Barockzeit vergleichbar. Das Besondere der Bad Teinacher Tafel ist aber die Zeichensprache, die ihre Schöpfer von Reuchlin gelernt haben: Diese Zeichen – graphisch sichtbare hebräische Buchstaben und ins Bild gesetzte Midrasch-Motive – stehen in der Tradition der „kabbalistischen Kunst" Reuchlins. Wie im Midrasch und in der Kabbala bietet die Bad Teinacher Tafel keine eindimensional zu vermittelnde „Lehre". Sie ist vielmehr eine Anleitung, ein Angebot zum „Lernen", ein Kunstwerk, das allen Betrachtern, die sich darauf einlassen, anbietet, sich *mit* dem Bild (und *im* Bild) auf die Reise zu machen. Nach Analogie der Lern-Situation des jüdischen Lehrhauses ist es dabei ganz natürlich, dass sie dabei ihre eigene Perspektive eintragen, um den Weg auch ganz persönlich zu finden. In diesem Sinn ist Antonias Schrein keine „Lehr-Tafel" im Sinne Balthasar Raiths, sondern eine „Lern-Tafel".

Die Geschichte der Auslegung des Bilder- und Buchstabenschreins

Angesichts der Schwierigkeiten des Umgangs mit christlicher →Kabbala im Barock ist es kein Wunder, dass Antonias Werk der Nachwelt nicht mehr verständlich war und mehrere Generationen lang in Vergessenheit geriet. Die Geschichte der modernen Erforschung des Schreins beginnt mit einer Reise nach Bad Teinach, die der Magister Jakob Friedrich Klemm, Repetent im Tübinger Stift, im Juli 1763 unternahm. Anlässlich seines Besuchs der Kirche bekam er den Schrein zu Gesicht und schrieb einen Bericht an den Special-Superintendenten (Dekan) in Herrenberg, Friedrich Christoph Oetinger. Als profundem Kenner der Kabbala stellte er ihm Fragen, die ihn im Hinblick auf den Schrein umtrieben. Vor allem wollte er wissen, wie die →zehn Offenbarungsweisen Gottes (→*Sefirot*) auf dem Bild zu verstehen seien. Hatte die kabbalistische Offenbarungslehre überhaupt eine biblische Grundlage? Jakob Friedrich Klemm ließ außerdem unter Zuziehung eines Magisters die ganze Tafel so gut wie möglich nach dem verjüngten Maßstab in einen Riss bringen.

Als Antwort entstand 1763 Oetingers Abhandlung *Öffentliches Denckmahl der Lehr=Tafel einer weyland württembergischen Princeßin Antonia*, die erste umfassende Interpretation des Schreins nach seiner Aufstellung. Wie vor ihm Balthasar Raith ging es auch Oetinger darum, Antonias Bild am Maßstab christlicher Rechtgläubigkeit zu messen und entsprechend zu verstehen.

Nach seiner Überzeugung war die *Sefirot*-Lehre allerdings biblisch gut begründet. War im letzten Buch des Neuen Testaments nicht von Gottes zehnfältig gegliederter Selbstmitteilung die Rede? Schließlich heißt es in Offenbarung 1, 4: „Gnade sei mit euch und Friede von dem, der da war und der da ist und der da kommt" – hier fand der Herrenberger Dekan die →Trinitätslehre vorgebildet. Im zweiten Teil des Verses ist dann von „den sieben Geistern" vor Gottes Thron die Rede. Oetinger addierte beide Zahlen und identifizierte die Summe mit den zehn jüdischen *Sefirot*. Außerdem verwies er auf den christlichen Mystiker Jakob Böhme (1575–1624). In gleicher Weise von Böhme,

Oetinger und von der Bad Teinacher Tafel ließ sich später der schwäbische Mystiker Michael Hahn (1758–1819) inspirieren. In der Gemeinschaft, die sich um ihn bildete und die nach seinem Tode nach ihm benannt wurde, wurde das Andenken der Prinzessin Antonia und ihres Schreins immer hochgehalten.[26]

Heute wissen wir, dass sich Antonia und ihr Beraterkreis ihre Anregungen nicht nur aus dem Neuen Testament und auch nicht vorwiegend aus der christlichen Mystik holten; es waren vor allem jüdische Vorbilder, die ihnen vor Augen standen. Wer den Bad Teinacher Bilder- und Buchstabenschrein verstehen will, muss Texte der mittelalterlichen Kabbala studieren wie das „Buch des Glanzes" (→*Sohar*) von Mose de León (ca. 1240/1250–1305) und die „Tore des Lichts" von Joseph ben Abraham →Gikatilla (1248–1325).[27] Diese jüdischen Vorstellungen wurden durch die Interpretation Johannes Reuchlins vermittelt; das gibt Antonias Schrein seine unverwechselbare südwestdeutsche Prägung.

Nach Oetinger war das Kunstwerk erneut aus dem Bewusstsein der meisten Zeitgenossen verschwunden. Vielleicht auch deshalb überstand das kostbare Stück die Zeit der nationalsozialistischen Herrschaft unbeschadet: Der damalige Ortspfarrer Karl Schüle soll es wie seinen Augapfel gehütet und nachfragenden NS-Leuten erzählt haben, die auf ihm deutlich sichtbaren hebräischen Lettern seien in Wirklichkeit griechische Buchstaben.

Erst zum Ende des zwanzigsten Jahrhunderts begann der Schrein wieder die Aufmerksamkeit der Menschen zu erregen. Das war zunächst den Gemeindepfarrern zu verdanken, die die Tafel durch ihre Führungen interessierten Besuchern zugänglich machten. Pfarrer Martin Schüz verfasste 1973 zudem einen lesenswerten Kirchenführer in Prospektform. 1980 fand der Schrein die Aufmerksamkeit Ernst Harnischfegers, der Antonias Weltbild unter dem Titel „Mystik im Barock" beschrieb und mit Hilfe anthroposophischer Ideen deutete. Der Tübinger Neutestamentler und Erforscher der christlichen Kabbala Otto Betz (1917–2005) weist in seinem Bildband *Licht vom unerschaffnen Lichte* (1996, 3. Auflage 2000) darauf hin, dass eine solche Interpretation durchaus naheliegend sein kann: Kabbala und Anthroposophie sind in der Tat miteinander verwandt: Beide nehmen Bezug auf antike Quellen der neuplatonischen Philosophie und der →Gnosis. Dennoch, so Betz, lässt sich das Welt- und Menschenbild des Bad Teinacher Kunstwerks nicht vollständig von der Vorstellungswelt Rudolf Steiners

---

26 Vgl. Betz, Licht vom unerschaffnen Lichte, S. 19.
27 Das „Buch des Glanzes" war christlichen Renaissance-Autoren nur indirekt zugänglich – durch Zitate bei Joseph ben Abraham Gikatilla oder aus dem Tora-Kommentar des italienischen Kabbalisten Menachem Rekanati, der an der Wende vom 13. zum 14. Jahrhundert lebte. Einzelne Fragmente des Textes wurden von Guillaume Postel (1510–1581) übersetzt, blieben aber unveröffentlicht. Auch unter Juden blieb der *Sohar* nur fragmentarisch bekannt, bis er 1558 im Mantua erstmals von einem jüdischen Drucker und 1559/1560 von einem christlichen Drucker gedruckt wurde; vgl. dazu Kilcher, Kabbala in Sulzbach, S. 79. Erste Hinweise einer christlichen Auseinandersetzung mit dem Buch *Sohar* finden sich bei dem Basler Hebraisten Johannes Buxtorf (1599–1664), dem Hebräischlehrer Philipp Jakob Speners. Buxtorf nahm das Werk 1613 in seine kommentierte Bibliografie hebräischer Literatur auf.

(1861–1925) her erfassen, des Gründers der anthroposophischen Bewegung, die zu Beginn des 20. Jahrhunderts entstand.[28]

Eine andere Perspektive stellte Elisabeth Moltmann-Wendel (1926–2016) in den Vordergrund, die in ihrem Buch *Wenn Gott und Körper sich begegnen* (1989) die feministischen Interpretationsmöglichkeiten des Bad Teinacher Schreins hervorhob. In den jüdischen *Gender Studies* ist dieser Ansatz, teilweise mit anderem Akzent, vertieft und weiterverfolgt worden.[29]

Einen weiteren Forschungsbeitrag leistete Friedrich Häußermann, als er sich 1967 mit der weiterhin ungedruckten Schrift Johann Laurentius Schmidlins *Pictura docens* beschäftigte und dazu einen anregenden Beitrag veröffentlichte. Gemeinsam mit Reinhard Breymayer gab er 1977 eine erste wissenschaftliche Ausgabe von Friedrich Christoph Oetingers Schrift zur Lehrtafel heraus. 2007 erschien schließlich Schmidlins *Pictura docens* in einer wissenschaftlichen Edition mit einer deutschen Übersetzung von Fritz Felgentreu und Widu-Wolfgang Ehlers, der ein ausführliches Vorwort vorangestellt ist. Als Frucht seiner Mitarbeit an dieser Edition veröffentlichte Reinhard Gruhl 2016 seine Studie *Die kabbalistische Lehrtafel der Antonia von Württemberg,* die auf sorgfältigen Untersuchungen Stuttgarter Archivbestände beruht und den ganzen Gelehrtenkreis um die Prinzessin mit einbezieht. Bei diesem Werk handelt es sich wohl um den Höhepunkt der seitherigen Forschung zu Antonia von Württemberg und ihrem Bad Teinacher Schrein.

Eine Nebenlinie der Forschung hat Hansmartin Decker-Hauff (1917–1992) in einem am 7. Juni 1983 ausgestrahlten Vortrag des Süddeutschen Rundfunks eröffnet. Decker-Hauffs Text, postum von Martin Schüz überarbeitet und in den *Blättern für württembergische Kirchengeschichte* veröffentlicht, bezieht Antonias Familie in die Deutung des Schreins ein. Demnach stellen die Frauengestalten der Außentafel nicht nur Antonia (als die von Christus gekrönte „Braut") und ihre Schwestern, sondern auch ihre Mutter und ihre Schwägerinnen, Nichten und Cousinen dar. Auch die Lehrmeister der Prinzessin seien auf dem Schrein wiederzufinden: Die Figur des auf dem rechten Seitenbogen des Innenbildes (dort rechts) sitzenden Propheten Jesaja sei „ganz auffallend nicht nur ähnlich, sondern identisch" mit einem Bild des Hofpredigers und Konsistorialrats in Stuttgart Johann Valentin Andreae (1586–1654) im Stuttgarter Landesmuseum.[30]

---

28 Betz, Licht vom unerschaffnen Lichte, S. 14.
29 Vgl. Morgenstern, Judentum und Gender.
30 Decker-Hauff, Prinzessin Antonia, S. 93.

Der Prophet Jeremia mit dem Becher des Zorns (Gerichtskelch).   *Der Prophet Hesekiel mit Trompete als Symbol seines Wächteramtes.*

Als „Hesekiel" (er sitzt Jesaja im rechten Seitenbogen gegenüber), „Jeremia" und „Daniel" (links und rechts im linken Seitenbogen) erscheinen demnach (in dieser Reihenfolge) Antonias Lehrer Johann Jakob Strölin (1620–1663), Johann Jakob Heinlin (1588–1660, geschrieben auch Hainlin) und Johann Laurentius Schmidlin. Antonias Schwestern Sybilla und Johanna hätten nach dieser Interpretation den neben den Tempelsäulen →*Jachin* und →*Boas* (vgl. 1. Könige 7, 21) dargestellten „Abglänzungen" Gottes ihre Gesichter geliehen: Sybilla, die Förderin der Musik, hält eine Harfe in ihrer Hand und lehnt sich links als Sefira „Lob" (*Hod*) an die Säule *Boas* an, auf deren Sockel Musikinstrumente dargestellt sind. Johanna, „die große Mathematikerin und Genealogin, sei, mit Palme und Kranz und fruchtbringendem Gebinde" in der Hand, rechts als Sefira „Sieg" (*Nezach*) dargestellt; sie stehe der Säule *Jachin* zur Seite. Im publizierten Text heißt es, der Autor könne seine Deutung „mit Porträts beweisen".[31] Doch fanden sich in seinem Nachlass offenbar weder Belege noch Hinweise auf die genannten Porträts. Was Strölin und Schmidlin

---

31   Decker-Hauff, Prinzessin Antonia, S. 94.

anbelangt, so sind Porträts, die für nichtadlige Personen im 17. Jahrhundert eher unüblich waren, in der Forschung bisher unbekannt. Decker-Hauffs postume Veröffentlichung kommt im Übrigen, abgesehen von der beigefügten Widmung an den Verstorbenen und bibliographischen Informationen zu seinem Werk (und einem Hinweis auf Reinhard Breymayers und Friedrich Häußermanns Oetinger-Edition) ohne Fußnoten aus.

Decker-Hauffs Text ist populär gehalten; worauf seine Deutung vor allem abzielt und womit er Interesse wecken will, zeigt am Ende sein Hinweis auf im 20. Jahrhundert noch lebende Nachfahren der auf dem Schrein dargestellten Personen, etwa den in der Zeit des Nationalsozialismus (1933–1945) amtierenden Stuttgarter Oberbürgermeister Karl Strölin (1890–1963) und einige Familien, die er als Nachkommen des Prälaten Heinlin nennt.[32] Gerade Decker-Hauffs familiengeschichtliche Rekonstruktionen sind in der neueren Literatur aber kritisiert worden; auch sonst wird dem Autor nachgesagt, er zeige „Neigungen" zur „Ausschmückung von Fakten".[33]

Dennoch hat Decker-Hauffs Ansatz in der Antonia-Forschung einige Beachtung gefunden. Otto Betz hält sich, was die Identifizierung der Gesichter der Propheten Jeremia, Hesekiel und Daniel mit Personen des 17. Jahrhunderts anbelangt, zwar etwas zurück, doch bezeichnet er den Bezug Johann Valentin Andreaes zu dem auf dem Schrein dargestellten Jesaja für durchaus wahrscheinlich: Betz verweist dazu auf Andreaes Schrift *Ein geistliches Gemälde* (1615), die 1991 von Reinhard Breymayer neu herausgegeben wurde, und auf seine Kunstliebe: Während seiner Zeit als Pfarrer in Vaihingen/Enz hatte Andreae die dortige Kirche mit biblischen Motiven ausmalen lassen.[34] Systematisch aufgegriffen und fortgeführt hat den genealogischen Ansatz Eva Johanna Schauer. In ihrer Dissertation *Dramaturgia Pietatis im Württemberg des 17. Jahrhunderts* (2003)[35] unterbreitet sie einen Vorschlag zur Gesamtinterpretation des Schreins unter Einbeziehung aller vier Teile (Außenbild, Innentafel, Seitenbilder), zu dem inzwischen allerdings neuere Erkenntnisse

---

32 Decker-Hauff, Prinzessin Antonia, S. 95.
33 Vgl. Graf, Schwäbische Heimat 61 (2010), S. 296–306; Bedenken im Hinblick auf Decker-Hauffs Umgang mit Quellen äußert Graf auch in seiner Rezension des Bandes „Die Inschriften des Rems-Murr-Kreises", S. 223.
34 Betz, Licht vom unerschaffnen Lichte, S. 10–11. Freilich enthält Andreaes Schrift selbst keine Bilder und kommt als direkte Vorlage für den Bad Teinacher Schrein nicht in Frage. Mein Dank an Monika Garruchet für diesen Hinweis. Dennoch kann man erwägen, dass das Motiv „geistliches Gemälde" indirekt auf den Kreis um Antonia gewirkt haben mag.
35 Die Arbeit erschien 2016 unter dem Titel „Prinzessin Antonia von Württemberg und ihr Heilsweg auf der Teinacher Lehrtafel" in Buchform.

mit Blick auf die Entstehung der Lerntafel vorliegen.³⁶ Daneben stellt sie weitere Hypothesen zur Identifikation der Figuren des Schreins mit Gestalten der württembergischen Geschichte auf und bemüht sich, die bei Decker-Hauff fehlenden „Beweise" nachzuliefern. Nach ihrer Deutung lässt sich beispielsweise Antonias Bruder, Herzog Eberhard III., auf der Lerntafel wiederfinden: Ein Gemälde, das der regierende Fürst von seinem Hofmaler Nikolaus List herstellen ließ (Porträt in Öl, heute in der graphischen Sammlung der Württembergischen Landesbibliothek), erlaube seine Identifizierung mit dem israelitischen Stammesfürsten Juda, dem vierten Sohn Jakobs. Antonia habe durch die Darstellung ihres Bruders seine „Verschwendungssucht" kritisieren, ihm aber zugleich für seine Unterstützung ihres Bilderprojekts danken wollen.³⁷

Herzog Christoph von Württemberg (1515–1568), der Reformator des Herzogtums und der württembergischen Landeskirche (zum Beleg dient ein Bild aus dem kunsthistorischen Museum Wien), sei im Kreis der Stammesfürsten mit dem halblinks platzierten Dan, dem ersten Sohn von Rachels Leibmagd Bilha (1. Mose 30, 6), zu identifizieren.³⁸ Auch ihren Urahnen Graf Eberhard im Bart (1445–1496), den Gründer der Universität Tübingen, habe Antonia auf ihrem Schrein verewigt. Eine Abbildung Eberhards im Emblembuch des Zavelsteiner Pfarrers Johann Ebermeier (1598–1666) erlaube die Identifizierung mit Gad (auf der Lerntafel rechts hinter Christus), dem Sohn, den Leas Leibmagd Silpa dem Jakob gebar (1. Mose 30, 10–11).³⁹

Herzog Ulrich (1487–1550), der „durch die Ermordung seines Stallmeisters Hans von Hutten 1515 persönliche Schuld auf sich geladen hatte", wird demnach mit Jakobs erstem Sohn Ruben identifiziert.⁴⁰ Doch passte die Ulrich zugeschriebene Mordtat bildmotivisch nicht eher zu Simeon, den Antonias Lernbild, zur Erinnerung an den in 1. Mose 34 geschilderten Massenmord Simeons und Levis an Sichem und seiner Sippe, mit gezücktem Schwert zeigt? Und was Schmidlin zu Ruben schreibt („er verschwendete Königsherrschaft, Priesterwürde, die Vorrechte eines Erstgeborenen"), gilt doch in gleichem Maße vom zweitgeborenen Simeon: Alle drei Zuvorgeborenen (Ruben, Simeon und Levi) mussten zugunsten des erst an vierter Stelle geborenen Juda zurücktreten!⁴¹

---

36   Vgl. dazu den Beitrag Monika Garruchets in diesem Band.
37   Schauer, Prinzessin Antonia, S. 132.
38   Vgl. Schauer, Prinzessin Antonia, S. 42 und 134.
39   Vgl. Schauer, Prinzessin Antonia, S. 131–132.
40   Schauer, Prinzessin Antonia, S. 132.
41   Vgl. Schauer, Prinzessin Antonia, S. 132 („Ruben, der nach Schmidlin ‚die Würden eines Königs leichtfertig preisgegeben hat'") und Betz, Licht vom unerschaffnen Lichte, S. 47. In Schmidlins Pictura docens (S. 68) heißt es: „Regnum Sacerdotium, praelegata eodem modo profudit". Vgl. dazu unten Kap. 4 „Die Fehler und Mängel der zwölf Stammesfürsten".

Die kabbalistische Lerntafel der Prinzessin Antonia in Bad Teinach   24

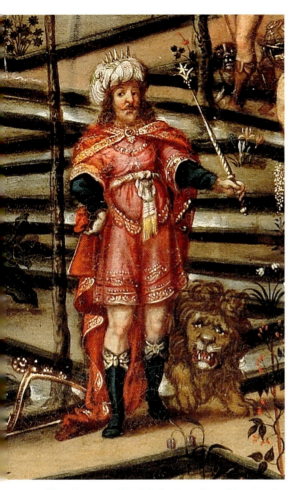 

Der Stammesfürst Juda in vollem Ornat mit Krone und Zepter und mit seinem Wappentier, dem Löwen.

Der Stammesfürst Gad mit Rüstung und Banner und mit seinem Stammestier, dem Fuchs.

Eine eigene Darstellung hat nach Schauer auch Antonias eigener Vater, Herzog Johannes Friedrich (1582–1628), gefunden. Sein Profil – ein Bild aus dem Landesmuseum Württemberg und ein Taler mit seinem Abbild aus dem Jahre 1625 – sei mit dem Bild des Bräutigams auf der Außentafel zu identifizieren, der Antonia als der Braut die Krone aufsetzt.[42] Wie heikel solche Bestimmungen sein können, lehrt aber die Tatsache, dass die Maßstäbe, die die Herrscher der Renaissance und des Barock an ihre Porträts anlegten, meist weniger mit bildlicher Ähnlichkeit als mit zeitgenössischen Schönheitsidealen und dynastischen Ansprüchen zu tun hatten. Wie

---

42 Vgl. Schauer, Prinzessin Antonia, S. 26 und 131 (Württtembergisches Landesmuseum WLM 74).

aussagekräftig kann eine ohnehin nur ungefähr zu bestimmende Ähnlichkeit sein? Psychologische Spekulationen, die das Kunstwerk von vermuteten seelischen Regungen der Stifterin her begreifen wollen („eigentlich wollte sie nur verheiratet werden!"), stehen in der Gefahr, ihre Rolle als selbstbewusste und aktive Frau zu unterschätzen und den künstlerischen und theologischen Gehalt des Bildes zu verfehlen. Wie fragwürdig an Sigmund Freud angelehnte Erklärungen sein können, wird deutlich, wenn die genannte Interpretation dazu führt, Antonia vor dem Verdacht inzestuösen Verlangens in Schutz nehmen zu wollen: Zu denken sei (macht das einen Unterschied aus?) eher an die „Heimführungszeremonie", bei der die künftigen Gemahlinnen württembergischer Herrscher feierlich in Stuttgart einzogen.[43] Nun blieb Antonia das Ereignis einer solchen „Heimführung" zeit ihres Lebens verwehrt. Verdankt ihr kabbalistisches Interesse sich deshalb bloßer Sublimation? Festzuhalten bleibt, dass wir Nachgeborene bei der „Prosopographie", der Identifizierung der Gesichtszüge, auf Vermutungen angewiesen sind. Vielleicht konnten die Mitglieder des Stuttgarter Hofstaates beim Betrachten des Bildes auf der *Außentafel* (zum *Innenbild* s. unten) wissen oder ahnen, wer „gemeint" war. Nach den Regeln der Rezeptionsästhetik – gemeint ist jene Fragerichtung, die die Wahrnehmung von Kunstwerken in gedanklicher und emotionaler Hinsicht im Auge hat und dabei unterscheidet, welche Effekte bereits im Kunstwerk angelegt sind und welche erst bei den Betrachtenden entstehen – sollte das Verständnis ihres Aufgenommenseins in das Bild aber nicht auf psychologische Deutungen hinsichtlich der Stifterin reduziert werden.

Während wir, bezogen auf das *Außenbild,* immerhin mit einiger Sicherheit Antonia im Porträt der von Christus gekrönten Braut wiedererkennen können[44], gelten mit Blick auf die Identifizierung der Gesichter auf dem *Innenbild* erschwerte Bedingungen. Hier muss in jedem Fall geprüft werden, ob die Deutung mit der kabbalistischen Intention der Lerntafel vereinbar ist. Die Gestalten der →*Sefirot* sind nach jüdischer Lehre ja Ausflüsse oder Verkörperungen Gottes selbst. Aus welchem Grund sollten – nach Decker-Hauffs Vorschlag – Antonias Schwestern an die Stelle der siebten und achten Sefira gerückt sein?[45] Auch will Schmidlins und Heinlins Bezug zu den „Propheten des Zorns" (Jeremia und Daniel) nicht einleuchten. Warum sollte der Bebenhauser Prälat Heinlin den Becher des Zornes Gottes, den „Giftwein" oder „Taumelwein" (Jeremia 25, 15–16), in der Hand halten? Warum trägt ausgerechnet er das Gerichtswort über das siebzig Jahre währende Exil Israels (Jeremia 25, 12) – eine Zahl, die auf dem Bild →*gematrisch* durch die hebräischen Buchstaben ז (*Sajin*=7) und י (*Jod*=10) angedeutet ist? Was verbindet Heinlin mit der

---

43 Vgl. Schauer, Prinzessin Antonia, S. 131. Gegen Schauers Identifizierung des Bräutigams auf dem Außenbild spricht auch die Tatsache, dass Christus, die zehnte Sefira im Zentrum des Paradiesgartens im Innenbild der Lerntafel, andere Gesichtszüge trägt.
44 Zu weiteren Deutungsvorschlägen vgl. den Beitrag von Monika Garruchet unten in diesem Band.
45 Vgl. Schauer, Prinzessin Antonia, S. 44. Schauers Bildbeleg für Andreae ist der Wikipedia-Enzyklopädie entnommen: https://fr.wikipedia.org/wiki/Fichier:Johann_Valentin_Andreae_mit_Wappen.jpg (Zugriff am 28. 1. 2023). Das Bild wurde von Melchior Küsel (1626–1689) gestochen.

geheimnisvollen Buchstabenverbindung *Scheschakh* (ששך), die als durch Vertauschung der Buchstaben (→Temura) erzeugte Kodierung des Namens *Babel* (בבל) zu lesen ist?[46] Welche Hinweise erlauben es, den Unheilspropheten Daniel ausgerechnet mit dem Sindelfinger Pfarrer Schmidlin, dem Poeten der *Pictura docens,* zu identifizieren?[47]

Wir können sicher sein, dass Antonia aus ihrem Schrein kein Such- und Findbild zum Wiedererkennen zeitgenössischer Personen machen wollte. Reinhard Gruhl hat denn auch vorgeschlagen, die „großen Propheten" nicht mit Persönlichkeiten aus Antonias eigener Zeit, sondern mit Lehrern ihrer Berater aus den beiden vorhergehenden Generationen zu identifizieren – etwa den Tübinger Theologieprofessor Matthias Hafenreffer (1561–1619) mit Hesekiel[48], den Bebenhausener Prälaten Heinlin mit Daniel.[49] Antonia wollte ihre theologischen Lehrer – und die ihrer Berater – ehren. Dabei ging es ihr aber nicht um den Wunsch, „Celebrities" der Adelsgesellschaft oder der theologischen Zunft zu präsentieren. Alle Details ihrer Tafel sind vielmehr dem Ziel ihrer „schönsten frommen Andacht" zugeordnet. Absicht ihrer *devotionis pulcherrima intentio,* wie Schmidlin es nennt, war es, mit den Mitteln biblischer und kabbalistischer Motive ihren Weg zu Christus ins Bild zu setzen und zugleich einen Horizont auf die Heilsgeschichte und den gesamten Kosmos zu eröffnen. Die Betrachter des Bildes will sie mitnehmen auf die „Treppe" (*scala*) der Andacht, sie will sie ermuntern zum Aufstieg dorthin, „wo den Frommen" als „Siegespreis" die „Krone" winkt, Antonias und aller Christen Krone des Lebens.[50]

Diese Einsicht hat vor allem Otto Betz herausgestellt, der Tübinger Erforscher der christlichen Kabbala, der sich offenbar auch selbst ein wenig in der Tradition der württembergischen Kabbalisten und Mystiker verstand. Betz hat die Quellen zur Entstehung

---

46 Nach der hier angewandten Kodierungsmethode (genannt „Atbasch"), die schon biblisch belegt ist (Jeremia 25, 26; 51, 41), wird der zweite Buchstabe des hebräischen Alphabets (ב) durch den zweitletzten (ש) ersetzt; danach werden die beiden mittleren Lettern des zweiundzwanzigbuchstabigen Alphabets – der Buchstabe ל (Lamed, 12. Stelle der Buchstabennummerierung) und der Buchstabe כ (Kaph, 11. Stelle der Nummerierung) vertauscht: Aus dem Namen *Babel* entsteht das Kunstwort *Scheschakh.* Jeremia verwendete es wohl, um mit seiner antibabylonischen Gerichtsprophetie bei den Feinden keinen Anstoß zu erregen.

47 Dass der mutmaßliche Maler des Bildes sich im Innenbild des Schreins auf einem der Cherubengesichter, die dort rechts und links oberhalb der Krone schweben, verewigt haben könnte (Schauer, Prinzessin Antonia, S. 56–57), ist Spekulation. Schauer vermutet, Gruber könnte in dem linken Cherubin seinen Sohn dargestellt haben. In den Quellen gibt es nach meinem Kenntnisstand für diese Annahme keinen Beleg.

48 Die auf der Lerntafel dargestellte Hesekiel-Figur hält eine Skizze in der Hand, die auf Hafenreffers Ezechielbuch *Templum Ezechielis* (1613) anspielen könnte. Ein Porträt Hafenreffers findet sich unter https://genealogie-nordwuerttemberg.de/wp-content/uploads/2021/06/Adelstand-Hafenreffer-von-Trachenstett-Geschichte-1.-December-2020.pdf.

49 Da Heinlin sich in besonderer Weise für chronologische Fragen interessierte, könnte er mit Daniel verbunden werden, dessen 70 Jahrwochen (Daniel 9, 24) Ausgangspunkt für allerlei Spekulationen waren. Vgl. dazu Strölins Brief in Gruhl, Die kabbalistische Lerntafel, 38 und Heinlins Schrift *Sol temporum sive Chronologia mystica*, Tübingen 1646. Mein Dank an Reinhard Gruhl für seine Deutung Hesekiels und Daniels.

50 Alle Zitate dieses Absatzes bei Schmidlin, Pictura docens, S. 14–15.

des Bad Teinacher Schatzes ausgewertet und in seinem Bildband *Licht aus unerschaffnem Lichte* eine bisher unübertroffene Interpretation der Figuren und Vorgänge des Gemäldes vorgelegt. Ihm, dem väterlichen Lehrer, und dem gemeinsamen Freund Reinhard Gruhl, der die Arbeit zur Bad Teinacher Tafel in seiner Tübinger Zeit als Promotionsstudent immer wieder vorangetrieben, durch neue Archivfunde und methodisch sorgfältiges Fragen bereichert und auch danach unermüdlich wertvolle Anregungen gegeben hat, ist die in diesem Band vorgetragene Auslegung in besonderer Weise verbunden.[51] Beabsichtigt ist hier weder eine umfassende Darstellung noch eine werkgeschichtliche Deutung von Antonias Schrein – beides liegt in Betzens Band und den fachwissenschaftlichen Arbeiten Gruhls vor. Anbieten möchte ich den Leserinnen und Lesern und Besuchern der Kirche vielmehr eine Einführung in das Kunstwerk und eine Deutung im Horizont der jüdisch-christlichen Beziehungsgeschichte – vor allem von den jüdischen Quellen her. Dem sollen im folgenden Kapitel einige Bemerkungen zur Biografie Antonias und zu ihrem Beraterkreis vorangehen.

2. Prinzessin Antonia von Württemberg – ein Leben zwischen Krise und Aufbruch

Prinzessin Antonia von Württemberg und Teck kam – nach dem in Württemberg geltenden julianischen Kalender – am 3. April 1613 als zweite Tochter des Herzogs von Württemberg Johann Friedrich (1582–1628) und seiner Frau, Barbara Sophia von Brandenburg (1584–1636), zur Welt.[52] Die Freude über die Geburt der Tochter hielt sich bei den Eltern wohl in Grenzen: Man hatte sehnlichst auf einen Erbprinzen gewartet! Der erwartete Sohn stellte sich dann aber ein gutes Jahr später mit der Geburt ihres Bruders Eberhard ein.

Württemberg war zu dieser Zeit das bedeutendste evangelische Territorium im Süden des Heiligen Römischen Reiches Deutscher Nation. Nach dem Augsburger Religionsfrieden von 1555 hatte Antonias Urgroßvater Herzog Christoph (1515–1568) Württemberg auf eine neue Grundlage gestellt. Das alte Schloss in Stuttgart war modernisiert und viele Burgen und Residenzschlösser in Württemberg (u. a. in Tübingen, Hohenurach und Böblingen) waren im Renaissancestil umgebaut worden. Zudem hatte Christoph dem Land eine lutherische Kirchenordnung gegeben, die für viele protestantische Territorien und Reichsstädte Süddeutschlands zum Vorbild wurde. Mit dem gefährlichsten Gegner des vorausgegangenen Jahrhunderts, dem katholischen Kaiserhaus Habsburg, lebte man

---

51 Matthias Betz, der Tübinger Sohn von Otto und Isolde Betz, hat Antonias Lerntafel 2019 mit Panorama-Technologie fotografiert und den Link, der die Besichtigung von Kirche und Bild in virtueller Form ermöglicht, ins Internet gestellt: https://panorama.absurd-orange.de/bad-teinach; mein Dank an Matthias Betz für diesen Hinweis.
52 Die Daten sind entnommen dem Biographischen Lexikon des Hauses Württemberg: https://www.leo-bw.de/themen/biographisches-lexikon-des-hauses-wurttemberg. Mein Dank an Tjark Wegner für diesen Hinweis.

in Frieden. Auch das Klima war den Menschen günstig und schenkte reiche Ernten und wachsenden Wohlstand. Als die Prinzessin vier Jahre alt war, kaufte ihr Vater das Badehaus in Teinach. Von seinem Hofbaumeister Schickhardt ließ er nun die Quelle des „Sauerbrunnens" neu und genauer fassen und für ein größeres Publikum bequemer zugänglich machen. So entstanden die Voraussetzungen dafür, dass Teinach später die herzogliche Sommerresidenz werden konnte. In Antonias früher Kindheit deutete nichts darauf hin, welche Katastrophe über ihr Heimatland und ganz Mitteleuropa hereinbrechen sollte.

Der Dreißigjährige Krieg

Am 23. Mai 1618 – für die Württemberger, die noch nach dem julianischen Kalender rechneten, war es der 13. Mai – nahm das Unheil seinen Lauf. Die evangelischen Stände in Böhmen warfen den kaiserlichen Statthaltern vor, die Religionsfreiheit der Protestanten zu verletzen. Sie machten ihnen den Prozess und warfen sie spektakulär auf der Prager Burg aus dem Fenster (Prager Fenstersturz): Der Dreißigjährige Krieg brach aus. In dieser Auseinandersetzung zwischen dem Kaiser mit seinen katholischen Verbündeten und dem Bündnis der evangelischen Fürsten und Reichsstädte geriet das evangelische Herzogtum Württemberg in eine existenzbedrohende Situation. Das Schicksal des befreundeten badischen Markgrafen machte Herzog Johann Friedrich deutlich, in welcher Gefahr er sich befand. Der Markgraf hatte sich bei der Reichsstadt Wimpfen zusammen mit den evangelischen Heeren der katholischen Liga unter dem Feldherrn Tilly entgegengestellt; dabei war er vernichtend geschlagen worden. Mit knapper Not entfloh er nach Basel ins Exil und wurde vom Kaiser zu Gunsten der katholischen Linie des Hauses Baden als Landesherr abgesetzt.

Herzog Johann Friedrich von Württemberg wollte neutral bleiben. Es gelang ihm aber nicht, seine Untertanen vor dem Durchmarsch fremder Truppen und vor Plünderungen zu bewahren. In dieser Periode des Krieges, als ein Jahrzehnt lang die katholische Seite dominierte, starb der Herzog überraschend im Jahre 1628. Der Thronfolger, Antonias jüngerer Bruder Eberhard, war zu diesem Zeitpunkt erst vierzehn Jahre alt; da er die Regierungsgeschäfte noch nicht führen konnte, wurde er unter die Vormundschaft eines Bruders seines Vaters, Ludwig-Friedrich von Württemberg-Mömpelgard (1586–1631), und seiner Mutter gestellt.

Ständige Ungewissheit und Bedrohung überschatteten also Antonias Kinder- und Jugendzeit. Für Frauen aus Fürstengeschlechtern wie Antonia und ihre beiden Schwestern Anna Johanna und Sibylla war dies eigentlich die Zeit, für sie ebenbürtige Ehepartner mit dynastisch-politischem Hintergrund auszusuchen. Während des Krieges fehlten aber akzeptable Bewerber; auch war das Land so verarmt, dass keine Möglichkeit bestand, die Prinzessinnen mit angemessener Mitgift auszustatten.

Exil in Straßburg

Die Situation des Hauses Württemberg spitzte sich zu, als 1629 aufgrund eines Restitutionsedikts von Kaiser Ferdinand II. die württembergischen Klöster Alpirsbach, Hirsau und Maulbronn wieder katholisch wurden und die Mönche zurückkehrten. 1632 griff der protestantische König Gustav Adolf von Schweden (1594–1632) in den Krieg ein. In einem Siegeslauf zog der Schwedenkönig durch die Territorien des Reiches und drang bis nach München vor, der Residenz des bayerischen Herzogs, des mächtigsten Verbündeten des Kaisers. Gerade zu dieser Zeit (1633) wurde der junge Eberhard vom Kaiser vorzeitig für regierungsmündig erklärt. Als evangelischer Fürst konnte er den siegreichen Schweden die Gefolgschaft nicht verweigern. Bald darauf starb Gustav Adolf aber in der Schlacht bei Lützen (16.11.1632). Zwei Jahre später erlitten die Protestanten in der Schlacht von Nördlingen eine vollständige Niederlage. Das Herzogtum Württemberg, nun Winterquartier der gegnerischen kaiserlichen Truppen, wurde geplündert und verwüstet. Die Folge des Krieges waren Elend und Hunger. Aus ihrem eigenen Bekanntenkreis wusste Antonia von Misshandlungen und Folter durch eine marodierende Soldateska. Ihr späterer Berater Johann Jakob Heinlin, seit 1624 Spezialsuperintendent in Herrenberg, wollte vor dem feindlichen Befehlshaber um Schonung für seine Stadt bitten, wurde aber selbst ausgeraubt und gequält und konnte mit letzter Not sein nacktes Leben retten.[53] Antonia floh mit ihrer Mutter ins Exil nach Straßburg. Ihr Bruder Eberhard und der Hofstaat folgten später nach. In Abwesenheit des Herzogshauses gab der Kaiser nun württembergische Territorien und Herrschaftsrechte an andere Adelsgeschlechter. Als Barbara Sophia 1636 starb, verfasste Antonia ein Trauergedicht auf sie in Form eines →Akrostichons, das zeigt, wie intensiv sie sich schon in jungen Jahren mit dem Tod auseinanderzusetzen hatte.[54]

Mit anderen Flüchtlingen aus dem ganzen süddeutschen Raum fanden sich die Exilanten derweil im übervölkerten Straßburg wieder. Unter der Kanzel des Münsters hörten sie die Bußpredigten des lutherischen Professors an der Straßburger Akademie Johann Schmidt (1594–1658), der ihr Unglück als göttliches Gericht über Deutschlands Sünden deutete.[55] Schmidt setzte sich besonders für die Verbreitung der „Vier Bücher vom wahren Christentum" des lüneburgischen Superintendenten Johann Arndt (1555–1621) ein, ein Text, der entscheidenden Einfluss auf die weitere Entwicklung des Protestantismus in Deutschland ausübte. Der Straßburger Prediger wurde für Antonias Werdegang auch deshalb wichtig, weil sie nach ihrer Heimkehr mit ihm korrespondierte. Der in Rappoltsweiler (Ribeauvillé) im Elsass geborene lutherische Theologe Philipp Jakob Spener (1635–1705), dessen Schrift *Pia Desideria oder herzliches Verlangen nach gottgefälliger Besserung der wahren Evangelischen Kirche* (1675) später zur Programmschrift des →Pietismus wurde, nannte Schmidt seinen geistlichen Vater.[56]

---

53 Pfaff, Lebensbeschreibungen, S. 123.
54 Vgl. den Abdruck der von Monika Garruchet rekonstruierten Form im Anhang dieses Bandes.
55 Wallmann, Philipp Jakob Spener, S. 2.
56 Wallmann, Theologie und Frömmigkeit, S. 89–90. Zu einem Brief Strölins an Spener vgl. Gruhl, Die kabbalistische Lehrtafel, S. 394. Zu Antonias Straßburger Zeit vgl. Monika Garruchets Beitrag in diesem Band.

Heimkehr nach Stuttgart und Wiederaufbau

Als Herzog Eberhard 1638 nach Stuttgart zurückkehrte, kam er in ein Land, das ausgeplündert und über das gerade die Pest hinweggegangen war. Zu seinen Aufgaben gehörte es nun, auch auf religiösem Gebiet die Dinge neu zu regeln. Bis zum Westfälischen Frieden von 1648, der die Rechtssicherheit wieder herstellte, hatte Eberhard alle Hände voll zu tun. Er musste die Souveränität im eigenen Land wiederherstellen, die Staatseinnahmen sichern und den Hof, die Verwaltung und die Staatsausgaben neu organisieren. Bereits 1639 berief er den gelehrten Dichter, Philosophen und Theologen Johann Valentin Andreae (1586–1654), der in den härtesten Kriegsjahren Dekan in Calw gewesen war, nach Stuttgart, wo er als Hofgeistlicher und später auch als Konsistorial- und Kirchenrat wirkte.

Christus krönt Sulamith (Prinzessin Antonia von Württemberg) als Braut Christi mit Monogrammbrosche.

Die allgemeine Not machte sich auch für Prinzessin Antonia bemerkbar. Als Mitglied des Stuttgarter Hofes sollte sie ein standesgemäßes Leben führen, also eine kleine Hofhaltung mit Dienerschaft unterhalten; sie musste aber hart mit ihrem Bruder um die dafür nötigen Finanzmittel ringen. Erst als die Finanzlage des Landes konsolidiert war, fand sich Eberhard bereit, seiner Schwester eine Apanage von tausend Gulden zu gewähren. Diese reichte der Prinzessin aber nicht aus. Mit der Zeit nahm sie immer mehr Schulden auf; selbst nach ihrem Tod meldeten ihre Gläubiger noch Forderungen an.

Bildung und Frömmigkeit

Als in Württemberg wieder geordnete Verhältnisse eingekehrt waren, war Antonia in einem Alter, in dem eine Ehe für sie nicht mehr in Frage kam. Da sie für die Dynastie nichts mehr leisten konnte, erwartete man, dass sie sich, wie bei ledigen Frauen und Witwen üblich, kultureller, karitativer und mäzenatischer Anliegen annahm. Der Krieg hatte ihr Leben überschattet; dennoch hatten Antonia und ihre Schwestern eine gute Erziehung genossen. Früh wurden sie in die Musik und die Bildende Kunst eingeführt, in den alten Sprachen und Naturwissenschaften unterrichtet. Die Frauen erwiesen sich als motivierte, wissbegierige und begabte Schülerinnen. Mit gemeinsamem Musizieren und in künstlerischer Tätigkeit vertrieben sie ihre Langeweile, im Studium von Wissenschaften und Sprachen fanden sie erfüllte Stunden. Antonia – man sprach von ihr als „Württemberger Minerva"[57] – zeigte sich besonders interessiert an Mathematik, Astronomie, Naturgeschichte, Landeskunde und ihren Hilfswissenschaften. Damit besaß sie wichtige Voraussetzungen, um sich auch näher mit theologischen Themen befassen zu können. Vor allem widmete sie sich dem Studium der Bibel und der Sprache des Alten Testaments, des Hebräischen. Nicht nur aus intellektueller Neugier, sondern als persönliche Gottsucherin setzte sie sich mit den theologischen Strömungen ihrer Zeit auseinander. So las sie zeitgenössische Erbauungsliteratur, vor allem das beliebte *Paradiesgärtlein voller christlicher Tugenden* Johann Arndts (Magdeburg 1612), ein Gebetbuch, das den meisten Drucken von Arndts „Büchern vom wahren Christentum" beigegeben war und das sogleich an das Hauptmotiv des Innenbildes

---

57 Betz, Licht vom unerschaffnen Lichte, S. 9.

von Antonias Schrein, den Paradiesgarten, denken lässt.[58] In Andachtsbüchern, in denen von der Seele als Braut und Jesus als dem Bräutigam die Rede ist – eines trug den Titel *Himmlischer Liebeskuß oder Übung des wahren Christentums, fließend aus der Erfahrung göttlicher Liebe* (1659) –, lernte sie die Sprache erotischer Jesusmystik kennen.

Vor allem aber entdeckte sie ihr Interesse an der Kabbala. Hier fand sie Material, das Antwort zu geben versprach auf ihre Nöte. Hier entdeckte sie Anregungen für die Auseinandersetzung mit der Frage nach dem Sinn des Lebens und für ihr Nachdenken über das Leiden und den Tod. Im Bedürfnis, sich Gottes Liebe immer mehr zu nähern und Christus von ganzem Herzen nachzufolgen, erwachte in ihr der Wunsch, die Hingabe an Christus und ihren Weg zu Gott sinnlich vorstellbar zu machen. Im Gespräch mit ihren Lehrern und Beratern entstand so offenbar die Idee, die zur Realisierung des Schreins führen sollte.

Ein „falsch" geschriebenes Wort in der Bibel

Seit der Zeit ihres Exils hielt Antonia Kontakt mit im Elsass wirkenden Freunden. Darüber hinaus stand sie im Mittelpunkt eines gelehrten Netzwerkes, das bis nach Tübingen und im Osten bis nach Augsburg reichte.

Karl Philibert Ferrara Fiesco Graf von Candel (gest. 1675), seit 1639 als württembergischer Obervogt in verschiedenen Ämtern des Herzogtums tätig, war italienisch-jüdischer Abstammung. Er widmete der Prinzessin ein hebräisches Gedicht und machte sie auf Merkwürdigkeiten in der Schreibung der Bibel aufmerksam. In einem Gespräch ging es um einen berühmten Text bei dem Propheten Jesaja (Jesaja 9, 6–7), den christliche Theologen immer wieder als messianische Prophetie verstanden haben:

„Denn uns ist ein Kind geboren, ein Sohn ist uns gegeben, und die Herrschaft ist auf seiner Schulter; und er heißt Wunder-Rat, Gott-Held, Ewig-Vater, Friede-Fürst, auf dass seine Herrschaft groß werde und des Friedens kein Ende auf dem Thron Davids und in seinem Königreich."

In Vers 6 findet sich hier als graphische Besonderheit der hebräische Finalbuchstabe Mem (ם) zu *Beginn* eines Wortes – eigentlich ein Verstoß gegen die Gesetze der Rechtschreibung. Diese Regelwidrigkeit wird dennoch in allen Handschriften und allen gedruckten Ausgaben der Hebräischen Bibel beibehalten. Auf Antonias Bild ist auf dem Schoß des Propheten Jesaja, der in der rechten Vorhalle des Tempels sitzt, eine Schriftrolle ausgebreitet, die das „falsch" geschriebene Wort enthält: לםרבה – *le-marbé*, „zur Mehrung" (des Friedens). „Korrekt" wäre mit einem „runden" Buchstaben Mem (מ) zu schreiben: למרבה, *le-marbé*. Die beiden anderen hebräischen Wörter auf Jesajas Schoß sind ein Zitat aus Jesaja 7, 14 (העלמה – „die Jungfrau wird schwanger werden") und 29, 16 (נבלתי – „meine Leichname [werden auferstehen]").[59]

---

58 Vgl. Wallmann, Pietismus-Studien, S. 67.
59 Vgl. Betz, Licht vom unerschaffnen Lichte, S. 59.

Der Prophet Jesaja mit der Schriftrolle, dem „Becher des Trostes" und einer Krone in seiner linken Hand als Symbol der Freudenbotschaft (Jesaja 52, 7).

Viele Generationen haben über diese Frage nachgedacht: War den Abschreibern des Textes die korrekte Schreibung unbekannt? Eine solche Annahme verbietet sich bei jüdischen Gelehrten von selbst. Hing das Immer-Wieder-Abschreiben des „falschen" Wortes mit dem Motiv absoluter Texttreue zusammen? Mit dem unerschütterlichen Willen, an der einmal von den Vorfahren übernommenen Über-lieferung nichts zu ändern? Verband sich mit der textlichen Besonderheit eine geheime Botschaft? War das „falsch" geschriebene Mem eine Chiffre, die es zu entschlüsseln galt? Der babylonische Talmudtraktat →Sanhedrin (Folio 94a), ebenjener Text, den Reuchlin in seinem Besitz hatte und der wohl auch Antonias Beratern zur Verfügung stand, deutet das „falsch" gesetzte *Mem finalis* als *Warnung* vor einer falschen messianischen Inanspruchnahme des Textes. Wahrscheinlich setzen sich hier jüdische Talmudweisen gegen eine christliche Deutung des Textes zur Wehr.[60] Der französische Renaissancegelehrte Jean Cinq-Arbre

---

[60] Der Talmud gibt die Worte des rabbinischen Gelehrten Bar Qappara wieder, der von einer Auseinandersetzung im Himmel zwischen Gott und seiner „Eigenschaft der Gerechtigkeit" berichtet. Kabbalistisch gesprochen, handelt es sich um einen Streit zwischen der ersten und der fünften Sefira, die den Beinamen „Gerechtigkeit" (hebräisch: *din*) trägt (vgl. dazu unten). Beide diskutieren über die richtige Deutung der merkwürdigen Schreibung in Jesaja 9, 6. Gott wollte den judäischen König Hiskia zum Messias ernennen, doch wandte „die Gerechtigkeit" ein, Gott habe noch nicht einmal David, der doch so viele Lieder und Psalmen komponierte, zum Messias ernannt. Wie komme da Hiskia in Frage, von dem solche Lobgesänge nicht überliefert sind? Da stand die Erde auf und setzte sich mit einem Lobpreis für Hiskia ein. Am Ende antwortet eine göttliche Hallstimme mit dem Jesajavers „mein Geheimnis für mich" (Jesaja 24, 16). Die Messiasfrage bleibt offen. Diese Passage ist sicherlich als eine frühe Polemik gegen das Christentum zu verstehen. Vgl. Goldschmidt, Der Babylonische Talmud, Band 9, S. 47–48. Zu Jesaja 9, 6 auf dem Bad Teinacher Schrein vgl. auch Häußermann, Pictura Docens, S. 118. Im kabbalistischen Buch *Bahir* (12. Jh.) werden die beiden Formen des Buchstabens Mem „gegendert". Das offene Mem (מ) ist weiblich, es symbolisiert die dritte Sefira (Bina), die „obere Gottesmutter". Der geschlossene „männliche" Finalbuchstabe (ם) ist auf die Sefira Chochma bezogen. Die Vorstellung von der geheimnisvollen Geburt des Messias, die die Kabbalisten wohl als „gefährlich" (weil christlich) empfinden, wird hier umgebogen zur Idee eines *hieros gamos* in der innergöttlichen Welt.

(Quinquarboreus), Hebräisch- und Syrischprofessor am Pariser *Collège de France* (gest. 1587), vertrat in seinem Werk *Linguae Hebraicae Institutiones* (Paris 1559) die umgekehrte Auffassung: Er las das Rätselwort *le-marbé* in Jesaja 9, 6 von Jesaja 9, 1 und 9, 5 her: „Das Volk, das im Finstern wandelt, sieht ein großes Licht." Und: „Uns ist ein Kind gegeben, ein Sohn geboren … und er heißt: Friedefürst." Für ihn wie für Prinzessin Antonia und ihre Berater war der auffällige Buchstabe ein Hinweis auf Jesus Christus.[61]

Johann Valentin Andreae

Antonias Jesaja, so hat Hansmartin Decker-Hauff vermutet, trägt die Gesichtszüge ihres einfühlsamen und sensiblen Mentors Johann Valentin Andreae.[62] Da Andreae während seiner Zeit in Vaihingen/Enz (ab 1614) und als Dekan in Calw (1620–1639) dafür sorgte, dass die dortigen Kirchen mit Bildern ausgeschmückt wurden, hat man angenommen, dass er es war, der Antonia die Anregung für die Erstellung des Schreines gab.[63] Andreae hatte 1616 in Straßburg eine der Grundschriften der →Rosenkreuzer-Bewegung herausgegeben, die *Chymische Hochzeit des Christian Rosencreutz Anno 1459*. Auf diesen Text berief sich ein etwas mysteriöser Tübinger Kreis um den Juristen Tobias Hess (1558–1614), der sich mit paracelsischer Heilkunst, →Alchemie, →Astrologie und naturwissenschaftlichen Fragen befasste und diese Interessen mit dem intensiven Studium der Heiligen Schrift und vertiefter persönlicher Frömmigkeit zu verbinden suchte. Hess hatte versucht, mit Hilfe von →Buchstaben- und Zahlenspekulationen Näheres über die von ihm erwartete Wiederkunft Christi und das ersehnte Tausendjährige Reich herauszufinden. Diese Lehren galten der damals in Württemberg herrschenden lutherischen Orthodoxie, vor allem den Tübinger Theologen, aber als häretisch: Hess wurde vor Gericht gestellt. Dem älteren Andreae waren seine mystischen Anfänge peinlich. Als offizieller Hoftheologe musste er alles daransetzen, rechtgläubig zu erscheinen; es ist daher nicht sicher, ob er mit Antonia selbst über kabbalistische Themen gesprochen hat.[64] Andererseits setzte Andreae sich anlässlich seiner Promotion an der Tübinger Universität im Jahre 1641, also noch nach seiner

---

61 Mein Dank an Eran Shuali, Strasbourg, für seinen Hinweis auf diesen Text. Vgl. https://books.google.de/books?id=HPnnpzhIrpQC&hl=fr&pg=PP3#v=onepage&q&f=false. Als Konsequenz aus dem jüdisch-christlichen Dialog plädiert der katholische Theologe Schottler dafür, auf eine Deutung von Jesaja 9, die auf Jesus Christus ausgerichtet ist, zu verzichten. Vgl. Schöttler, Re-Visionen christlicher Theologie, S. 108.

62 Decker-Hauff, Prinzessin Antonia, S. 93; Betz, Licht vom unerschaffnen Lichte, S. 11; Brecht, Johann Valentin Andreae, S. 328.

63 Betz, Licht vom unerschaffnen Lichte, S. 10. So auch noch Brecht, Johann Valentin Andreae, S. 247–248.

64 Brecht, Johann Valentin Andreae, S. 262. Dass Andreae Strölin das Interesse an Kabbala vermittelte, ist nicht zu belegen.

Berufung an den Stuttgarter Hof, für das von Johann Arndt vertretene frühpietistische Reformprogramm ein, wobei er Prinzessin Antonia und ihre beiden Schwestern als Gewährsleute nannte.⁶⁵ Dem Konzept einer →*Pansophie*, eines Wissens, das alle Wissenschaftsbereiche – auch die entstehende Naturwissenschaft – einbeziehen und im Licht der göttlichen Offenbarung in der Bibel vereinen sollte, stand er positiv gegenüber. Seine theologischen Schriften waren auf eine umfassende christliche Bildung ausgerichtet, die im Dienst der Erneuerung und einer Reform der christlichen Praxis stehen sollte.

Ein Netzwerk gelehrter Freunde

Um sich im Sinne dieser Idee auszutauschen, stand Andreae im Mittelpunkt eines Netzes von Freunden und Bekanntschaften, das er durch regelmäßige Korrespondenz pflegte.⁶⁶

Johann Steudner (1620–1666).

So stand er mit dem Straßburger Münsterprediger Johann Schmidt im Austausch⁶⁷, und wenn die Prinzessinnen in Bad Teinach zur Kur weilten, kam es zu Begegnungen mit Andreae im Hause seines Schwiegersohnes in Calw.⁶⁸ Andreaes Vielseitigkeit und Neugierde muss auf alle seine Gesprächspartner in hohem Maße inspirierend gewirkt haben.

Zu Antonias Beraterkreis gehörte auch Johann Steudner (1620–1666), der 1641 in Straßburg studiert hatte, danach Hilfspfarrer (Diaconus) in Augsburg geworden war und besondere Interessen im Bereich der Hebraistik und Kabbala hatte. In einer Schrift aus dem Jahre 1665 brachte Steudner sein Verhältnis zu den zeitgenössischen Juden zum Ausdruck, das von Sympathie und Offenheit, zugleich aber von missionarischen Überzeugungen geprägt war: „Wir Christen brauchen die Cabbalam fürnemlich darumb, das wir die Juden da mit überzeugen und reintreiben können, als welche mit Cabbalistischen

---

65   Brecht, Johann Valentin Andreae, S. 243.
66   Vgl. Christoph Brecht, Zum literarischen Profil eines deutschen Schriftstellers (in: Brecht, Johann Valentin Andreae), S. 315.
67   Vgl. Wallmann, Theologie und Frömmigkeit, S. 89; Gruhl, Die kabbalistische Lehrtafel, S. 394.
68   Vgl. Brecht, Johann Valentin Andreae, S. 248.

Speculationibus viel eher als mit hellen Gründen und Sprüchen der Schrifft können gewonnen werden."[69]

Von Johann Laurentius Schmidlin, der als Schriftführer des Gelehrtenkreises galt, haben wir bereits gehört. Schmidlin war Pfarrer in Sindelfingen, wo Antonia ihn predigen hörte. 1666 wurde er zum Pfarrer an der Stuttgarter Hospitalkirche berufen und zwei Jahre später zum Konsistorialrat ernannt. Mit seiner *Pictura docens,* einem Titel, der zugleich „enthüllt und verbirgt"[70], lieferte er wichtige Beiträge zum Verständnis des Schreins. Dabei ordnete er das Bild so in die damalige Frömmigkeit ein, dass es für die maßgeblichen Theologen des Herzogtums akzeptabel war.

Verbunden war die Prinzessin schließlich mit dem Zavelsteiner Pfarrer und kaiserlichen Poeten Johann Ebermeier, der Antonia auf emblematische Motive hinwies, sowie mit Philipp Jakob Spener.[71] Anlässlich eines Aufenthaltes Speners in Stuttgart traf Antonia 1662 mit ihm zusammen und bat ihn im Hinblick auf ihr Kunstwerk um Rat. Als Spener 1663 die Stelle eines Freipredigers am Straßburger Münster annahm, ließ die Prinzessin ihn wissen, dass sie für sein Wirken Gottes reichen Segen erflehte.[72] Im gleichen Jahr sandte Spener der Prinzessin ein von ihm selbst verfasstes Gedicht über die →*Sefirot*, ein „Brevier" des Werkes Antonias („totius Operis Antoniani Breviarium").[73]

Ein Schüler Andreaes, der Cannstatter Pfarrer Johann Jakob Strölin (1620–1663) – in seinen letzten beiden Lebensjahren amtierte er als Pfarrer im nahegelegenen Münster, heute einem Stuttgarter Teilort – wurde zum wichtigsten Mitarbeiter Antonias und zu ihrem Hebräisch- und Aramäischlehrer. Nach seinem Theologiestudium im Tübinger Stift bei dem dortigen Bibelwissenschaftler und Orientalisten Balthasar Raith blieb Strölin vielseitig interessiert. Sein Augenmerk galt auch der Mathematik und der Astronomie – Fächer, die damals noch eng mit der Astrologie verbunden waren. Strölin war der Prinzessin vielleicht von Andreae empfohlen worden; er führte sie auch in die jüdische Bibelauslegung und die Kabbala ein. Von ihm wissen wir, dass er mit Spener in Fragen des Schreins korrespondierte. Nach Strölins frühem Tod kam die Arbeit des Gelehrtenkreises offenbar ins Stocken. Obwohl Antonias Kunstwerk 1663 fast fertig fertiggestellt war, wurde es erst zehn Jahre später – offenbar in Zusammenhang mit dem 60. Geburtstag der Prinzessin – in Bad Teinach aufgestellt.

---

69 Steudner, Jüdische ABC Schul, zitiert in: Gruhl, Die kabbalistische Lehrtafel, S. 5–6.
70 Schmidlin, Pictura docens, Einleitung, S. XXXII.
71 Für den Hinweis auf die Bedeutung Ebermeiers danke ich Monika Garruchet; vgl. Garruchet, Prinzessin Antonia, S. 19 und den Beitrag von Monika Garruchet unten in diesem Band.
72 Vgl. Gruhl, Die kabbalistische Lehrtafel, S. 394.
73 Wallmann, Philipp Jakob Spener, S. 157. Strölin erwähnt Spener als Antonias Berater in einem Schreiben an Schmidlin vom 6. Mai 1662 (vgl. Gruhl, Die kabbalistische Lehrtafel, S. 395).

Polyphonie der Deutungen

Das fruchtbare Wirken des Gelehrtenkreises in den Jahren zuvor lässt sich anhand erhaltener Briefe und anderer Dokumente nachzeichnen.[74] Soweit wir wissen, arbeiteten die Berater der Prinzessin harmonisch zusammen. Dennoch schlug sich die jeweils eigene Kenntnis und Perspektive der Beteiligten in unterschiedlichen Deutungen von Einzelteilen des Bildes nieder. Es ist nicht verwunderlich, dass diese unterschiedlichen Blickwinkel in der Forschung immer wieder zu Diskussionen geführt haben – bei Kunstwerken ist es ja überhaupt unvermeidlich, dass sie von jedem Betrachter unterschiedlich gesehen und interpretiert werden können. Bei diesem speziellen Gegenstand hat man rückblickend aber den Eindruck, Diskussionen nachzeichnen zu können, die wie ein Spiegel von Diskussionen im jüdischen Lehrhaus wirken. Wie im →Bet Midrasch ging es den frühpietistischen Theologen nicht nur um das theoretische Verständnis der Geheimnisse von Gottes Offenbarung, sondern zugleich darum, diese Geheimnisse für das menschliche Herz und Gemüt wirksam und verständlich zu machen. Wie beim jüdischen Lernen konnten dabei unterschiedliche Wege der Vergegenwärtigung und Verinnerlichung des Gelernten nebeneinander Bestand haben. Diese Ähnlichkeit ist umso bemerkenswerter, als Juden weder an den Vorarbeiten noch an der Realisierung der Lerntafel beteiligt waren. Seit 1498 durften Juden im Herzogtum Württemberg ja weder dauerhaft wohnen noch arbeiten.[75] Doch die jüdischen Stoffe und Motive, die in Antonias Schrein zusammenflossen, legten von vornherein eine gewisse Polyphonie nahe. Spätantike →Midraschauslegungen, die rabbinische Bibelexegese des Mittelalters, die alten aramäischen Bibelübersetzungen, kabbalistische Spekulationen – all dies ermöglicht eine multiperspektivische Betrachtung von Antonias Lerntafel.[76]

Solange der Schrein noch bei ihr in Stuttgart war, meditierte Antonia selbst täglich vor ihm. Es liegt nahe anzunehmen, dass sie sich dabei mit der Frau im grünen Kleid identifizierte, die im Eingang des Paradiesgartens steht und ihr brennendes Herz, dreifach geschmückt mit dem hebräischen Buchstaben *Jod*, einer Abbreviatur des Gottesnamens, in der rechten Hand trägt.[77] In dieser Zeit richtete sie auch ihre Bibellektüre ganz auf die Beschäftigung mit der Tafel aus, wie Spener in einem Brief an seinen Basler Lehrer, den Orientalisten Johannes Buxtorf, zu berichten wusste.[78] Sechs Jahre, nachdem sie ihr Bild in Bad Teinach hatte aufstellen lassen, starb die Prinzessin in der Nähe von Bad Teinach

---

74 Vgl. Gruhl, Die kabbalistische Lehrtafel, S. 212.
75 Während des Dreißigjährigen Krieges lebten allerdings Juden in Horb (52 Personen im Jahr 1633), die jedoch 1708 wieder ausgewiesen wurden; vgl. Hahn, Erinnerungen und Zeugnisse, S. 181.
76 Deshalb ist das Ansinnen, eine „endgültige" Deutung von Antonias Lerntafel vorlegen zu wollen, von vornherein illusorisch; ein solcher Versuch stünde auch dem „Geist" dieses Kunstwerks ganz und gar entgegen.
77 Zum dreifachen *Jod* und zur Identität dieser Frau vgl. den Nachtrag in der dritten Auflage von Betz, Licht vom unerschaffnen Lichte, S. 102 und die Erläuterungen unten, Abschnitt „Wer ist die Frau im grünen Kleid?"
78 Wallmann, Philipp Jakob Spener, S. 156; Schmidlin, Pictura docens, Einleitung, S. XXIX.

Die Frau im grünen Kleid am Eingang des Paradiesgartens mit ihrem Herzen in der rechten Hand.

in Bad Liebenzell. Bestattet wurde sie in der Stuttgarter Stiftskirche; sie ruht an einer heute nicht mehr bekannten Stelle unter den Bodenplatten des Chorraumes. Ihr Wunsch war es, dass ihr Herz bei ihrem Kunstschatz in Bad Teinach begraben sein sollte. Ob die Hinterbliebenen ihr diesen letzten Wunsch erfüllt haben, konnte bis heute nicht verifiziert werden.[79]

3. Was heißt Kabbala?

Prinzessin Antonias Schrein gilt als herausragendes Beispiel für Ausdrucksformen christlicher Kabbala in Südwestdeutschland. Was aber ist „christliche Kabbala"? Was heißt „Kabbala" überhaupt und grundsätzlich? Im Neuhebräischen, das heute im Staat Israel gesprochen wird, verwendet man diesen Begriff, wenn man eine „Quittung" für eine geleistete Zahlung erhält, im Sinne des englischen „receipt". Im mittelalterlichen Hebräisch meint „Kabbala" die Vorstellung von etwas „Empfangenem", „Erhaltenem".

---

79 Anlässlich einer baulichen Untersuchung der Dreifaltigkeitskirche im Jahre 1963 ließ sich eine Urne *hinter* dem Schrein, wo die Begräbnisstätte des Herzens vermutet worden war, nicht nachweisen (mein Dank an Monika Garruchet für diese Angabe). Zum Begräbnis der Prinzessin vgl. Betz, Licht vom unerschaffnen Lichte, S. 10.

Meist ist damit eine „Tradition" angesprochen, die von Gott stammt, aber nicht direkt durch Gott offenbart, sondern von Menschen überliefert wurde. Die Träger dieser Tradition, die Kabbalisten, verweisen dabei auf jahrhundertealtes Überlieferungsgut aus der Frühzeit der jüdischen Talmudweisen im ersten oder zweiten Jahrhundert nach Christus oder auf Überlieferungen, die noch weiter zurück bis in die biblische Zeit reichen. So betonen sie die Altehrwürdigkeit des „Empfangenen". Für sie handelt es sich nicht um neue Erfindungen; es sind Vorstellungen, die mit allem übereinstimmen, was zuvor im Judentum gelehrt worden war. Auf diese Weise nehmen sie ihre Texte gegen Kritiker innerhalb des Judentums in Schutz. Jüdische Philosophen im Mittelalter, in der Neuzeit auch die jüdischen Aufklärer, haben das „Neue", das im strengen Sinn Traditionswidrige, der Kabbala aber sensibel wahrgenommen. Aus diesem Grunde standen und stehen sie der Kabbala oft kritisch gegenüber.

Obwohl die kabbalistischen Traditionen also von sich selbst behaupten, sie seien „alt", sogar „sehr alt", treten die ersten uns bekannten Kabbalisten erst im Hochmittelalter auf; oftmals stehen sie im Gegensatz zu gleichzeitig oder etwas vorher entstandenen philosophischen Konzepten innerhalb des Judentums. Sie protestieren gegen eine als gefühlskalt empfundene und zu rationalistische Theologie und Schriftauslegung. Bei Licht betrachtet, gehen sie dabei durchaus revolutionär neue Wege. Wissenschaftler sind daher überwiegend der Meinung, dass die Kabbala nicht in der Antike wurzelt, sondern im Mittelalter entstand.

Wie ist die Kabbala entstanden?

Auffällig ist zudem, dass die Kabbala nicht im islamisch geprägten Orient, sondern zuerst im christlichen Europa, und zwar in Spanien und Südfrankreich, auftrat.[80] Erst mit mehrhundertjähriger Verspätung, im 16. Jahrhundert, taucht sie im Osmanischen Reich auf, vor allem in Palästina. Die Suche nach den Ursprüngen der Kabbala hat daher zu der Frage geführt, ob die ersten Kabbalisten mit christlichen Zeitgenossen in Verbindung standen. Was hat dieser Austausch für sie gegebenenfalls bedeutet? Der Berliner Judaist Peter Schäfer hat die These aufgestellt, dass bei der Entstehung der Kabbala jüdische Reaktionen auf die mittelalterliche Marienfrömmigkeit im Christentum eine Rolle spielten.[81] Das ist eine plausible Vermutung – sie lässt sich nur nicht mit letzter Sicherheit beweisen. Dieser mögliche geschichtliche Hintergrund lässt aber die Darstellung Marias auf Antonias Lerntafel in der neunten Sefira (s. dazu unten) in neuem Licht erscheinen.

Jüdische Mystik?

In der Literatur und im allgemeinen Sprachgebrauch wird die Kabbala oft mit „jüdischer Mystik" identifiziert. Die Gleichung „Kabbala – jüdische Mystik" wurde in letzter Zeit

---

80   Vgl. Scholem, Ursprung und Anfänge der Kabbala.
81   Vgl. Schäfer, Weibliche Gottesbilder im Juden- und Christentum.

aber in Frage gestellt. Zum einen ist nicht sicher, ob der Begriff „Mystik" überhaupt als Oberbegriff für Phänomene unterschiedlicher Religionen passt. Kann man von christlicher, jüdischer und islamischer „Mystik" in dem Sinne sprechen, dass diese drei Richtungen im Hinblick auf ihren Mystizismus sich grundsätzlich einig sind und sich nur durch jeweils christliche, jüdische oder islamische Eigenschaften unterscheiden? Gershom Scholem hat darauf hingewiesen, dass die christliche Mystik gerade in ihrem Kernbereich, dem Zielpunkt ihrer Bestrebungen, von kabbalistischen Vorstellungen grundlegend unterschieden ist: Eine mystische Vereinigung mit Gott (*unio mystica*) wie im Christentum sei für Juden undenkbar; die Kabbalisten strebten stattdessen ein „Anhängen" an Gott an (hebräisch: *hidabbqut*). Zu dem Wunsch, „in Gott zu leben", in ihm aufzugehen wie bei einer Begegnung von Braut und Bräutigam, gibt es auf jüdischer Seite demnach kein Äquivalent. Gegen die Verwendung des Begriffs „Mystik" spricht auch, dass die Grundbedeutung des griechischen Verbs *myein*, von dem dieses Wort abgeleitet ist, „die Augen schließen"[82], zu den meisten kabbalistischen Strömungen schlecht passt. Schon gar nicht fügt sie sich zum Werk Antonias. Schmidlin bemerkt in seinen erklärenden Ausführungen zum Bad Teinacher Schrein, dass dieses Kunstwerk gerade einlädt, die Augen weit zu öffnen, um die Schönheiten des Kosmos wahrzunehmen:

> Allenthalben ist verborgen,
> Alles ist voll Herrlichkeit,
> Was ich kost, hör, sieh und fühle,
> Was ich riech ist seine Fülle,
> Merck, wie GOTT in allem spiele
> Als verdeckt in stiller Hülle,
> GOTT in allem wachßt und lebet
> Und sich reichet zu betasten,
> in GOTT alles wachßt und webet.[83]

Man kann den Begriff der Mystik auch in übertragener Bedeutung im Sinn von stärkerer Verinnerlichung und Selbstbeobachtung verstehen. Aber selbst diese Deutung trifft nur unvollkommen, was jüdische (und christliche) Kabbalisten anvisieren. Die Kabbala will ja gerade neue Horizonte der Wahrnehmung *dieser* Welt erschließen. Sie will den Geheimnissen der Schöpfung auf die Spur kommen und dabei Spuren der unsichtbaren Welt in der sichtbaren entdecken – ein Anliegen, in dem Antonia und ihr Kreis sich bestens aufgehoben fühlten.

---

82 Schäfer, Origins, S. 1.
83 Oetinger, Die Lehrtafel, S. 255.

Mystik im modernen Zionismus

Dennoch wird der Ausdruck „jüdische Mystik" häufig synonym mit „Kabbala" verwendet, und es ist nicht einfach, auf ihn zu verzichten. Dieser Sprachgebrauch steht vor allem unter dem Einfluss des Buches Gershom Scholems *Die jüdische Mystik in ihren Hauptströmungen* (Jerusalem 1941, deutsche Ausgabe 1957). Scholem, der die Beschäftigung mit Kabbala und jüdischer Mystik zu einer eigenständigen wissenschaftlichen Disziplin gemacht hat, hatte in Jerusalem den Lehrstuhl zur Erforschung der Kabbala inne. Als überzeugter Zionist war er bereits 1926 nach Palästina ausgewandert. Nach einer kurzen Phase, in der er sich der traditionell-orthodoxen Torafrömmigkeit angenähert hatte, lebte Scholem aber als säkularer Jude. Den Zionismus sah er als eine grundlegend nicht-religiöse jüdische Nationalbewegung, die allerdings von religiösen „Obertönen" begleitet werde.[84] Zu diesen „Obertönen" gehörten für ihn mystische Traditionen, für die er sich eben deshalb interessierte, weil sie *heterodox* waren: Sie standen im Gegensatz zur Religionsauffassung der am Gesetz der Tora orientierten jüdischen Orthodoxie. In seinem Buch weist er darauf hin, dass auch die großen liberalen jüdischen Gelehrten des 19. Jahrhunderts wenig Sympathie für die Kabbala hatten. Sie galt ihnen als abergläubisch und gefährlich – schließlich stand sie ihrem Bestreben nach Eingliederung der Juden in das „aufgeklärte" Bürgertum in Europa entgegen. In der modernen Gesellschaft des 19. Jahrhunderts wollten die Juden nicht „obskurantistisch" erscheinen; man sollte sie als gebildet, rational und insofern integrierbar wahrnehmen. Als überzeugter Zionist hatte Scholem kein Interesse mehr daran, von Nichtjuden als in ihre Gesellschaften „integrierbar" wahrgenommen zu werden. Schließlich sah er seine Aufgabe darin, in Palästina am Aufbau einer neuen jüdischen Gesellschaft und des Staates Israel mitzuwirken. Die Beschäftigung mit Traditionen, die „nicht-orthodox", nicht am Religionsgesetz orientiert und insofern „kabbalistisch" oder „mystisch" waren, sollte dazu einen Beitrag leisten. Nach dem zweiten Weltkrieg und nach der Shoah ist in weiten Teilen des Judentums, auch außerhalb Israels, die frühere Reserviertheit der Kabbala gegenüber einem neuen Interesse gewichen.

Die Kabbala in der modernen Kultur

Wie ihre Zeitgenossen im jüdischen Bürgertum standen auch christliche Autoren, die durch die Aufklärung geprägt waren, Antonias Bild distanziert gegenüber. Es fielen Begriffe wie „Chaos von allerlei", „absonderlich" und „kabbalistisches Zeug". Die „berüchtigte cabalistische Lehrtafel" sei Ausdruck „finsterer Gelehrsamkeit"; ihr Inhalt werde ohnehin „von niemand verstanden".[85] Erst im Zuge des jüdisch-christlichen Dialogs, wie er nach dem zweiten Weltkrieg und nach der Shoah möglich geworden ist, haben sich seit der zweiten Hälfte des 20. Jahrhunderts auch viele Nichtjuden in der

---

84   Scholem, Zum Verständnis der messianischen Idee, S. 74.
85   Oetinger, Die Lehrtafel, S. 12.

westlichen Welt für die Kabbala zu interessieren begonnen. Trotz aller ihrer Fremdheit erscheint sie ihnen immer noch leichter zugänglich als die religionsgesetzlichen Traditionen, die ihren Schwerpunkt im →Talmud haben. Neben die Schriften Scholems, die seit den 1960er Jahren in deutscher Übersetzung erschienen, traten nach und nach die Untersuchungen seiner Schüler und anderer, auch nicht-jüdischer Kabbala-Forscher. Hinzu kamen populäre jüdische Autoren, die mystische Inhalte für ein breiteres Publikum aufbereiteten. Eine besondere Rolle in der Wahrnehmung der Kabbala in der Öffentlichkeit spielen heute auch Stars des internationalen Show-Business, die sich öffentlichkeitswirksam mit kabbalistischen Symbolen in Szene setzen.[86] Auch im Zuge der *New-Age*-Bewegung seit den letzten Jahrzehnten des 20. Jahrhunderts ist das Interesse an der Kabbala gestiegen. So verwundert es nicht, dass auch die „christliche Kabbala" in den vergangenen Jahren vermehrt Aufmerksamkeit erfahren hat.

Kabbala als geheimes (und verbotenes) Wissen

Die Tendenz zur Popularisierung der Kabbala ist in der jüdischen Geschichte aber etwas ziemlich Neues. Grundsätzlich ist der Zugang zu religiösem Wissen in der jüdischen Tradition nämlich mit Beschränkungen versehen. Schon das Torastudium ist nach talmudischem Verständnis Männern vorbehalten. Begründet wird dies mit 5. Mose 11, 19: „Ihr sollt sie (die Tora) lehren euren Söhnen." Dieser Vers rechtfertigt (und fordert!) nach den Rabbinen den Ausschluss der Töchter – Frauen ist das Studium der „Lehre" in der jüdischen Tradition nicht erlaubt.[87] Die Beschäftigung mit esoterischen Überlieferungen ist noch strenger reglementiert: Sie ist nur Juden erlaubt, die das Mindestalter von 40 Jahren erreicht haben. Der Grund dafür ist, dass das Lesen dieser Texte als gefährlich gilt.

Diese Bestimmungen fußen auf Auslegungen, die an den →Mischnatraktat Chagiga (Kap. 2, 1) anknüpfen. Dieser Text, im zweiten nachchristlichen Jahrhundert geschrieben, stellt mit Blick auf drei Themen Lehrverbote auf: Über die Inzestverbote (3. Mose 18) darf man nicht vor drei Personen referieren; die Geheimnisse der Schöpfung (1. Mose 1) darf man nicht vor zwei Personen vortragen. Über den göttlichen Thronwagen (Hesekiel 1–3) ist der Unterricht ganz untersagt. Die Thronwagenvision des Propheten Hesekiel betrifft nach Meinung der meisten Ausleger zunächst metaphysische, dann aber auch „mystische" Themen. In der deutschen Talmudübersetzung Lazarus Goldschmidts wird der hebräische Begriff „Thronwagen-Lehre" mit „Sphärenkunde" wiedergegeben. „Sphären", das lässt die →*Sefirot* anklingen, die göttlichen Abglänzungen, die in Antonias Schrein dargestellt sind. Die Textdeutung, die hinter dieser Übersetzung steht, ist

---

86 Beispiele habe ich in meinem Aufsatz „Kabbala im Kontext" zusammengetragen (Literaturverzeichnis).
87 Vgl. Morgenstern, Judentum und Gender, S. 52–54.

sachlich wohl nicht richtig.[88] Dennoch sind nach Meinung traditioneller jüdischer Ausleger von dem Verbot in Mischna Chagiga 2, 1 auch kabbalistische Themen betroffen.

Was war der Grund für diese Verbote? Die Einschränkung des öffentlichen Sprechens über die Eheverbote aus dem 3. Buch Mose sollte die Erregung öffentlichen Ärgernisses unterbinden. Das Verbot des Sprechens über die Schöpfungsgeheimnisse hatte offenbar die umstrittene Auslegung von 1. Mose 1, 2 im Blick, wo von der „Wüste und Leere" die Rede ist. Spekulationen über ein „Chaos" bei der Schöpfung, hebräisch *Tohu-wa-Bohu,* so die Befürchtung, könnten zur Annahme führen, dass Gottes Schöpfung nicht ganz gelungen, dass am Anfang etwas „schiefgelaufen" war. War das vom Schöpfer geschaffene Werk, wie die Gnostiker meinten, entgegen der Feststellung in 1. Mose 1, 31, vielleicht doch nicht „sehr gut"? Um welche Gefahr ging es aber bei dem Verbot, über Gottes „Thronwagen" öffentlich Vorträge zu halten?

Die jüdischen Weisen wissen von dem Übel, das denjenigen droht, die sich auf die Beschäftigung mit esoterischem Gedankengut einlassen. Der Babylonische Talmud, der den zitierten Mischna-Abschnitt kommentiert, erzählt von vier jüdischen Weisen, die „ins Paradies eintraten" und sich dabei Zugang zu verbotenem Wissen verschafften. Ben Asai schaute die göttlichen Geheimnisse, konnte danach aber nicht weiterleben – er starb. Ben Soma erblickte verbotene Dinge und wurde wahnsinnig. Vom dritten Gelehrten, er wird *Acher,* der Andere, genannt, heißt es, dass er „die jungen Triebe niederhaute". Dies bedeutete, dass er Schaden anrichtete und zum Ketzer wurde. Nur von Rabbi Akiba heißt es, dass er „in Frieden" zum Paradies hinaufstieg und „in Frieden" zurückkehrte.

Kabbala-Strömungen im Mittelalter

Angesichts dieser Gefahren ersannen die Kabbalisten des jüdischen Mittelalters unterschiedliche Strategien, um die von ihnen vertretene Richtung zu rechtfertigen, in das „rechtgläubige" Judentum einzuordnen und die lehrende und lernende Beschäftigung mit kabbalistischen Schriften als gestattet erscheinen zu lassen. Der in Spanien wirkende Kabbalist Moshe de Leon (ca. 1240/50–1305) und sein Schülerkreis verfassten ihr „Buch des Glanzes" (das Buch →*Sohar*) anonym, als pseudepigraphischen Text: Sie schrieben nicht in neuhebräischer Sprache wie im mittelalterlichen Judentum für solche Texte üblich, sondern wählten eine spätantike Version des Aramäischen. Damit war die Fiktion verbunden, das Buch sei dem im Palästina des zweiten Jahrhunderts lebenden Mystiker Rabbi Shimon bar Jochai offenbart worden, als dieser sich während des *Bar-Kochba-*Aufstandes der Juden gegen die Römer (132–135 n. Chr.) in Galiläa in einer Höhle versteckte. Der fiktive altehrwürdige Ursprung des Buches sollte seine Verbreitung rechtfertigen: Eine erfolgreiche Strategie, denn seither gilt das „Buch des Glanzes" als Hauptschrift der Kabbala. Die Höhle von Meron in Obergaliläa, in der, der Legende

---

88 Zur Geschichte des Begriffs „Sefira" vgl. Scholem/Werblowsky, Origins of the Kabbalah, S. 24–35.

nach, Shimon bar Jochai seine Offenbarungen erhalten haben soll, ist zu einer der beliebtesten Pilgerstätten der jüdischen Volksfrömmigkeit geworden.

Der einige Jahrzehnte zuvor lebende katalonische Gelehrte Mose ben Nachman (Nachmanides, 1194–1270) wählte eine andere, ebenfalls erfolgreiche Strategie: Er schrieb seine kabbalistischen Texte in Form eines Kommentars zu den ersten fünf Büchern der Bibel. Bis heute wird Mose ben Nachmans Kommentar in den meisten Rabbinerbibeln, wie Juden sie verwenden, am Rand mitgedruckt.

Abraham Abulafia (1240–1291/92) und die Buchstaben-Kabbala

Seinem etwas jüngeren Zeitgenossen Abraham Abulafia, einem Vertreter der „prophetischen" und zugleich „ekstatischen" Kabbala, gelang es demgegenüber nicht, seine Einsichten in der jüdischen Öffentlichkeit zu legitimieren; aufgrund seiner visionären und unkonventionellen Verkündigung wurde er von seinem Gegner, Rabbiner Salomon ben Abraham ibn Adret (1235–1310), in den Bann getan.[89] Von ihm wird erzählt, dass er aufgrund seiner kabbalistischen Einsichten versuchte, Papst Nikolaus III. zum Judentum zu bekehren.[90]

Abulafia wurde in Verzückung versetzt, sobald er sich kontemplativ mit den 22 Lettern des hebräischen Alphabets beschäftigte. Diese →Buchstaben galten ihm als Grundbausteine der Schöpfung. Die buchstabenmystischen Erwägungen gehen auf das →*Sefer Jezira* („Buch der Schöpfung") zurück, einen meist kabbalistisch verstandenen geheimnisvollen Traktat, der davon erzählt, wie Gott die Welt mit Hilfe der hebräischen Buchstaben erschuf und wie später der Erzvater Abraham in der Lage war, mit Hilfe der Buchstaben geheimnisvolle und wunderbare Dinge zu tun. Reuchlin und die christlichen Kabbalisten nach ihm benutzten die lateinische Übersetzung eines jüdischen Kommentars zum *Sefer Jezira* und entwickelten die Buchstabenphilosophie im Sinne seiner christlichen Kabbala weiter.[91]

Die Herkunft des Buches der Schöpfung, das jüdische Philosophen im Mittelalter mehrfach kommentierten, ist in der Forschung heftig umstritten. Entstand es schon in frühtalmudischer Zeit, also im dritten oder vierten Jahrhundert? Oder muss man seine Entstehungszeit vier oder fünf Jahrhunderte später verorten? Der israelische Forscher Tzahi Weiss hat die mysteriöse Schrift in das siebte nachchristliche Jahrhundert datiert. Weiss stützt sich dabei auf die Parallele eines Textes, der ursprünglich im syrischen Christentum beheimatet ist, des *Traktats vom Mysterium der Buchstaben*.[92] Dieser

---

89 Idel, Abulafias Esotericism, S. 14.
90 Moshe Idel hält diese Erzählung für eine legendarische Erfindung: vgl. Idel, Abulafias Esotericism, S. 237–238. Zu Abulafias Gotteslehre, die von manchen seiner Leser in die Nähe der Trinitätslehre gerückt wurde: a. a. O, S. 329–334.
91 Vgl. Reuchlin, De arte cabalistica, S. 384–385; Reuchlin zitiert dort den Kommentar eines unbekannten Autors zum *Sefer Jezira* („Pseudo-Rabad").
92 Vgl. Bandt, Der Traktat „Vom Mysterium der Buchstaben".

Traktat behauptet, dass die Lettern des →syrischen Alphabets und der syrischen Bibel in besonderer Weise heilig seien und dass die Auslegung dies in Betracht ziehen müsse. Nach diesem Vorbild gehe das *Sefer Jezira* von der Heiligkeit des hebräischen Alphabets aus und führe die Entstehung der Welt auf diese Buchstaben zurück. Die Vorstellung von der Heiligkeit der syrischen Sprache und Schrift spielt auch bei einem Schüler Reuchlins eine Rolle, dem in Nellingen bei Ulm geborenen Johann Albrecht Widmannstadt (ca. 1506–1557). Widmannstadt, der in Tübingen Theologie und orientalische Sprachen studiert hatte, arbeitete mit dem französischen Hebraisten Guillaume Postel (1510–1581) zusammen, der 1552 in Paris die erste lateinische Übersetzung des *Sefer Jezira* veröffentlicht hatte. Gemeinsam mit dem syrischen Mönch Moses von Mardin gaben Widmannstadt und Postel 1555 in Wien die erste Druckausgabe des syrischen Neuen Testaments heraus. Unter dem Schalldeckel über der Kanzel der St. Jakobuskirche in Brackenheim findet sich auf einer Bemalung, die wahrscheinlich aus Anlass des einhundertjährigen Jubiläums der Reformation im Jahre 1617 angebracht wurde, ein Ensemble mit je einem griechischen, hebräischen, aramäischen, lateinischen und – was selten ist – *syrischen* Bibelzitat. Während ihrer Aufenthalte im Brackenheimer Schloss, dem Witwensitz ihrer Mutter Barbara Sophia von Brandenburg, hatte Prinzessin Antonia sicherlich die Gelegenheit, diese Inschriften, die von der genannten Buchstabenspekulation her zu erklären sind, zu bewundern.[93]

Der in Brackenheim zu lesende syrische Satz („Jesus Christus ist unsere Gerechtigkeit geworden"; vgl. 1. Korinther 1, 30) geht

Bibelverse in fünf Sprachen,
darunter der Vers
„Jesus Christus ist geworden
unsere Gerechtigkeit"
(1. Kor 1, 30) in syrischer Sprache
auf dem Kanzeldeckel der
Kirche St. Jakobus
in Brackenheim.

---

93 Vgl. dazu das Bild und die Dokumentation im Anhang.

wahrscheinlich auf Widmannstadts Bibelausgabe zurück und ist kabbalistisch zu deuten.[94]

Abulafia schritt über Spekulationen zur graphischen Gestaltung der Buchstaben im Hebräischen weiter zu Meditationen über ihren Zahlenwert (hebräisch: →*Gematria*). Bei dieser Methode geht es darum, den Zahlenwert einzelner Lettern, Wörter oder auch ganzer Sätze zu bestimmen und so einen mystischen Sinn zu gewinnen. Mit Hilfe des →*Akrostichons* und der Vertauschung der Buchstaben (hebräisch: →*Temura*) ließen sich schließlich neue Bedeutungen erzeugen. Ziel der ausgefeilten Buchstabenkombinatorik war die Erkenntnis des geheimen und zugleich wunderwirkenden Gottesnamens im Sinne von Sacharja 14, 9: „An jenem Tage wird JHWH der einzige sein, und sein Name der einzige."

Voraussetzung dieser Spekulationen ist die Anerkennung des Hebräischen nicht nur als Ursprache der Menschheit, sondern als *Gottes* Sprache.[95] In einem seiner Texte beschreibt Abulafia, wie man sich durch rituelle Waschungen, das Anziehen weißer Kleider und Meditationsübungen auf das Schreiben und die Manipulation der göttlichen Buchstaben vorbereitet und so zu ekstatischen Erlebnissen kommt. Gershom Scholem schlägt zur Deutung solcher Erfahrungen einen bemerkenswerten Vergleich vor: Abulafias Buchstabenmystik ähnelt der „Verzückung", die „die christliche Mystik etwa in der Meditation über die Passion Christi kennt."[96] Dieser Vergleich passt gut, wenn wir die Bad Teinacher Tafel verstehen wollen. Bei Antonia ist das Motiv des Leidens Christi ja fest mit dem des Paradiesgartens verbunden, in dessen Mitte das Kreuz aufgerichtet ist; zugleich ist der Schrein voller hebräischer Buchstaben, die im Sinne Abulafias zur Meditation einladen.

Buchstabenspekulationen bei Antonia

Der Barockforscher Reinhard Gruhl hat gezeigt, wie Antonia und ihr Kreis mit den hebräischen Buchstaben umgingen. Übungsblätter im Nachlass der Prinzessin, die in der württembergischen Landesbibliothek Stuttgart aufbewahrt sind, enthalten Versuche der Prinzessin, das Stilmittel des Akrostichons anzuwenden.[97] Ein von ihr niedergeschriebenes Gebet speist sich aus alttestamentlichen Versen und Motiven. Dabei wird jeder Buchstabe des Namens „Antonia" zum Anfangsbuchstaben einer neuen Wendung. Das Gebet zeigt den Weg von der Gottsuche über Gottes Gnadenzuwendung hin zum

---

[94] Christus wird hier vielleicht mit der fünften Sefira identifiziert, die traditionell *Din* („Gericht", „Gerechtigkeit") heißt. Im Sinne christlicher Kabbala gedeutet, könnte das heißen: Gottes Gerechtigkeit hat sich so geäußert, dass er den Menschen gnädig ist, sie freispricht und somit „gerecht macht".

[95] Vgl. dazu Kilcher, Die Sprachtheorie der Kabbala.

[96] Scholem, Die jüdische Mystik, S. 141.

[97] Die folgenden beiden Beispiele nach Gruhl, Die kabbalistische Lehrtafel, S. 66. Zu diesem Stilmittel in der Barockzeit vgl. Ernst, „Ars memorativa" und Kiermeyer-Debre, Kryptogramm.

praktischen Dienst im Glaubensgehorsam. In verkürzter Form und in modernisiertem Deutsch lautet es folgendermaßen:

A	Allmächtiger	1. Mose 17, 1
N	Nach dir dürstet meine Seele.	Psalm 42, 3a
T	Tröste und erquicke meine Seele!	Psalm 23, 2
O	Oh, Herr Jesus, setze mich wie einen Siegelring auf dein Herz!	Hoheslied 8, 6
N	Nimm mich gnädig an, halte mich als Siegelring an deinem Finger!	Haggai 2, 23
I	Ich habe mir vorgenommen, dir zu dienen.	1. Samuel 12, 10
A	An dir hänge ich, lass mich nicht weichen von deinem Gebot!	Hiob 27, 5

Es folgen weitere Bibeltexte, die durch Akrostichon die Buchstaben des Titels der Prinzessin abbilden („Herzogin zu Wirtemberg"). Zum Zeichen, dass alles biblisch-hebräisch und als Gebet gemeint ist, steht am Ende in hebräischer Quadratschrift ein Amen (אמן).

Auf einem anderen Zettel lässt die Prinzessin sich vom „Güldenen ABC" in Psalm 119 inspirieren, dem berühmtesten Beispiel für ein biblisches Akrostichon. In diesem Psalm sind die Anfangsworte jeder Strophe nach dem hebräischen Alphabet gewählt. Dabei ordnet Antonia die Woche mit ihren →sieben Tagen entsprechend den Buchstaben ihres Namens an und setzt in jede Spalte einen Lesetext des Psalms.[98]

So	Psalm 119, 1–25	א (A)
Mo	Psalm 119, 26-49	נ (N)
Di	Psalm 119, 50-72	ת (T)
Mi	Psalm 119, 73-96	ו (O)
Do	Psalm 119, 97-120	נ (N)
Fr	Psalm 119, 121-144	י (I)
Sa	Psalm 119, 145-176	ה (A)

Wie Antonia die Akrostichon-Methode sowohl mit hebräischen als auch mit lateinischen Lettern praktizierte, so wandte sie die *Gematria*-Technik auch auf beide Alphabete an. Auf einem Bogen Papier notiert sie für ihren eigenen Namen und den Namen

---

[98] Gruhl, Die kabbalistische Lehrtafel, S. 89–92. Die meditative Beschäftigung mit Psalm 119 wird dabei auf die sieben Wochentage verteilt. Das Lehrbuch des Tübinger Theologen Matthias Hafenreffer (1561–1619) *Loci Theologici* (Erstauflage: 1600), das im Württemberg der Barockzeit weit verbreitet war, weist im Vorwort auf Psalm 119 hin und erläutert, dass Luther diesen Text als Beispiel für die von ihm empfohlene Methodik des Betens, Meditierens und des Umgangs mit der Anfechtung (*oratio, meditatio, tentatio*) empfohlen hatte. Hafenreffers Kompendium war Antonia schon deshalb bekannt, weil ihre Schwester Anna Johanna (1619–1679) diesen Text in den Jahren vor der Einweihung der Lerntafel ins Deutsche übersetzt hatte; vgl. dazu Gruhl/Morgenstern, Zwei hebräische Gebete der Prinzessin Antonia, S. 109–110.

Jesu, beide in lateinischen Buchstaben geschrieben, jeweils die Zahl 70. Die Zahlenäquivalenz von „Antonia" und „Jesus" soll ihr persönliches Verhältnis zu ihrem Erlöser im Sinne von Galater 2, 20 nachweisen: „Ich lebe, doch nun nicht ich, sondern Christus lebt in mir."[99] Nach diesem Verfahren wählt die Prinzessin auch die hebräische Transkription ihres Namens und Titels. Steht man in der Bad Teinacher Kirche, fällt dem Betrachter auf dem Aufsatz des Schreins der in Lettern der biblischen Quadratschrift gesetzte Titel der Auftraggeberin ins Auge: אנתוניה שרה בויירטמברג ותק/Antonia sarah be-Wirtemberg we-tek.

Auf dem oberen Querbalken ist im hebräischen Urtext Psalm 37, 4 zu lesen: התענג על יהוה ויתן לך משאלת לבך. „Habe deine Lust am Herrn. Er wird dir geben, was dein Herz begehrt." Ziel der Zusammenstellung beider Zeilen ist der Aufweis der gematrischen Identität von „Antonia, Fürstin in Württemberg und Teck" mit dem Psalmvers – beide haben, hebräisch geschrieben, den Zahlenwert 2005.

Die theosophische Kabbala: Josef ben Abraham Gikatilla

Der zitierte Psalmvers gibt zugleich einen Hinweis, wo die Quelle der Inspiration Antonias und ihres Gelehrtenkreises zu suchen ist. Denn dieser Vers ist auch auf der ersten Seite des Werkes *Tore des Lichts* des spanisch-jüdischen Kabbalisten Josef ben Abraham Gikatilla abgedruckt. Gikatilla war der wichtigste Vertreter der *theosophischen Kabbala*, einer Richtung, die Spekulationen über die Verhältnisse innerhalb der göttlichen Welt anstellte (Theosophie). Diese theosophischen Theorien entstanden im Anschluss an die Vorstellung, dass Gott nach der Zerstörung des zweiten Jerusalemer Tempels durch die Römer im Jahre 70 n. Chr. in Gestalt der göttlichen Einwohnung (→*Schechina*) mit seinem Volk ins Exil zog und dort mit den Juden leidet und auf die Rückkehr ins Gelobte Land wartet. Die *Schechina*, ursprünglich eine Eigenschaft oder Teilwesenheit Gottes, wurde in der Folge zu einem eigenständigen göttlichen Wesen personifiziert (hypostasiert). Anfangs stellten die jüdischen Weisen sich die göttliche Einwohnung offenbar stillschweigend weiblich vor. Seit dem Hochmittelalter sprachen sie die Kabbalisten auch ausdrücklich als weiblich an und ließen sie in einen Dialog mit anderen, als männlich vorgestellten Hypostasen (*Sefirot*) Gottes treten. Die innergöttlichen Verhältnisse hatten nun Auswirkungen auf das Weltbild der Kabbalisten, die von einer aus Gottes „Ausflüssen" (→Emanationen) entstandenen kosmischen Ordnung ausgingen. Diese

---

99 Bei Schauer, Prinzessin Antonia, S. 35–36 und S. 38 ist diese Angabe unverständlich, denn Antonia verwendet eine am Lateinischen (nicht, wie uneingeweihte Leser vermuten würden, am Hebräischen!) orientierte Gematrie. Die lateinische Gematrie ist umso bemerkenswerter, als Luther in seiner judenfeindlichen Schrift *Vom Schem hamphorasch und vom Geschlecht Christi* (1543) eigens eine lateinische Spott-Gematrie erfunden hatte, um die Willkürlichkeit des Verfahrens zu beweisen und sich darüber lustig zu machen. Vgl. Morgenstern, Luther und die Kabbala, S. 45–46. Zu den Buchstabenwerten, die Antonias lateinische Gematrie möglich machen, vgl. Gruhl, Die kabbalistische Lehrtafel, S. 84 und das Glossar (→Gematria).

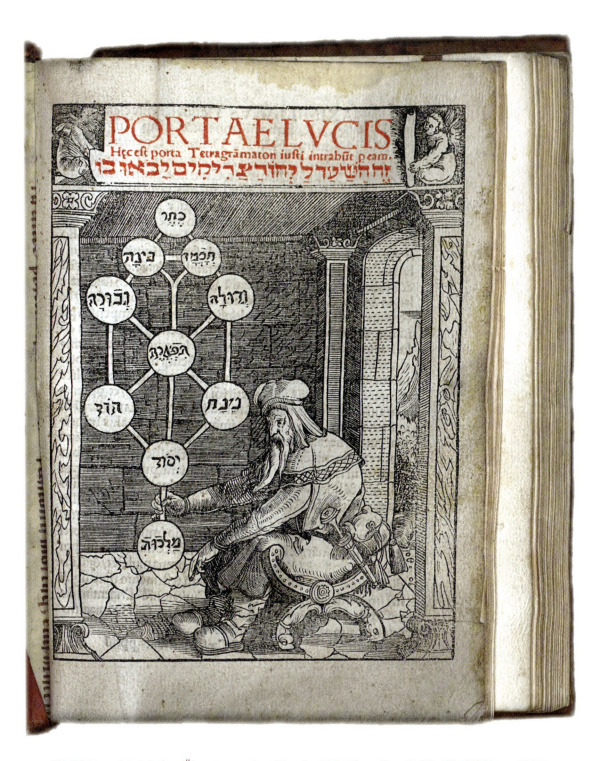

Titelblatt zur lateinischen Übersetzung der „Tore des Lichts" von Joseph Gikatilla (1248–ca. 1325) mit Darstellung der zehn Sefirot.

Emanationen, die mit den *Sefirot* gleichgesetzt werden, führten zu einer von oben nach unten absteigenden und durchstrukturierten Ordnung, die von Gottes vollkommener Welt bis hinab in die unvollkommene materielle Welt reicht. Alle diese „Welten" ruhen dabei auf den (zugleich als Zahlen deutbaren) →Buchstaben des hebräischen Alphabets.

Der Vorstellung, dass Gott mit sich selbst in Beziehung treten kann und in Beziehung treten will, die den Gedanken einer Verschiedenheit *in Gott selbst* voraussetzt, hatte der jüdische Philosoph Maimonides (1138–1204) freilich ausdrücklich widersprochen.[100] Da Juden das von Maimonides formulierte Glaubensbekenntnis in ihrem Gottesdienst täglich sprechen, ist die Spannung zwischen dem Rationalismus des Maimonides und den kabbalistischen Vorstellungen im religiösen Bewusstsein des Judentums immer präsent. Für Maimonides und seine Nachfolger bis hin zu dem israelischen Philosophen Jeschajahu Leibowitz (1903–1994) ist die Kabbala eine Irrlehre, wenn sie nicht gar als Götzendienst zu gelten hat, da sie die Einheit und Einzigart Gottes gefährdet.[101]

Die Kabbalisten auf der anderen Seite wollten (und wollen) sich mit der abstrakten Vorstellung eines jenseitigen, allmächtigen und allwissenden Gottes nicht zufriedengeben. Die Vorstellung eines „Gottes-in-Beziehung" hatte für sie den Vorteil, Gottes Verhältnis mit dem Volk Israel mitdenken und in dieses Modell hineinnehmen zu können. Vor allem konnte man mit Hilfe der *Sefirot* nach dem Vorbild der biblischen Texte von Gottes Geschichte mit Israel erzählen, mit allen ihren Höhen und Tiefen. Man fand dann auch Wege, seine Abwesenheit von Israel, die Augenblicke, in denen „sein Antlitz verborgen war" und er die Zerstörung Jerusalems und des Jerusalemer Tempels zugelassen hatte, narrativ zu bewältigen. Es konnte plausibel erscheinen, dass Gott „sich gereuen" kann (1. Mose 6, 6), dass er Zornesausbrüche hat (4. Mose 11, 1), dass er aber auch in Liebe für sein Volk „entbrennt". Die Bibel ist voll dieser Motive, die Gott gewissermaßen „vermenschlichen" – der Fachjargon spricht von *Anthropomorphismen*. Die jüdischen Philosophen im Mittelalter, allen voran Maimonides, standen diesen biblischen Texten mit Befremden gegenüber – sie passten so gar nicht zu ihrer Theorie eines

---

100 Das Glaubensbekenntnis des Maimonides steht in der poetischen Bearbeitung des römischen Juden Daniel Ben Jehuda Dajan (14. Jahrhundert) am Beginn oder Ende des Morgengebets. Von Chassidim, die einer in Osteuropa entstandenen mystischen Richtung des Judentums angehören, die die Kabbala weiterentwickelt hat, wird dieses Gebet nicht gesprochen. Vgl. Hirsch, Israels Gebete, S. 3.
101 Vgl. dazu die Äußerungen in einem Brief, den Leibowitz im Juli 1941 an Gershom Scholem schrieb, in: Ofran, Letters to and from Leibowitz, S. 255–256.

allmächtigen, allwissenden und unwandelbaren Gottes. Die Kabbalisten verzichteten demgegenüber bewusst darauf, die biblischen Texte so zu bearbeiten, dass sie zu den theoretischen Gottesvorstellungen der Philosophen passten. Ihrer Meinung nach setzen die Erzählungen die Vorstellung von einer Art Vielzahl *in* Gott voraus. Diese Pluralität, die Differenziertheit in Gott, glaubten sie mit dem Festhalten an der Einheit und Einzigkeit Gottes vereinbaren zu können.

Nach kabbalistischer Lehre beruht die Verschiedenheit *in* Gott auf seinen „Emanationen". Dies bedeutet, dass Gott bei der Schöpfung Teile seines Wesens (Hypostasen) aus sich hervorgehen ließ (emanierte) und so die Welt entstand – eine Vorstellung, die letztlich auf die neuplatonische Philosophie der Spätantike zurückgeht. Die Kabbalisten sprechen von zehn Hypostasen, die sie als *Sefirot* bezeichnen. Die nach traditioneller Darstellung räumlich in der Mitte lokalisierten Hypostasen (Sefirot Nr. 4–8) erhalten Namen, die einem biblischen Satz entnommen sind, den Juden in ihrem täglichen Morgengebet finden: „Dein, Ewiger, ist die Größe (→*Gedula*) und die Stärke (→*Gevura*) und die Herrlichkeit (→*Tif'eret*) und der Ruhm (→*Nezach*) und die Majestät (→*Hod*)" (1. Chronik 29, 11a).[102] Die aus diesem Vers abgeleiteten Namen werden in der kabbalistischen Literatur auch mit anderen Charakteristika verbunden: Die fünfte Sefira *Gevura,* vom Betrachter aus gesehen auf der linken Seite der Bad Teinacher Tafel, wird auch als Sefira des Gerichts (*Din*) bezeichnet. Die Kabbalisten verbinden mit ihr und den anderen Emanationen der linken Seite die Manifestationen des Zorns und der Abwesenheit Gottes. Die siebte Sefira (*Nezach*) lässt sich auch mit „Sieg" übersetzen; sie wird mit der (vom Betrachter aus gesehen) rechten Tempelsäule im Verbindung gebracht. Erzählerisch ist sie mit den heilsamen und wohltuenden Gotteserscheinungen verbunden. Die achte Sefira (*Hod*) hingegen, vom Betrachter aus gesehen der linken Tempelsäule zugeordnet, wird auch als „Lob" bezeichnet und trägt den Namen *Elohim Zebaoth* („Gott der Heerscharen").[103]

Auch der zweite Versteil von 1. Chronik 29, 11 gehört zum jüdischen Tagesgebet. Er spricht, kabbalistisch betrachtet, die letzte Sefira an, die sowohl als *Schechina* („Einwohnung") als auch als →*Malchut* („Königreich" oder „Königsherrschaft") bezeichnet wird: „Dein, Ewiger, ist die Königsherrschaft (*Malchut*), und Du bist über alles erhaben als Haupt". Die neunte Sefira lässt sich mit ihrem Namen →*Jesod* („Grundlage", „Fundament") in der Bibel nicht als Attribut oder Wirkweise Gottes nachweisen. Die drei oberen Sefirot haben in der kabbalistischen Reihenfolge keine biblische Entsprechung. Für Antonia und ihre Berater lag hier natürlich der Anklang an die christliche Lehre der Dreieinigkeit Gottes nahe. Nicht ohne Grund trägt das Bad Teinacher Gotteshaus den Namen *Dreifaltigkeitskirche*. Die unteren Sefirot haben ihre Entsprechung in den sieben Tagen der Woche, wobei die *Schechina* den Sabbat repräsentiert.

---

102 Hirsch, Gebete Israels, S. 182–184.
103 Vgl. Betz, Licht vom unerschaffnen Lichte, S. 21; zum Sefirotsystem vgl. auch Maier, Die Kabbalah, S. 52–55. Auf Maiers Schaubild (S. 53) sind die Sefirot Hod und Nezach umgekehrt nummeriert.

Der Baum des Lebens

Graphisch wird das System der →zehn Emanationen häufig als kabbalistischer Baum dargestellt – ein Motiv, das an die Tradition des „Baumes des Lebens" im Paradies erinnert (1. Mose 2, 9). Daneben steht das Bild eines „himmlischen" oder „kosmischen Menschen", hebräisch *Adam qadmon*. Auch hier sind, so wird es jedenfalls von jüdischen Kabbala-Gegnern vorgetragen, häretische Deutungen möglich. Manche Kabbalisten erweckten den Eindruck, bereits hier und heute unter dem paradiesischen Baum des Lebens weilen und dessen Früchte genießen zu können. Glaubten sie, als besonders Erleuchtete, auf den Gehorsam den Bestimmungen des Sinaigesetzes gegenüber verzichten zu können? Wollten sie bereits in der Jetzt-Zeit, vor dem Kommen des Messias, den harten Exilsbedingungen entfliehen, das Joch des Tragens der Gebote abwerfen und sich gewissermaßen vorzeitig ins Paradies hineinmogeln?[104]

War, anders gefragt, für Juden ein Leben ohne die Beachtung des jüdischen Ritualgesetzes überhaupt zu rechtfertigen? Diese Frage war vor allem für Juden interessant, die, wie es in Spanien der Fall war, starkem Bekehrungsdruck ausgesetzt waren und unter der Drohung lebten, zwangsgetauft zu werden. Attraktiv war dieser Aspekt der Kabbala auch für solche Juden, die getauft worden waren, die – oder deren Kinder – später aber die Möglichkeit hatten, zum Judentum zurückzukehren. Wenn sie sich nun darum bemühten, bestimmte Aspekte ihrer zeitweiligen christlichen Lebensweise beizubehalten und in die alte jüdische Existenzform zu integrieren, oder wenn umgekehrt getaufte Juden, sogenannte „Neuchristen", weiterhin im Geheimen Teile des jüdischen Rituals praktizierten, entstanden hybride Religionsformen. Viele der Betroffenen sannen über ihre Lage nach und kamen ins Grübeln. Boten sich kabbalistische Deutungen nicht an, wenn sie versuchten, ihrer religiösen „Zwitterexistenz" einen Sinn zu geben?[105] Diese Frage stellte sich auch im Kontext des *Sabbatianismus,* jener messianischen Massenbewegung, die im 17. Jahrhundert die ganze jüdische Welt erschütterte. Gershom Scholem widmete der Erweckung, die von dem mystischen Messias Sabbatai Zwi (1626–1676) ausging, seine wichtigste wissenschaftliche Arbeit; er sah den Sabbatianismus als eine Art Vorläuferbewegung des Zionismus an. Sabbatai Zwi hatte während seiner messianischen Reise- und Predigttätigkeit den althergebrachten jüdischen Ritualen einen neuen Sinn gegeben, sie mit neuem Inhalt gefüllt, einige Rituale auch aufgehoben und neue eingeführt. Die orthodoxen jüdischen Toragelehrten verstanden sehr gut, dass er dadurch die Verbindlichkeit der traditionellen Ritualpraxis indirekt in Zweifel zog. Als die osmanischen Behörden die Bewegung des mystischen Messias als Bedrohung wahrnahmen

---

104 Vgl. Berger, Torah and the Messianic Age, S. 169–187.
105 Den Zusammenhang zwischen den Verfolgungserfahrungen der Juden in Spanien und der Entwicklung der Kabbala hat Gershom Scholem besonders betont: Vgl. Scholem, Sabbatai Zwi; und Barnai, Christian Messianism and the Portuguese Marranos; vgl. auch Simms, Marranos on the Moradas, besonders das Kapitel V: Penitentes and the crazy things they do: Or, how to be Jewish and Christian at the same time, S. 279–328.

und ihn mit der Todesstrafe bedrohten, trat Sabbatai Zwi 1666 zum Islam über, und diese Zweifel potenzierten sich. Viele seiner Anhänger, sie wurden später „Dönme" genannt, vollzogen diesen Schritt nach. Sie gaben ihrer Konversion eine kabbalistische Deutung und übten sich in neue hybride Religionsformen ein, indem sie jüdische mit islamischen Praktiken verbanden. Sie führten hinfort ein Leben unter jüdisch-islamischen Vorzeichen – ohne die Verbindlichkeit der orthodox-jüdischen Lebensführung. Damit war bewiesen, dass sich kabbalistisches Gedankengut auch für Existenzen im Grenzbereich von Judentum und Islam eignete. Die sabbatianische Bewegung wurde von Juden in ganz Europa und im Orient atemlos mitverfolgt. Auch protestantische Christen ließen sich durch die Geschehnisse zu Spekulationen über das in Kürze einbrechende tausendjährige Friedensreich Christi motivieren.[106]

Wie stellten sich die Kabbalisten nun die Anordnung der göttlichen →Sefirot vor? Die einzelnen Emanationen Gottes sind hierarchisch von oben nach unten gegliedert und werden auch von oben nach unten gezählt. Wo sich zwei Sefirot auf einer Ebene befinden, wird nach dem Lauf der hebräischen Schrift von rechts nach links gezählt. Häufig ist von „Stufen" oder auch einer „Leiter" die Rede – nach dem Vorbild der Jakobsleiter (1. Mose 28, 11–22).

Skizze des Sefirotbaumes.

---

106 Vgl. Kilcher, Kabbala in Sulzbach, S. 80–81.

Die kabbalistische Lerntafel der Prinzessin Antonia in Bad Teinach

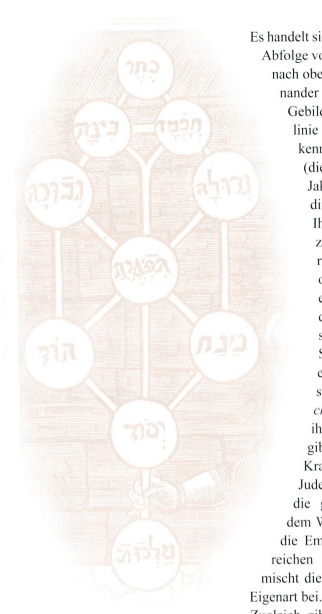

Es handelt sich dabei nicht um eine geradlinige Abfolge von oben nach unten oder von unten nach oben. Das Verhältnis der *Sefirot* zueinander ist vielmehr ein komplexes Gebilde, das sich immer um eine Mittellinie herumgruppiert. Diese Mittellinie kennzeichnet über die Sefirot *Tif'eret* (diese Sefira wird mit dem Erzvater Jakob assoziiert) und *Jesod* den direkten Weg von oben nach unten. Ihr zur Seite stehen rechts und links zwei weitere Emanationsstrukturen. Gottes Segensstrom entströmt oben dem Urquell und fließt – sei es über die Zentrallinie, sei es über den Umweg der rechts und links stehenden *Sefirot* – auf die unteren Sefirot zu, bis die zehnte Sefira erreicht ist. Diese steht den Menschen am nächsten. Sie, die *Schechina,* steht den Menschen bei in ihrer Not und weint mit ihnen. Sie gibt das göttliche Licht, die göttliche Kraft und den Segen an den einzelnen Juden, das ganze Volk Israel und an die gesamte Schöpfung weiter. Auf dem Weg von oben nach unten nehmen die Emanationen Gottes Segen auf und reichen ihn weiter; jede einzelne Sefira mischt diesem Segen dabei etwas von ihrer Eigenart bei.

Zugleich gibt es auch Kräfte, die von unten nach oben wirken. Die Bosheit der Menschen und die Übertretung der göttlichen Gebote können den Segensfluss stören oder ganz aufhalten. Die Kanäle oder Röhren (hebräisch: *zinorot*) zwischen den Emanationen, auf denen der Segen fließt, sind dann „verstopft", und das Unheil auf der Welt nimmt seinen Lauf. In einem solchen Fall kann menschliche Aktivität zur „Reparatur" (hebräisch: *tikkun*) der Röhren beitragen. Wer aufrichtig Buße tut und sich demütig zu Gott wendet, trägt sein Teil dazu bei, den unterbrochenen Segensstrom wieder in Gang zu setzen. Dies bedeutet, dass die Aktivität frommer Juden in den innergöttlichen Raum hineinwirken und dort Veränderungen auslösen kann. Dieser Vorgang findet manchmal in ekstatischer Verzückung statt und ist von außen nicht immer deutlich von →Magie abzugrenzen; von Religionswissenschaftlern wird er als →*Theurgie* bezeichnet.

Zwei Polaritäten: Rechts-Links und Männlich-Weiblich

Um das Wirken des Sefirot-Systems zu erfassen, sind zudem zwei unterschiedliche Polaritäten zu beachten, die das Verhältnis der Emanationen zueinander prägen. In →Gikatillas Sefirot-System verläuft die Linie der göttlichen Gnade und Barmherzigkeit auf der rechten Seite über die vierte Sefira, die auch die Beinamen „Gnade" und „Barmherzigkeit" trägt und mit dem Erzvater Abraham assoziiert wird. Die Auswirkungen der göttlichen Strenge und Gerechtigkeit kommen den Menschen demgegenüber über die linke Seite und die fünfte Sefira zu, die die Beinamen „Gericht" und „Furcht Isaaks" (nach 1. Mose 31, 42) trägt; der ihr zugeordnete Erzvater ist Isaak.[107]

Hinzu kommt eine gendermäßige Polarität. „Weibliche" Emanationen Gottes, vor allem die unterste Sefira, die auch als Königsherrschaft (→*Malchut*) bezeichnet wird, stehen „männlichen" Emanationen gegenüber. Im Buch →*Sohar* wird die unterste Sefira, der Passivität, Bedürftigkeit und Mangel zugeschrieben werden und die mit der Nacht und dem Mond identifiziert wird, auch *ha-ischa ha-eljona* genannt, „die obere Frau". Gershom Scholem spricht von einer „himmlischen Donna".[108] Im mystischen Buch *Bahir* aus dem 12. Jahrhundert trägt auch die dritte Sefira weibliche Züge. Sie ist gewöhnlich unter dem Namen „Einsicht" (→*Bina*) bekannt und trägt den Namen „Mutter der Welt". Auch sie kann als *Schechina* bezeichnet werden; deshalb ist gelegentlich von einer „oberen" (der dritten Sefira) und einer „unteren *Schechina*" (der zehnten *Sefira*) die Rede, von einer „oberen" und einer „unteren Mutter".

Die in unterschiedlichen Formen vorgestellte Schechina ist Partnerin in einer „himmlischen Hochzeit" mit den männlich gedachten Elementen im *Sefirotsystem*, vor allem der sechsten, der Zentral-Sefira →*Tif'eret* („Pracht") und der neunten Sefira →*Jesod* („Fundament").[109] Diese „heilige Hochzeit" (aramäisch: *ziwwuga qaddischa*), im Griechischen wird von einem →*hieros gamos* gesprochen, wird in kabbalistischen Texten mit Motiven des biblischen Hohenliedes vorgestellt. Im Buch *Sohar* ist vom Tempel als dem heiligen Schlafzimmer Gottes die Rede, in das er mit seiner Braut, der *Schechina*, eingeht.[110] Als der Jerusalemer Tempel zerstört wurde, so heißt es dort weiter, lag

---

107 Betz, Licht vom unerschaffnen Lichte, S. 21.
108 Scholem, Von der mystischen Gestalt der Gottheit, S. 177.
109 Vgl. Matt, The Zohar, Volume II, S, 201 (Sohar I, 120b).
110 Vgl. Sohar 3, 296a und Matt, The Zohar, Volume IX, S. 843: „Phallus of the Male – consummation of the whole body, called Yesod [d. h. Jesod, die neunte Sefira, die mit der Beschneidung identifiziert wird]. That is the very rung that sweetens the Female. All the desire of the Male toward the Female inheres in this Yesod – entering the Female, to the place called Zion and Jerusalem, which is the place of covering of the Female, like a woman's vagina. Therefore it is written: 'For JHVH has chosen Zion, He desired her as His Seat' (Psalms 132: 13). When Matronita [hier ist die Schechina gemeint]

auch das Schlafgemach in Trümmern. Die *Schechina* entzog sich daraufhin ihrem himmlischen Bräutigam und ging mit dem Volk Israel ins Exil. Die Verwundung Israels hatte somit auch eine Entzweiung, eine Entfremdung *in* Gott zur Folge, das Exil der Juden zog ein innergöttliches Exil nach sich. Beide Polaritäten – die Rechts-Links-Spannung von Gericht und Gnade und das Gegenüber der weiblichen und männlichen Seiten Gottes – sind grundlegend für das Verständnis der *theosophischen Kabbala*. Der Bad Teinacher Schrein setzt diese Polaritäten voraus; er geht mit ihnen aber eigenwillig um: Er interpretiert sie christlich und wandelt sie dabei um.

Widerstand gegen die Sefirotlehre im Judentum

Die →*Sefirotlehre* hat im Judentum viele Anhänger gefunden. Zugleich wurde ihr innerjüdisch auch heftig widersprochen; dies hauptsächlich aus drei Gründen: *Zum einen* entstand dieses theosophische System unter dem Einfluss der griechischen Philosophie, des Neuplatonismus, und der Gnosis: Der Grundimpuls der Gnosis liegt aber darin, in Zweifel zu ziehen, dass Gott die Welt „sehr gut" geschaffen hat; vielmehr sei bei der Erschaffung der Welt, beim „Ausfließen" der ersten Emanation, ein Unglück passiert – der Heilsweg des Menschen bestehe darin, dass er versuchen müsse, durch Erkenntnis (griechisch: →Gnosis) das kosmische Unglück zu überwinden. Jedem Leser bereits des ersten Kapitels des ersten Buches Mose ist deutlich, dass eine solche Konstruktion schlecht zu den biblischen Schöpfungsaussagen passt. *Zum zweiten* hat der Gedanke, die Welt sei durch eine Emanation oder Emanationen Gottes geschaffen worden, eine Nähe zu pantheistischen Vorstellungen: Das bedeutet, dass die Entstehung und Entwicklung der Welt teilweise mit Gottes Entwicklung selbst identifiziert wird. Eine solche Konstruktion ist mit der Vorstellung von Gottes Jenseitigkeit schwer vereinbar. *Drittens* ähnelt die kabbalistische Vorstellung einer Vielgestaltigkeit *in* Gott in gewisser Hinsicht der christlichen Lehre von der Dreieinigkeit Gottes (→Trinität). Sie ist aus jüdischer Sicht deshalb verdächtig.[111]

---

is separated, and conjoins with the King [d. h. mit den oberen Sefirot der Gottheit] face-to-face on Sabbath eve, all becomes one body. Then the blessed Holy One sits upon His Throne, and all is called the Complete Name, the Holy Name. May His Name be blessed forever and ever!" Vgl. dazu den Kommentar bei Matt, S. 844.

111 In einem Brief vom Juli 1941 an Gershom Scholem spricht Jeschajahu Leibowitz im Hinblick auf die Kabbala von einem Eindringen des „Götzendienstes" und der *psychopathia sexualis* in das Judentum. Leibowitz lehnt vor allem die Vorstellung ab, dass die von der Tora vorgeschriebenen Rituale theurgisch (als Einwirken in die innergöttliche Sphäre im Sinne eines *Tikkun*) zu interpretieren seien. Ofran, I wanted to ask you, Prof. Leibowitz, S. 255.

Isaac Luria

Die gnostische Lehre von einem Unglück, das bereits bei der Weltschöpfung geschah, gehört zu den spektakulärsten Motiven aller kabbalistischen Richtungen. In der Konzeption des in Safed (Obergaliläa, Palästina) wirkenden Kabbalisten Isaac Luria (1534–1572), des Gründungsvaters der heute bekanntesten und verbreitetsten kabbalistischen Richtung, wurde diese Lehre zu einem eindrucksvollen Mythos ausgebaut. Bevor Gott die Welt erschaffen konnte, so Luria, musste er, der Allgegenwärtige, sich aus dem Raum, den er für die Weltschöpfung vorgesehen hatte, zurückziehen. Gottes Zusammenziehung (hebräisch: *zimzum*), die Entleerung eines Teiles des Kosmos von Gott, die Erschaffung eines „gott-losen" Raumes, schuf nun die Voraussetzung dafür, dass Gott anschließend schöpferisch tätig werden konnte.[112] In den leeren Raum hinein emanierte er die Strahlen seines göttlichen, „unerschaffnen" Lichtes.[113] Dieser Vorgang wurde aber durch ein kosmisches Unglück gestört: Die Gefäße, die das göttliche Licht transportiert hatten, zerbrachen (hebräisch: *schevirat ha-Kelim*). Seitdem liegen die göttlichen Lichtfunken überall verstreut. Die Schöpfung befindet sich in einer Art kosmischem Exil – ein Gedanke, der den Kabbalisten offenbar half, das Leid des jüdischen Volkes verständlich zu machen und zu erklären. Das Volk Israel leidet, aber sein Leiden befindet sich im Einklang mit dem Leiden der Schöpfung und zugleich mit dem Leiden der →Schechina, die mit dem Volk Israel ins Exil gezogen ist.[114] Aufgabe der ihre Religion praktizierenden Juden ist es, zur Instandsetzung der Welt (hebräisch: *tikkun olam*) beizutragen, indem sie durch das Einhalten der Gebote die verstreuten Lichtfunken aufsammeln. Der lurianische Mythos von Schöpfung und Erlösung hat in der heutigen jüdischen Volksfrömmigkeit viele unterschiedliche Formen angenommen und wird mannigfach weitertradiert. Zu den populären Vorstellungen, die dabei ausgebildet wurden, gehört auch die Lehre von der Seelenwanderung (hebräisch: *gilgul*), die später Eingang in die Frömmigkeit chassidischer Gruppen in Osteuropa fand. An den lurianischen Mythos in einer seiner früheren oder späteren Ausprägungen wird heute meist gedacht, wenn von →„Kabbala" die Rede ist.

---

112 Gershom Scholem spricht von einem „Einschrumpfen", einer „Selbstverschränkung" Gottes: Scholem, Die jüdische Mystik, S. 286. Vgl. dazu auch Morgenstern, Exil und Erlösung. Christian Knorr von Rosenroth schreibt dazu: „Um die Welten zu schaffen, hat Gott seine Gegenwärtigkeit zusammengezogen" und so den Raum geschaffen. Zitiert nach: Reichert, Zur Geschichte der christlichen Kabbala, S. 2.

113 Gemeint ist das Schöpfungslicht von 1. Mose 1, 3 („es werde Licht"), nicht das Licht der Sonne oder des Mondes, denn die Himmelskörper wurden erst in 1. Mose 1, 14 geschaffen.

114 Vgl. Goldberg, Untersuchungen.

Oetingers Deutung des Bad Teinacher Schreins

Der schwäbische Theologe und Mystiker Friedrich Christoph Oetinger (1702–1782) kannte den →lurianischen Mythos und versuchte, Antonias Bilder- und Buchstabenschrein von ihm her zu erklären. Der Tübinger Judaist Hans-Peter Rüger (1933–1990) wies am Ende des 20. Jahrhunderts aber darauf hin, dass der Bad Teinacher Schrein nicht von der heute vorherrschenden Theologie Isaac Lurias, sondern von früheren Formen der Kabbala her zu verstehen ist. Wie oben ausgeführt, ist hier in erster Linie an Motive der theosophischen Kabbala Josef ben Abraham →Gikatillas zu denken, wie sie bereits bei Reuchlin auftauchen, dessen Schriften für den Beraterkreis der Prinzessin eine entscheidende Rolle spielten.

Johannes Reuchlin, der erste christliche Kabbalist in Deutschland

Der gebürtige Pforzheimer Johannes Reuchlin war nach dem Studium der Jurisprudenz in den Dienst des württembergischen Grafen Eberhard im Bart (1445–1496) getreten. 1482 begleitete er seinen Landesherrn auf dessen Reise nach Italien, um ihm bei seinen Bemühungen zur Seite zu stehen, päpstliche Genehmigungen für die weitere Entwicklung der 1476 gegründeten Universität Tübingen zu erhalten. 1490 reiste er erneut nach Italien. Bei dieser Gelegenheit machte er in Florenz die Bekanntschaft des Grafen Pico della Mirandola (1463–1494); dieser war von jüdischen Lehrern in die Grundzüge der Kabbala eingeführt worden – für Reuchlin ein wichtiges Gesprächsthema. 1484 hatte Pico 900 Thesen (Conclusiones) zu theologischen, philosophischen und vor allem kabbalistischen Themen veröffentlicht. Er regte an, christliche Gelehrte aus ganz Europa sollten sich in Rom versammeln, um über seinen Text zu diskutieren. Dazu kam es aber nicht. Tatsächlich wurden seine Thesen vom Papst später für häretisch und als mit dem christlichen Glauben unvereinbar erklärt.

Der ursprüngliche hebräische Name Jesu

Picos siebte These lautete:

> Kein jüdischer Kabbalist kann leugnen, dass der Name Jesu, wenn wir ihn nach der Methode und den Prinzipien der Kabbala interpretieren, vollständig und präzise dies und nichts anderes bedeutet: Gott, Sohn Gottes, Weisheit des Vaters …[115]

Auch in seiner vierzehnten und fünfzehnten These geht es um den rätselhaften →Gottesnamen und den Namen des Messias. Pico stellt dort eine Verbindung mit dem hebräischen Buchstaben Schin (ש) her, dessen geheime Bedeutung darin liege, dass er genau in der Mitte des Namens Jesu stehe: Für Pico ergab sich daraus die im Hebräischen mit drei

---

115 Wirszubski, Pic de la Mirandole, S. 256.

Buchstaben geschriebene Namensform „Jeschu" (ישׁי), die er trinitätstheologisch interpretierte.[116]

Obwohl diese Spekulationen stark an Reuchlins Theorien erinnern (s. dazu unten) und Reuchlin sicherlich über Picos *Conclusiones* informiert war, ist letztlich nicht sicher, ob der Pforzheimer Gelehrte seine Kenntnisse der →Kabbala wirklich von Pico erhielt.[117] Möglicherweise war er bereits vorher über die wichtigsten Grundzüge der jüdischen Geheimlehre informiert worden. Vielleicht geschah dies während der Vorlesungen, die der sizilianische Gelehrte Flavius Mithridates (ca. 1450–ca. 1490) zu Beginn der 1480er Jahre – das Datum lässt sich nicht genau bestimmen – in Tübingen hielt.[118] Jedenfalls brachte Reuchlin in einem Briefwechsel mit dem Heidelberger Humanisten Rudolf Agricola (gest. 1485) Ende 1484 oder Anfang 1485 erstmals das Thema des geheimnisvollen Gottesnamens ins Gespräch, dem er 1494 auch seine erste kabbalistische Schrift *De verbo mirifico* („Vom wunderwirkenden Wort") widmen sollte. Er fragte Agricola, wie der Satz in Psalm 54, 3 zu verstehen sei: „Hilf mir, Gott, durch deinen Namen"?[119] War das →Tetragramm gemeint, der vierbuchstabige Gottesname, den Juden nicht aussprechen dürfen? Ging es um den Namen Jesu nach Apostelgeschichte 4, 12: „In keinem andern ist das Heil. Es ist auch kein anderer Name unter dem Himmel den Menschen gegeben, darin wir sollen selig werden"?[120] Aber wie lautete Jesu Name im Hebräischen überhaupt? Wie war der Name auszusprechen, den seine Eltern ihm gegeben hatten?

Der Titulus des Kreuzes in Rom

Spekulationen über den ursprünglichen Jesusnamen waren in Italien in Gang gekommen, als man 1492 in der Basilika *Santa Croce* in Rom den *Titulus* des Kreuzes Christi fand. In dieser Basilika, einer der sieben römischen Pilgerkirchen, wurde ein Splitter des Kreuzes Christi als Reliquie verehrt. Die dazugehörige Inschrift tauchte bei Renovierungsarbeiten an der Kirche auf. Es war dies ein offenbar nicht zufälliger „Fund", den Papst Alexander 1496 für „echt" erklärte. Ein Zusammenhang mit dem in Italien immer mehr florierenden Interesse an der hebräischen Sprache lag auf der Hand. Angeblich handelte es sich um die Inschrift, die Pilatus vor der Kreuzigung Christi am Kreuz hatte

---

116 Wirszubski, Pic de la Mirandole, S. 421.
117 Posset, Johann Reuchlin, S. 72. Neue Erwägungen zu dieser Frage hat Saverio Campanini am 7. Juli 2022 in Tübingen vorgetragen. Sein Beitrag unter dem Titel „‚In magna obscuritate rerum admirabilis'. Das Bild von Pico della Mirandola in Reuchlins Werken" ist zur Veröffentlichung in einem Tübinger Sammelband zum Reuchlin-Jubiläum 2022 vorgesehen. Die Erwägungen Schauers (Prinzessin Antonia, S. 95) zu Pico und Reuchlin entsprechen nicht mehr dem Stand der Forschung.
118 Posset, Johann Reuchlin, S. 68–69.
119 Im zweiten Teil von Psalm 54, 3 variiert der Beter seine Bitte mit der Formulierung „schaffe mir Recht durch deine Kraft." Der Tübinger Alttestamentler Artur Weiser schreibt dazu, die parallele Wendung „durch deine Kraft" zeige, dass „der göttliche Name eine besondere Wunderkraft besitze, eine Vorstellung, deren Wurzeln in das magische Denken hinabreichen" (Weiser, Psalmen, S. 270).
120 Posset, Johann Reuchlin, S. 71.

anbringen lassen. Was genau hatte dort gestanden? Der genaue griechische Wortlaut lässt sich dem Neuen Testament entnehmen: „Jesus von Nazareth, der König der Juden". Nach Johannes 19, 19–20 hatte der römische Beamte die Inschrift aber dreifach anbringen lassen: in griechischer, lateinischer und hebräischer Sprache.[121] Eine lateinische Übersetzung war leicht gefunden: *Iesus Nazarenus Rex Iudaeorum,* die berühmte Abkürzung INRI! Doch wie hatte der hebräische Jesusname gelautet? Vom →Talmud und vom nachbiblischen Schrifttum der Juden aus gesehen, kamen Varianten wie *Jeschu* und *Jeschua* in Frage. Oder sollte man, philologisch ebenfalls möglich, an die Namensformen *Jehoschua* oder *Hoschea* denken?[122] Als die christlichen Gelehrten später den Talmud zu lesen lernten, glaubte man zu verstehen, dass die hebräische Namensform „Jeschu" ursprünglich vielleicht abschätzig gemeint war.[123] Aber wer unter den römischen Theologen konnte die rätselhaften hebräischen Buchstaben auf dem Fundstück entziffern? Spekulationen um den heilbringenden Namen des Gottessohnes waren Tür und Tor geöffnet.

Im Austausch mit jüdischen und christlichen Renaissance-Gelehrten bemühte sich Reuchlin darum, so viel wie möglich vom damals zur Verfügung stehenden Wissen über die nachbiblischen Lehren des Judentums zusammenzutragen. Die Voraussetzung dafür, Zugang zu entsprechenden Texten zu bekommen, war zunächst einmal, die hebräische Sprache zu lernen. Reuchlin nahm privaten Sprachunterricht, anfangs bei einem Juden namens Calman aus Ulm, seit 1492 bei Jakob Loans, dem Leibarzt von Kaiser Ferdinand. Als die Kölner Dominikaner 1510 die jüdischen Handschriften und Bücher für häretisch und blasphemisch erklären, sie konfiszieren und vernichten wollten, schrieb er

---

121   Vgl. die etwas populäre Darstellung von Thiede/D'Ancona, Das Jesus-Fragment.

122   Diese Überlegungen fußen auf der Überlieferung, dass nach dem Neuen Testament der Engel Josef befahl, das Kind, das Maria gebären sollte, „Jesus" zu nennen und dies damit begründete, das Neugeborene werde sein Volk „erlösen von ihren Sünden" (Matthäus 1, 21). Aus dem hebräischen Verb „Erlösen" (*hoschia*ʻ) lassen sich die Namensformen *Jeschua*ʻ, *Hoschea*ʻ oder auch *Jehoschua*ʻ bilden. Variationen dieses Namens finden sich an mehreren Stellen der Bibel. In Nehemia 8, 17 wird Josua ben Nun, der Nachfolger Moses, *Jeschua*ʻ genannt. In der griechischen Übersetzung des Alten Testaments (Septuaginta) bekommt das alttestamentliche Buch Josua umgekehrt den griechischen Namen *Jesous*.

123   Der getaufte Jude Antonius Margaritha (ca. 1492–1542) behauptete 1530 in seiner Schrift *Der gantz Jüdisch glaub,* der Name *Jeschu* sei zahlenmystisch zu deuten: Der gematrische Wert des Namens 316 (י=10; ש=300; ו=6) deute auf die Wendung „Nichtiges und Leeres" (hebräisch הבל וריק „hevel wa-riq") hin, die in einem der synagogalen Hauptgebete vorkommt. Da „wa-riq" (genau genommen ergibt nur dieser letzte Teil der Wendung die Zahl 316: ו=6; ר=200; י=10; ק=100; וריק) im Hebräischen zugleich die Semantik für „Spucken" enthalte, spuckten und speiten die Juden Jesus an. Obwohl der „Klarname" Jesu im Gebet nicht erwähnt werde, handele es sich um eine Verfluchung Jesu. Martin Luther (Von den Juden und ihren Lügen, S. 177–178) nahm diese Behauptung 1543 auf und reagierte mit wüsten judenfeindlichen Beschimpfungen und Drohungen. Zur Deutung des sogenannten *Alenu*-Gebetes vgl. auch Yuval, Zwei Völker in deinem Leib, 199–208. Reuchlin kannte diese Beschuldigung und trat ihr in seinem *Augenspiegel* (1511), seiner Schrift, in der er die jüdischen Bücher und Handschriften verteidigte, entgegen. Antonia und ihr Kreis scheinen Luthers judenfeindliche Texte nicht zu kennen – oder sie setzen sich über seine Bedenken und den antijüdischen Hochmut hinweg.

ein Gutachten zur Verteidigung dieser Schriften – der Beginn eines Streites, der ihn bis an sein Lebensende beschäftigte.

Reuchlins Begeisterung für die jüdischen Texte ging so weit, dass er ein Lehrbuch zum Erlernen dieser Sprache verfasste – das erste seiner Art in lateinischer Sprache. Martin Luther war dieses Buch später ein wertvolles Hilfsmittel, als er sich darum bemühte, die Grundlagen der hebräischen Grammatik zu erlernen.[124]

Zugleich entwickelte Reuchlin eine weitere, seine eigene Spielart der Kabbala. Von Pico della Mirandola konnte er gehört haben, dass das Geheimnis der göttlichen Dreieinigkeit (→Trinität) von den „Abglänzungen" der kabbalistischen Lehre her verstanden werden kann. Möglicherweise sah er in Florenz auch eine bei den Dominikanern in der Nähe vorhandene Handschrift der Hebräischen Bibel, in der der erste Buchstabe des 1. Buches Moses (Genesis), ein Bet (ב), kalligraphisch mit dem Kreuz Christi ausgeschmückt war. Dies war eine Verschränkung des christlichen Motivs des Kreuzes mit hebräischer →Buchstabenspekulation, wie der Bad Teinacher Altarschrein sie zweihundert Jahre später zur Meisterschaft bringen sollte.[125]

Eine Uroffenbarung an Adam

Besonderes Interesse erweckte in Reuchlin die kabbalistische Vorstellung einer Uroffenbarung, die bereits an Adam und Eva ergangen sei. Demnach begegnete das erste Menschenpaar unmittelbar nach seiner Vertreibung aus dem Paradies einem Engel, der den vielsagenden Namen *Rasiel* (hebräisch: „Gott ist ein Geheimnis") trug.[126] Rasiel habe den nach dem Verlust des Paradieses in Verzweiflung gefallenen Adam getröstet und ihm verheißen:

Aus deiner Abkunft wird ein gerechter und Frieden bringender Mann geboren werden, ein Held, dessen Name *mit Erbarmen* auch die vier Buchstaben J, H, W, H erhalten wird; und er wird durch rechten Glauben und friedvolle Darbringung seine Hand ausstrecken und vom Baum des Lebens nehmen.[127]

Bereits die sexuelle Vereinigung des ersten Menschenpaares zielte nach diesem Verständnis auf die Geburt des Retters der Welt.[128] Eva hoffte, mit ihrer Schwangerschaft den ersehnten „Helden" zur Welt zu bringen, der die Menschheit zurück ins Paradies führen würde. So erklärt Reuchlin den merkwürdigen Ausruf Evas in ihrem Wochenbett in 1. Mose 4, 1: „Ich habe einen Mann erworben mit Hilfe von JHWH!"[129] Eva merkte

---

124 Vgl. Morgenstern, Johannes Reuchlins und Martin Luthers Kabbala, S. 213.
125 Posset, Johann Reuchlin, S. 96–97.
126 Vgl. Reuchlin, De arte cabalistica, S. 76, Z. 6–7.
127 Reuchlin, De arte cabalistica, S. 87.
128 Dies weiß im Neuen Testament auch das Lukasevangelium, wenn es den Stammbaum Jesu auf Adam zurückführt (Lukas 3, 23–38).
129 Reuchlins „allererste Offenbarung" lässt im christlichen Kontext an das Urevangelium (Protevangelium) denken, Gottes Rätselwort an die Schlange nach dem Sündenfall: „Ich will Feindschaft setzen zwischen dir und der Frau und zwischen deinem Nachkommen und ihrem Nachkommen; der [d. h.

aber bald, dass Kain nicht der erwartete Messias sein konnte. Adam und Eva zeugten daraufhin einen weiteren Sohn und gaben die vom Engel empfangene Tradition an ihn weiter. Diese „Überlieferung", die erste *Kabbala*, wurde von Abel, im Gegensatz zu Kain, mit „brennender Begeisterung" aufgenommen und seither von Generation zu Generation weitergegeben.[130]

Auf dem Wege mündlicher Überlieferung, so Reuchlin, ging die Uroffenbarung aber verloren. Im Widmungsschreiben für seine Schrift *Über die kabbalistische Kunst,* die Reuchlin 1517 an Papst Leo X. richtete, legte er dar, wie er sich das Schicksal dieser Uroffenbarung vorstellte: Durch den griechischen Philosophen Pytharogas wurde das verborgene Wissen aufbewahrt, bis es in den Texten der jüdischen Kabbalisten seit dem Mittelalter wieder ans Licht der Öffentlichkeit trat. Von Pythagoras her, der von der Annahme ausging, dass der Kosmos nach mathematischen Regeln harmonisch geordnet sei, konnte Reuchlin die kabbalistischen Zahlenspekulationen deuten. Pythagoras und die aus Zahlen-Buchstaben bestehende Tora schienen gut zueinander zu passen. Die Annahme bei Pythagoras, es müsse zehn bewegte Himmelskörper geben, entsprach auch der dezimalen *Sefirot*-Struktur der →theosophischen Kabbala. Die Zehn, als vollkommene und heilige Zahl, die das ganze Wesen der Zahlen umfasst, ließ sich mit der Zahl →Zwölf – bezogen auf die zwölf Stämme Israels! – gut zu den 22 Buchstaben des hebräischen Alphabets addieren.

Reuchlins Kabbala im „Judenbücherstreit"

Die Vorstellung einer durch die →Kabbala wieder aufzudeckenden ursprünglichen pythagoreischen Lehre erklärt auch Reuchlins Position im →„Judenbücherstreit". In diesem Streit, der zu Beginn des 16. Jahrhunderts zwischen den Theologen der Kölner Universität und dem dortigen Dominikanerorden auf der einen und den Humanisten auf der anderen Seite tobte, wollten die Ersteren alle jüdischen Bücher mit Ausnahme der Bibel für ketzerisch erklären, beschlagnahmen und verbrennen lassen. Reuchlin setzte sich demgegenüber dafür ein, diese Bücher zu retten. Er verteidigte die Juden erstens mit rechtlichen Argumenten, indem er darlegte, dass die Juden ein Recht hätten, ihre Religion zu praktizieren und dass die Vernichtung ihrer Bücher ein Unrecht sei. Zweitens – mit diesem Argument versuchte er, in der christlichen Öffentlichkeit durchzudringen – legte er dar, dass die jüdischen Texte auch aus inhaltlichen Gründen erhalten werden müssten, bewahrten sie doch wertvolle uralte Kenntnisse auf, und ihr Studium verspreche ein noch tieferes Durchdringen der christlichen Botschaft.

---

dieser Nachkomme] soll dir [d. h. der Schlange] den Kopf zertreten, und du wirst ihn in die Ferse stechen" (1. Mose 3, 15). Die Kirchenväter haben in „der Frau" einen Hinweis auf Maria gesehen, die Mutter des „zweiten Adam" (Christus), der nicht durch „fleischliche" Zeugung, sondern durch geistliche Zeugung entstand.

130 Reuchlin, De arte cabalistica, S. 88, Z. 21–22.

Das Monogramm der Prinzessin Antonia und die Krone über der Dachkuppel des Tempels.

Vor diesem Hintergrund kehrt Reuchlin zu Rasiels Uroffenbarung von dem „Helden" zurück, der die vier Buchstaben des Gottesnamens (JHWH) „mit dem Erbarmen" Gottes verbindet: Deutet man nämlich die Wendung „mit Erbarmen" (hebräisch: ברחמים – *be-rachamim*) nach der *Gematria*-Methode, ergibt sich der Wert 300, der wiederum dem Zahlenwert des hebräischen Buchstabens ש (Schin) entspricht.[131] Fügt man den Buchstaben Schin in den vierbuchstabigen Gottesnamen JHWH (Tetragramm) ein, entsteht nach Reuchlin der wundersame Name Jesus (JeHo**SCH**WaH). Dies ist für Reuchlin der entscheidende Schritt, der seine christliche Ausprägung der Kabbala von der jüdischen Kabbala unterscheidet. Damit war nicht nur das Geheimnis des Titulus gelöst, auch der „unaussprechliche" vierbuchstabige Gottesnamens JHWH war durch seine Umwandlung in ein Pentagramm aussprechbar geworden.[132]

Reuchlins Schin (ש) ist auf der Innenseite von Antonias Tafel oberhalb des Aufsatzes der Dachkuppel des Tempels abgebildet, auf der Krone, die das Monogramm der Prinzessin überwölbt. Auf der Lerntafel steht das hebräische Zeichen freilich nicht in der Mitte des vierbuchstabigen Gottesnamens, sondern ist von zwei hebräischen Wörtern umgeben: Rechts lesen wir das hebräische Fürwort der dritten Person *Hu* (הוא, d.h. „Er"), links die

---

131 ב=2; ר=200; ח=8; מ=40; י=10; מ=40. 2+200+8+40+10+40 = 300= ש. Vgl. auch Reuchlin, De arte cabalistica, S. 222.

132 Da der letzte Buchstabe des hebräischen Jesusnamens ein Ayin (ע) sein sollte (wenn man diesen Namen nach Matthäus 1, 21 mit „Retter" übersetzt), ist Reuchlins Deutung grammatisch unmöglich, da das Tetragramm (יהוה) nicht mit einem Ayin, sondern mit dem Buchstaben He (ה) endet. Es ist schwer vorstellbar, dass Reuchlin dieses Problem nicht vor Augen stand. Wollte er die Schwierigkeit mit dem „Trick" einer Buchstabenvertauschung (Permutation) lösen? Hatte er eine Neuinterpretation des Jesusnamens im Sinn? Sein Text geht auf diese Frage an keiner Stelle ein.

Verbform *natan* (נתן) mit den Wurzelbuchstaben N-T-N (hebräisch: „er hat gegeben"). Die Prinzessin liest ihren Namen A -NToN-ia („ia" – ist Abkürzung von *Jah*, also *Jahwe*) als „Gott hat gegeben". Sie selbst schmückt sich mit dem messianischen Buchstaben *Schin* in der Mitte![133]

72 weitere Gottesnamen

Josef ben Abraham Gikatilla, der zu Reuchlins wichtigsten Gewährsleuten gehört, ging noch einen anderen Weg der Buchstabenspekulation. Um den geheimen Namen – oder viele geheime Namen – Gottes herauszufinden, stützte er sich auf die Verse 2. Mose 14, 19–21. Dieser Text berichtet von einem gottgewirkten Wunder während des Auszugs der Israeliten aus Ägypten, das in der Kabbala aus der Kraftwirkung des vierbuchstabigen Gottesnamens abgeleitet wird.

19) Da erhob sich der Engel Gottes, der vor Israels Heer herzog, und stellte sich hinter sie. Und die Wolkensäule vor ihnen erhob sich und trat hinter sie.
20) Und sie kam zwischen das Heer der Ägypter und das Heer Israels. Und dort war die Wolke finster und hier erleuchtete sie die Nacht, und so kamen die Heere die ganze Nacht einander nicht näher.
21) Als nun Mose seine Hand über das Meer reckte, ließ es der HERR zurückweichen durch einen starken Ostwind die ganze Nacht und machte das Meer trocken und die Wasser teilten sich.

Alle drei Verse enthalten im Urtext jeweils 72 Buchstaben:

(19) וַיִּסַּע מַלְאַךְ הָאֱלֹהִים הַהֹלֵךְ לִפְנֵי מַחֲנֵה יִשְׂרָאֵל וַיֵּלֶךְ מֵאַחֲרֵיהֶם וַיִּסַּע עַמּוּד הֶעָנָן מִפְּנֵיהֶם וַיַּעֲמֹד מֵאַחֲרֵיהֶם.
(20) וַיָּבֹא בֵּין מַחֲנֵה מִצְרַיִם וּבֵין מַחֲנֵה יִשְׂרָאֵל וַיְהִי הֶעָנָן וְהַחֹשֶׁךְ וַיָּאֶר אֶת-הַלָּיְלָה וְלֹא-קָרַב זֶה אֶל-זֶה כָּל-הַלָּיְלָה.
(21) וַיֵּט מֹשֶׁה אֶת-יָדוֹ עַל-הַיָּם וַיּוֹלֶךְ יְהוָה אֶת-הַיָּם בְּרוּחַ קָדִים עַזָּה כָּל-הַלַּיְלָה וַיָּשֶׂם אֶת-הַיָּם לֶחָרָבָה וַיִּבָּקְעוּ הַמָּיִם.

Spekulationen über die Zahl 72 haben ihren Ursprung im Kommentar des mittelalterlichen Gelehrten →Raschi (1040–1105) zum Babylonischen Talmud.[134] Gikatilla geht aber über diese Überlegungen hinaus und fordert dazu auf, die 72 Buchstaben der drei Verse miteinander zu kombinieren.[135] Auf diese Weise werden 72 Gottesnamen

---

133 Vgl. Betz, Licht vom unerschaffnen Lichte, S. 80–81; Schauer, Prinzessin Antonia, S. 122.
134 Traktat Sukka 45a (vgl. Goldschmidt, Der Babylonische Talmud, Band 3, S. 378–379).
135 Es findet sich bei Gikatilla auch die Möglichkeit, den Bibelabschnitt in 4x54 Lettern neu aufzuteilen. (Vom Sinn der drei Verse wird dabei ganz abgesehen – die Buchstaben werden sozusagen mechanisch neu verteilt.) In diesem Fall ergeben sich durch „Vierer-Verbindungen" andere Variationen des Gottesnamens: „Diese 54 Namen sind das Geheimnis des Kraftstroms in all den Existierenden in der Welt im Werden jeder Wesenheit, gleichsam als Seele bei den 216 Buchstabenzeichen, die sich in (dem

erschlossen, die sich auf drei Buchstaben (jeweils ein Buchstabe aus einem Vers) aufbauen. Eine anschließende Überlegung zielt auf 72 Gottesnamen ab, die jeweils 72 Buchstaben enthalten; dies bedeutet (Reuchlin greift dies ausführlich auf), dass ganze Bibelverse – abgesehen von ihrem Sinn – als „Gottesnamen" umgedeutet werden.

Martin Luther und die Kabbala

Wir wissen nicht, ob Antonia und ihre Ratgeber diese Buchstabenspekulationen noch aus einer anderen Quelle kannten. Luther hatte das System der jüdischen →Gottesnamen (nach ihm handelte es sich um „Engelsnamen") in einer seiner späten „Judenschriften" ausführlich beschrieben und dabei auch die Anweisungen, wie mit den Buchstaben zu verfahren ist, zutreffend wiedergegeben:

> „Dieser Text (2. Mose 14, 19–21) hat im Hebräischen 216 Buchstaben, die sie in drei Zeilen oder Absätze aufteilen. So bekommt jeder Absatz 72 Buchstaben … Wenn du die drei Zeilen untereinander schreibst, dass gerade ein Buchstabe unter dem andern steht, so tue also. Nimm den vordersten Buchstaben in der ersten Zeile, den hintersten in der zweiten Zeile und den vordersten in der dritten Zeile, setze sie zusammen, so hast du ein Wort von drei Buchstaben …[136] Nun fragst du: Was sollen denn die 72 dreibuchstabigen Worte, die aus Moses Text gemacht wurden? Da höre das andere Stück großer Kunst an: Sie sollen keine grammatischen Lesebuchstaben mehr sein, wie man sie in der Schule liest, sondern arithmetische Ziffern oder Zahlbuchstaben, wie man sie in der Rechenschule liest …[137] Auf diese Weise verfahre mit allen Buchstaben in den drei Zeilen oder Reihen, so findest du 72 Worte, von denen jedes drei Buchstaben hat … Durch den ganzen Text Moses zieht sich so durch die Namen aller 72 Engel ein ausgelegter oder ausgebreiteter Name, das bedeutet (im Hebräischen wörtlich) Schem Hamephorasch, der ausgelegte Name."[138]

Luther lehnte diese Methode leidenschaftlich ab. Er setzte sich für die Auslegung der Bibel nach ihrem wörtlichen Sinn (*sensus literalis*) ein, die er freilich meist mit einer christologischen Auslegung verband. Die kabbalistische Exegese war für ihn nicht nur barer Unsinn, er bezeichnete sie auch als willkürliche Misshandlung des Gotteswort. Mehr noch: Er sah in den Kabbalisten Vertreter des Aberglaubens und widergöttlicher →Zauberei; seine Ablehnung verband er mit unflätigen Beschimpfungen der Juden.[139]

Abschnitt Exodus 14, 19–21) vorfinden… In diesen 54 Namen sind alle Dinge enthalten, die es in der Welt gibt" (zitiert nach: Maier, Die Kabbalah, S. 87; vgl. auch a. a. O., S. 57 und 360).
136 Luther, Vom Schem Hamephorasch, S. 43–44.
137 Luther, Vom Schem Hamephorasch, S. 46.
138 Luther, Vom Schem Hamephorasch, S. 48.
139 Vgl. dazu unten Kapitel 5 „Die Kabbala im deutschen Protestantismus".

Ob er sich bewusst war, dass auch Reuchlin diese Art spekulativer Exegese vertreten hatte, ist nicht bekannt.

Psalm 37, 4 als Gottesname

Reuchlin jedenfalls folgte →Gikatilla hinsichtlich der zusätzlichen „Gottesnamen", die den vierbuchstabigen Namen JHWH nicht ersetzen, ihn aber auslegen und erklären sollten. Einer der durch Buchstabenspekulation erschlossenen 72 „Namen" ist ein Psalmvers, der für das Verständnis von Antonias Tafel besondere Bedeutung hat: „Habe deine Lust am Herrn. Er wird dir geben, was dein Herz begehrt."[140] Nicht von ungefähr ziert dieser Vers die Anfangsseite der gedruckten Fassung von Gikatillas „Tore des Lichts". In seinen Erläuterungen schreibt der spanische Kabbalist, was mit dem „Begehren des Herzens" gemeint ist: Es ist die Erkenntnis des Weges, der dorthin führt, „wo das Licht sich teilt", das heißt, wo das göttliche Licht, das „Licht vom unerschaffnen Lichte", die zehn „Abglänzungen" aus sich heraussetzt.[141] Eben diesen Weg möchte das Gemälde der Prinzessin Antonia dem Betrachter zeigen.

---

140 In Reuchlins Liste handelt es sich um den 67. von insgesamt 72 Gottesnamen (Reuchlin, De arte cabalistica, S. 430–431).

141 Betz, Licht vom unerschaffnen Lichte, S. 28, Anmerkung 36.

4. Beobachtungen zu Antonias Bilder- und Buchstabenschrein

Der Bilder- und Buchstabenschrein Antonias steht, von zwei Säulen eingefasst, an der Südseite des Chores der Kirche. Dem Betrachter fallen sofort große hebräische Buchstaben auf: Im Aufsatz des Schreins steht der vierbuchstabige →Gottesname JHWH. Auf dem oberen Querbalken ist im hebräischen Urtext Psalm 37, 4 zu lesen, eben jener Text, den wir oben im Sinne Reuchlins und Gikatillas als geheimen Gottesnamen kennengelernt haben: התענג על יהוה ויתן לך משאלת לבך. „Habe deine Lust am Herrn; er wird dir geben, was dein Herz begehrt." Die anschließend angegebene Zahl (2005) zeigt die Anwendung der Methode aus der „Rechenschule" an, die Luther so leidenschaftlich abgelehnt hatte. Im unteren Teil des Bildrahmens ist, wiederum in biblischer Quadratschrift und hebraisiertem Deutsch, die Auftraggeberin des Kunstwerks notiert: אנתוניה שרה בוירטמברג ותק/ Antonia sarah be-Wirtemberg we-tek –

Der Gottesname JHWH im Aufsatz des Schreins.

Psalm 37,4 in hebräischer Sprache auf dem oberen Querbalken des Schreins.

„Antonia, Fürstin in Württemberg und Teck." Erneut sehen wir die aus der →*Gematrie* geschöpfte Angabe: 2005.

Die Auftraggeberin des Bildes in hebräischen Buchstaben mit dem Zahlenwert 2005.

Diese Inschrift ist sowohl im geöffneten Zustand des Schreins zu sehen als auch dann, wenn die Seitentafeln geschlossen sind. Offenbar handelt es sich um eine Überschrift oder ein Motto, das für das gesamte Kunstwerk gilt. Mit diesem Text schreiben die Prinzessin und der Kreis ihrer Freunde und Lehrer sich in die theosophische Interpretationslinie Reuchlins und →Gikatillas ein. Zugleich folgen sie der buchstabenmystischen, auf Abulafias ekstatischen Erfahrungen basierenden Traditionslinie.

Der linke Seitenflügel zeigt die Flucht der Heiligen Familie nach Ägypten.

Der rechte Seitenflügel zeigt die Auffindung des Moses im Nil durch die ägyptische Prinzessin.

Beide Konzeptionen, die Abulafias und die Gikatillas, wirken bei der Deutung von Antonias Schrein zusammen. Die Prinzessin identifiziert sich mit dem genannten Psalmvers, einem der 72 Gottesnamen (nach Gikatilla und Reuchlin), und findet so zu ihrer persönlichen Vereinigung mit Gott. Hinzu kommt die zahlenmystische Deutung: Der Psalmvers und Antonias hebräisch geschriebener Name samt Titel ergeben in der

מַה רַב טוּבְךָ אֲשֶׁר צָפַנְתָּ לִּירֵאֶיךָ פָּעַלְתָּ לַחֹסִים בָּךְ נֵר בְּנֵיאָר

Hebräische Inschrift (Psalm 31,20) auf dem linken Seitenflügel.

וְחָנַן יַעֲקֹב שְׁתְּרֵלִין כֹּהֵן לַיהוָה אֵל בַּמֶּעְנְשְׁתְּרִי

Hebräische Inschrift zu J. J. Strölin (rechter Seitenflügel) – über der Berufsbezeichnung „kohen" (Priester) steht dreimal der Buchstabe ק für „qadosch" (heilig), eine Anspielung auf das Trishagion.

Addition den identischen Wert (Abulafias →Buchstabenmystik). Diese Identifikation demonstriert aber keinen ein für alle Mal fertigen Zustand, sondern steht für ein dynamisches Geschehen. Deshalb begibt die Prinzessin sich auf einen Weg, auf dem sie den „Abglänzungen" Gottes begegnet und die *unio mystica* immer neu realisiert (die →theosophische Kabbala Gikatillas).

Lässt sich diese kabbalistische Synthese auf Antonias Bilderschrein auf einen Nenner bringen? Eva Johanna Schauer hat das Ensemble der vier Gemälde des Schreins, die Außentafel, die beiden Seitenflügel und die Innentafel, als mystische Inszenierung eines persönlichen rite de passage verstanden: Nach ihrem „Bekehrungserlebnis" schreite die Prinzessin, ausgehend von einer Inszenierung ihres Todes auf der Außentafel, über die Innenseiten der Flügel und das Hauptbild in einem dreiaktigen rite de passage voran auf ihrem Weg zu Gott.[142]

Die Betrachter sind „im Bild"

Diese Deutung lässt aber einen wesentlichen Aspekt außer Acht: Antonias Schrein wurde ja nicht aufgestellt, um den Betrachtern Mitteilungen über psychische oder religiöse Erlebnisse der Prinzessin zu machen. Antonia ließ das Kunstwerk in eine Kirche bringen, um die Besucher des Gotteshauses zum Verweilen,

---

142 Schauer, Prinzessin Antonia, S. 189.

Geöffneter Schrein mit Außentafeln und Innenbild – oben vor blauem Hintergrund steht das Tetragramm יהוה.

4. Beobachtungen zu Antonias Bilder- und Buchstabenschrein

zum Betrachten des Bildes, zur Meditation einzuladen. Die Dreifaltigkeitskirche war zwar zunächst der Andacht des herzoglichen Hauses vorbehalten, aber sie war dennoch prinzipiell öffentlich zugänglich. Die moderne Rezeptionsästhetik hat die Erkenntnis, dass kein Kunstwerk ohne sein Gegenüber denkbar ist und dass es im Gegenüber zu seinen Betrachtern in gewisser Weise „neu entsteht", in dem Grundsatz zusammengefasst, dass die „Betrachter im Bild" sind.

Die Prinzessin wusste – wie ihre Zeitgenossen –, welche Risiken und Chancen das öffentliche Sichtbar-Werden eines Kunstwerks mit sich bringt. Bereits im 16. Jahrhundert hatten sich evangelische und katholische Theologen über die Wirkung von Bildern in Kirchen ihre Gedanken gemacht. In der 1582 von dem Italiener Gabriele Paleotti veröffentlichten Rechtfertigungsschrift *Discorso intorno alle imagini* über den Gebrauch von Kunstwerken in Kirchen heißt es, dass die Malerei „allen zu dienen hat, Männern und Frauen, edlen und einfachen Leuten, Reichen und Armen, Gebildeten und Ungebildeten, als ein Buch für das Volk."[143] Dieser These, vor allem die Forderung, dass Bilder ihren Betrachtern „dienen" müssen, hätten Antonia und ihr Kreis sicherlich zugestimmt. Nur mit der Aussage, dass „jede Gruppe" angesprochen werden, dass der „Geschmack aller auf jeweils entsprechende Weise befriedigt" werden müsse[144], wären sie wohl nicht uneingeschränkt einverstanden gewesen; dafür setzt Antonias Bilder- und Buchstabenschrein zu viel an Kenntnissen der hebräischen Sprache und jüdischen Tradition voraus. Der Bad Teinacher Schrein entspricht insofern vielleicht bereits dem späteren pietistischen Anliegen, das auf die Förderung einer geistlichen Elite, einer *ecclesiola in ecclesia*, einem Kirchlein (d. h. einer besonderen Versammlung frommer und gewissermaßen eingeweihter Christen) in der Kirche, abzielt.

In jedem Fall war den Schöpfern des Schreins daran gelegen, die Betrachter einzuladen, sich Antonias Glaubensweg anzuschließen. Spätestens seit dem Zeitpunkt der Aufstellung des Kunstwerks in der Bad Teinacher Kirche kann von einem Mysterienspiel, das durch Spekulationen im Hinblick auf Antonias Seelenleben zu deuten wäre, keine Rede mehr sein. Der Schrein ist vielmehr ein Appell an jede Betrachterin und jeden Betrachter, sich mit der Prinzessin auf den Weg zu machen und von Gott zu erwarten, was ihr (oder sein) Herz wirklich begehrt[145] – die Gotteserkenntnis selbst. Die Aufforderung des Bibelverses („habe deine Lust") gilt jetzt jedem, der die Kirche betritt und vor dem Kunstwerk verweilt.

---

143 Zitiert nach Kemp, Der Betrachter ist im Bild, S. 9–10.
144 Zitiert nach Kemp, Der Betrachter ist im Bild, S. 10.
145 Die Wendung „dein Herz" im Psalmvers ist im Hebräischen, ohne dass man am Text etwas ändern müsste, mit männlichem oder auch weiblichem Possessivpronomen aussprechbar: „dein Herz" heißt hebräisch (wenn ein männliches „Du" gemeint ist) libekha, im andern Fall (bei einem „weiblichen" Herzen) libekh.

Johann Jakob Strölin – Alle sind in dem Bild eingeschlossen

Ein Indiz für diesen Anspruch ist ein weiterer, auf dem Gemälde ebenfalls in hebräischer Sprache wiedergegebener Bibelvers. Dieser Text (mit der Zahlenangabe 2590) ist, etwas weniger prominent, nur bei geöffnetem Schrein am unteren Rand des linken Flügels sichtbar. Wenn wir uns, neugierig geworden, auf den Weg gemacht und die Tafel

Der Brautzug der Sulamith zu Christus auf der Außentafel.

geöffnet haben, lesen wir ein Gebet, in dem der Beter Gott für seine Güte dankt. Diese Güte hat er aber nicht nur einer, sondern einer Vielzahl von Personen zugewendet. Als Betrachter des Bildes dürfen wir uns eingeschlossen fühlen: „Wie groß ist deine Güte, die Du aufbewahrt hast *denen, die Dich fürchten*, und erweisest vor den Menschen *denen, die auf Dich trauen*" (Psalm 31, 20).

Am unteren Rand der rechten Flügeltür lesen wir, erneut in hebräischen Buchstaben (ebenfalls mit der Gematriezahl 2590), „Jochanan Ja'akov Strelin kohen le-JHWH be-Menschter" – „Johann Jakob Strölin, Priester Gottes in Münster" – gemeint ist der kleine am Neckar gelegene Ort, heute ein Stadtteil im Nordosten der Landeshauptstadt, in dem Strölin, Antonias Hebräisch- und Aramäischlehrer, als Pfarrer wirkte. Indem die Prinzessin darauf hinweist, dass beide sich gegenüberstehende Texte den identischen Zahlenwert ergeben, ehrt sie ihren wichtigsten Berater. Zugleich macht sie deutlich, dass der auf dem Gemälde präsentierte Heilsweg allen Menschen offensteht. Monika Garruchet weist zudem darauf hin, dass die Quersumme der Zahlenangaben beider Namen und beider Bibelverse, 2590 und 2005, jeweils →sieben ergibt.[146]

Die Außentafel

Über dem Außenbild schwebt oben am Firmament eine Kapelle von Engeln, die mit Pauken und Trompeten ein fröhliches Konzert geben. Unter den Musikanten ist ein Spruchband mit drei Liedstrophen ausgerollt. Auf die Aufforderung Christi (im Cantus firmus) „Auf Seele, vermähle dich ewig mit mir" antwortet die Braut (im Bassus continuus) „Ich liebte dich herzlich im Glauben ohn' Sehn: Für Hoffen steht offen, in Himmel zu gehen." Die Engel laden daraufhin (im Cantus secundus) die Betrachter des Bildes ein, es der Prinzessin gleichzutun: „Willkommen, ihr Frommen, kommt alle zugleich, zu leben und schweben im seligen Reich."[147]

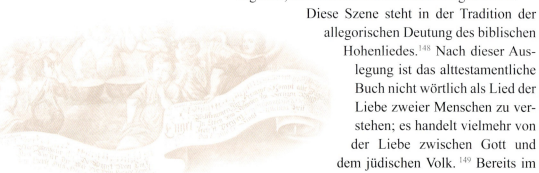

Diese Szene steht in der Tradition der allegorischen Deutung des biblischen Hohenliedes.[148] Nach dieser Auslegung ist das alttestamentliche Buch nicht wörtlich als Lied der Liebe zweier Menschen zu verstehen; es handelt vielmehr von der Liebe zwischen Gott und dem jüdischen Volk.[149] Bereits im

---

146 Die Quersumme von 2590 = 16, die Quersumme von 16 = 7. Mein Dank an M. Garruchet für diesen Hinweis.
147 Betz, Licht vom unerschaffnen Lichte, S. 30.
148 Vgl. Morgenstern, Judentum und Gender, S. 10–13.
149 Vgl. Vulliaud, Le Cantique des Cantiques; Brod, Heidentum, Christentum, Judentum; Chouraqui, Le Cantique des Cantiques; Rosenzweig, Stern der Erlösung, S. 222–228.

Die erste Reihe des Brautzuges und die Engelskapelle auf dem Außenbild.

frühen Christentum wurde dieses Verständnis auf die ganze christliche Gemeinde oder auf jede gläubige Christin und jeden gläubigen Christen (!) übertragen: auch christliche Männer identifizierten sich mit der ihrem Bräutigam gegenüberstehenden „Braut Christi".[150] Da Sulamith, die Figur der geliebten Frau im Hohenlied, im Mittelalter häufig als Repräsentantin Marias angesehen wurde, spielt dieser Text auch in der katholischen Marienfrömmigkeit eine Rolle.[151] In der Kabbala wurde das Hohelied dann als Beschreibung innergöttlicher Vorgänge gedeutet: Der biblische Text beschreibt nach diesem Verständnis eine „himmlische Hochzeit" (→hieros gamos): die Vereinigung der (weiblich verstandenen) „Einwohnung" (→*Schechina*) Gottes, die auch „Matrona" genannt wird, mit Gottes oberen Emanationen, die ihr göttlicher Bräutigam sind. Nach dem Kabbalaforscher Eliot Wolfson geht es dabei also um eine Art „innergöttlicher Sexualität".[152]

Brautmystik

Der Bad Teinacher Schrein knüpft an diese jüdische Tradition an; zugleich verwendet er Motive, die – kirchengeschichtlich betrachtet – in die Vorgeschichte des →Pietismus in der evangelischen Kirche gehören. Da der Protestantismus des 16. Jahrhunderts zunächst bestrebt war, die „reine Lehre" zu entfalten und rational abzusichern, vermissten viele

---

150 Vgl. Frank, Einleitung zu: Origenes und Gregor der Große: Das Hohelied.
151 Vgl. Rupert von Deutz, Kommentar zum Hohenlied.
152 Wolfson, Language, Eros, Being, S. 357.

Gemeindeglieder die emotionalen Aspekte ihres Glaubens. Um dieses Manko auszugleichen, entstand im Vorfeld des sich allmählich herausbildenden Pietismus die protestantische „Brautmystik". Der in Mengeringhausen im nordhessischen Waldecker Land geborene Liederdichter Philipp Nicolai (1556–1608) brachte die Liebe zu Gott und zu Christus in dem Lied vom schön leuchtenden Morgenstern zum Ausdruck:

„Wie bin ich doch so herzlich froh, dass mein Schatz ist das A und O, der Anfang und das Ende. Er wird mich doch zu seinem Preis aufnehmen in das Paradeis, des klopf' ich in die Hände …"

Dass dieser Wortlaut strengen Glaubenswächtern zu kühn erscheinen konnte, zeigt die Tatsache, dass das Gesangbuch der evangelischen Kirche in Württemberg neben der Originalversion noch heute eine „entschärfte" Fassung dieser Liedstrophe anbietet:

„Wie freu ich mich, Herr Jesu Christ, daß du der Erst und Letzte bist, der Anfang und das Ende! Du, der sein Leben für mich ließ, nimmst mich einst in dein Paradeis, drauf faß ich deine Hände …"[153]

Monogrammbrosche der Prinzessin Antonia (Krönungsszene des Außenbildes).

Sulamiths Begegnung mit dem himmlischen Bräutigam

Auf dem Bad Teinacher Bild tritt an die Stelle der kabbalistischen „heiligen Hochzeit" das Bild der Liebesbeziehung Christi mit einer menschlichen Seele. Sulamith, die Braut des Hohenliedes, ist hier als Prinzessin Antonia dargestellt. Zu erkennen ist sie an ihrem Purpurmantel, der durch eine künstlerisch gestaltete Agraffe mit ihrem Monogramm zusammengehalten wird. Das Monogramm der Prinzessin enthält die Vokale A – O – I – A, die in ihrem Namen erklingen, außerdem ein V für das (lateinisch geschriebene) Württemberg. Dieses Monogramm ist im Innenbild des Schreins auch auf dem Aufsatz oberhalb der Kuppel des Tempels zu sehen.

---

153 Vgl. Evangelisches Gesangbuch, Nr. 70 und 544 (Bearbeitung von Ludwig Knapp, 1832/1841). Die Anfangsbuchstaben der sieben Strophen des Liedes weisen übrigens auf den Grafen von Waldeck zu Wildungen hin, Wilhelm Ernst Graf und Herr zu Waldeck (1584–1598), der im Alter von vierzehn Jahren während seines Studiums in Tübingen starb und in der Tübinger Stiftskirche beigesetzt wurde (→Akrostichon).

Der Brautzug

Ein Zug von Frauen begleitet sie auf ihrem Weg dem Bräutigam entgegen – Otto Betz hat 94 Frauen gezählt, von denen er glaubt, 77 identifizieren zu können.[154] Schaut man aber genau hin, sind, je nachdem, wie man die teilweise verdeckten Gestalten den ebenfalls nur teilweise sichtbaren Kleidern zuordnet, vielleicht auch andere Zählungen möglich.[155] In Antonias Gefolge, so steht es in den gängigen Beschreibungen des Schreins, sind zunächst ihre beiden Schwestern Anna Johanna und Sibylla zu sehen, mit einem Anker (als Zeichen der Hoffnung) und einem Kreuz (als Sinnbild der Liebe) in der Hand.[156] Hinter ihnen reiht sich, mit dem Apfel der Verführung und einem Totenschädel als Zeichen des Sündenfalls in der Hand, Eva ein – und als ihr Gegenbild Maria, in rote und blaue Gewänder gehüllt. Auffällig ist, dass die Gesichtszüge und Gesten der Mutter Jesu denen Antonias gleichen.[157] Will die „zölibatär lebende Prinzessin (..) hier symbolisch andeuten, dass sie bereit ist, Gott zu empfangen, dabei aber jungfräulich bleibt wie Maria"?[158] Schauer schließt aus dieser Verschränkung biblischer und biographischer Motive, dass die Frauenfiguren „ihre gemeinsame Basis im Mysterium der Liebe" finden.[159] Das passt zu ihrer Auffassung des Brautzuges der Außentafel als „Mysterienspiel"[160], das, ausgehend von einem „Bekehrungserlebnis" Antonias, ihren Lebens- und Glaubensweg zur „Heiligen Hochzeit" mit Christus ins Bild setzt. Doch lassen sich solche psychologischen Erwägungen nicht beweisen.

Stammmütter Jesu

Interessant ist, wie die Außentafel die biblischen Erzählungen aus der Perspektive von Frauen zeichnet. Die herausragenden Figuren des Brautzuges erscheinen in ihrer Funktion als Bräute und Mütter: Hinter Maria, der Mutter Jesu, steht Rebekka. Sie ist die Mutter Jakobs und – da Jakob den Namen *Israel* erhielt (1. Mose 32, 29) – die Mutter Israels, also die Mutter des jüdischen Volkes. Zur Erinnerung an die Szene, als Elieser, Abrahams Knecht, sie am Brunnen antraf, bevor er sie nach dem Auftrag seines Herrn als Braut Isaaks heimführte (1. Mose 24, 15), trägt sie einen Krug in der Hand.

Als letzte Figur der ersten Reihe des Brautzugs folgt Sara, Abrahams Ehefrau (1. Mose 24, 15).[161] Wie in der biblischen Erzählung steht sie hinter einer Tür – hier aber nicht der Tür eines Beduinenzeltes (1. Mose 18, 10), sondern hinter einem Holztor mit Scharnier und Riegel. Von dort aus lauscht sie auf die Worte der Engel, die ihr trotz ihres hohen

---

154 Vgl. Betz, Licht vom unerschaffnen Lichte, S. 30.
155 Mein Dank an Monika Garruchet für diesen Hinweis.
156 Diese Deutung, vorgetragen von Decker-Hauff, wird aufgenommen von Betz, Licht vom unerschaffnen Lichte, S. 31; vgl. auch Schauer, Prinzessin Antonia, S. 127.
157 Betz, Licht vom unerschaffnen Lichte, S. 31.
158 Schauer, Prinzessin Antonia, S. 108 (Zeichensetzung korrigiert).
159 Schauer, Prinzessin Antonia, S. 147.
160 Schauer, Prinzessin Antonia, S. 189.
161 Vgl. Betz, Licht vom unerschaffnen Lichte, S. 31; Schauer, Prinzessin Antonia, S. 65.

Alters (sie war bereits 90 Jahre alt) eine Schwangerschaft und Geburt ankündigen.[162] Ähnlich problematisch wie Saras Greisinnengeburt sind die Geburtsgeschichten der Frauen der folgenden Reihe: Lea, die Mutter des Stammesfürsten Juda, wird mit „blödem Gesicht" gezeigt (1. Mose 29, 17). Da sie zeitweise keine Kinder mehr gebären konnte, bediente sie sich, um ihren Mann zu verführen, der Liebesäpfel, die ihr Sohn Ruben für sie auf dem Felde fand. Neben ihr steht ihre Schwester, Jakobs Lieblingsfrau Rachel, die bei der Geburt ihres zweiten Sohnes Benjamin starb (1. Mose 35, 15–20). Wenn sie sich auf dem Gemälde trauernd über ein totes Kind beugt, so ist an die Klage des Propheten Jeremia gedacht: „Rachel weint über ihre Kinder und will sich nicht trösten lassen" (Jeremia 31, 15). Der Evangelist Matthäus zitiert diesen Vers im Neuen Testament angesichts des Kindermords, durch den der brutale Herodes die Ankunft eines Messias in seinem Königreich verhindern wollte.[163]

Die Erzmutter Rachel weint um ihre Kinder.

Besonders interessieren werden sich christliche Betrachter für die Frauen, die im ersten Kapitel des Neuen Testaments als Vorfahren Jesu bezeichnet werden (Matthäus 1, 1–17). Batseba, die Frau des Hetiters Uria, in die König David sich verliebte, als er sie badend im Garten sah (2. Samuel 11, 2), wird in der vierten Reihe des Brautzugs dargestellt.[164] Mit einem roten Rock bekleidet, trägt sie eine luftige Bluse. Zur Erinnerung an diesen Ehebruch, dem ein Mord folgte (David ließ Uria im Krieg an eine aussichtslose Front versetzen, wo er im Kampf starb), hält sie einen Wasserkrug in der linken und eine Schale mit Toilettenartikeln in der rechten Hand.

---

162 Vgl. Betz, Licht vom unerschaffnen Lichte, S. 31–32.
163 Vgl. Betz, Licht vom unerschaffnen Lichte, S. 32; vgl. Matthäus 2, 17.
164 Vgl. Betz, Licht vom unerschaffnen Lichte, S. 34.

Vierte Reihe der Frauen des Brautzuges auf dem Außenbild.

Die moabitische Ausländerin Ruth, die die fünfte und letzte Reihe des Brautzugs anführt, trägt zur Erinnerung an die Begegnung mit ihrem späteren Ehemann Boas zur Erntezeit einen Korb auf der Schulter (Ruth 3, 1–18).[165] Ihr folgt Tamar, die den Stammesfürsten Juda als Prostituierte verführte.[166] Sie ist in dem Mantel dargestellt, mit dem sie sich in der biblischen Erzählung verkleidete (1. Mose 38, 14). Auch die Hure Rahab aus dem Josuabuch ist nicht vergessen; anstelle einer Spule roten Garns, mit dem sie sich und ihre Familie vor der Vernichtung rettete (Josua 2, 21), ist sie – vielleicht irrtümlich[167] – mit einem Krug in der Hand dargestellt. Tamar, Rahab und Batseba, die Frau des Uria, werden im Matthäusevangelium ausdrücklich als Stammmütter Jesu genannt (Matthäus 1, 3, 5 und 6).

---

165 Vgl. Betz, Licht vom unerschaffnen Lichte, S. 35.
166 Vgl. Betz, Licht vom unerschaffnen Lichte, S. 35. Vgl. 1. Mose 38, 14.
167 Vgl. Betz, Licht vom unerschaffnen Lichte, S. 35.

Das Ende des Brautzuges, ganz rechts die als Salzsäule zurückbleibende Frau Lots.

Frauen aus allen Teilen der Bibel

Ist Antonias Brautzug also ein weibliches Gegen- oder Ergänzungsbild zu den von Männern geprägten Genealogien Jesu im Neuen Testament?

Lässt man das Außenbild aus einiger Entfernung auf sich wirken, wird schnell deutlich, dass davon keine Rede sein kann. Hier wie im Hauptbild des Inneren des Schreins verzichten die Prinzessin und ihre Berater darauf, die biblische Geschichte konsequent zu „christianisieren". Neben den Vorfahren Jesu zeigt der Brautzug eine Fülle weiterer Frauen aus dem ganzen Spektrum der Bibel des Alten und des Neuen Testaments. Jael, der Beduinin (mit einem Milchkrug in der Hand; vgl. Richter 4, 19), gibt Antonia ebenso Platz wie der Richterin Debora mit einer Palme, unter der sie ihre Gerichtstage abhielt (Richter 4, 4–5). Auch Judith, die Heldin aus dem griechischen Bibelkanon der Septuaginta („Apokryphen"), die Holofernes mit ihrem Schwert den Kopf abschlug (Judith 13, 9), lässt sich identifizieren. Sie alle sind in der dritten Reihe des Brautzugs zu entdecken.[168]

Am Ende der vierten Reihe des Brautzuges finden wir die Märtyrerinnen, von denen im zweiten Makkabäerbuch (erneut aus dem griechischen Bibelkanon, ein Text, der in evangelischen Bibelausgaben „zwischen den Testamenten" steht) die Rede ist. Von den Jüdinnen, die während der grausamen Pogrome unter dem griechischen König Antiochus IV. (ca. 215 v. Chr.–164 v. Chr.) ihre Söhne heimlich beschnitten, heißt es, dass man ihnen die Säuglinge an die Brüste hängte, sie öffentlich in

---

168 Vgl. Betz, Licht vom unerschaffnen Lichte, S. 33. Schauer, Prinzessin Antonia, S. 130.

Dritte Reihe des Brautzuges.

der Stadt umherführte und sie dann von der Mauer stürzte (2. Makkabäer 6, 10). Zwei dieser Frauen sind mit entblößter und abgeschnürter Brust gemalt. Unter ihnen baumeln ihre toten Kinder. Eine Frau mit weißem Turban zwischen ihnen trägt zur Erinnerung an ihre sieben grausam ermordeten Söhne einen Palmzweig, um den sieben Lorbeerkränze gebunden sind. Als Zeichen ihrer Unschuld trägt sie ein weißes Kleid, der rote Mantel bezeugt ihr Martyrium.[169] Der Bilder- und Buchstabenschrein Antonias präsentiert sich hier bereits als Glaubenszeugnis des frühen →Pietismus: Der Katechismus, das Wiederholen der „rechten Lehre" reichte nicht mehr aus; die *ganze* Bibel war von Interesse.

---

169 Vgl. Betz, Licht vom unerschaffnen Lichte, S. 35.

Das Bildprogramm der Innenseiten der Flügel

Wie selbständig die Prinzessin und ihr Beraterkreis bei der Bearbeitung der ihnen vorliegenden Traditionen vorgingen, zeigt auch die geöffnete Tafel. Die Innenseiten der Flügel zeigen links die Flucht der Heiligen Familie nach Ägypten (Matthäus 2, 13–15), rechts die Auffindung Moses im Körbchen auf dem Nil (2. Mose 2). Beide Bilder sind geographisch mit Ägypten verbunden, dem Land, aus dem die Israeliten einst auszogen und das sie wegen seiner kulturellen Errungenschaften doch bleibend faszinierte. In der Bibel ist von Magiern die Rede (2. Mose 7, 11), die der Pharao, der Israels Auszug aus Ägypten verhindern wollte, zu Rate zog. Der →Talmud erzählt, dass ägyptische →Zaubereien die Israeliten auch später in Versuchung führten. Manche Kabbalisten verstanden ihre rituellen Übungen als Antwort auf die ägyptische Zauberpraxis. Ernst Harnischfeger hat in den Bildern der beiden Innenseiten Anspielungen auf entsprechende ägyptische Mysterien-Weisheiten vermutet.[170] Dies ist im Sinne der Kabbala und der jüdischen Tradition durchaus möglich: Der Talmudtraktat →Sanhedrin wirft Jesus (er nennt ihn *Jeschu*) vor, von den geheimen Künsten der Ägypter beeinflusst worden zu sein und seine Zeitgenossen durch Zauberkunststücke verführt zu haben.[171] Die Rabbinen spielen dabei vielleicht auf die Geschichte der „Sterndeuter" (im Griechischen heißen sie „Magier") im Weihnachtsevangelium (Matthäus 2, 1–5) an. Antonias Schrein greift diese Motive auf und wertet sie um: In Jesus sind in der Tat „alle Schätze der Weisheit und der Erkenntnis verborgen" (Kolosser 2, 3). Durch seine Flucht an den Nil ist er mit den Traditionen Ägyptens in Berührung gekommen und hat sie wohl auch durchlitten – vielleicht lässt sich die Nachtszene der linken Außentafel so deuten. Er überwindet aber alles, was daran negativ war, und kehrt alles zum Guten.

Auch in anderer Hinsicht ist bemerkenswert, wie kabbalistische Traditionen im Bad Teinacher Schrein kreativ und konstruktiv verarbeitet werden. In der →theosophischen Kabbala, wir hatten es gesehen, gilt die linke Seite als Ort des Zornes Gottes und des Gerichts, während auf der rechten Seite die Gnadenzuwendungen der göttlichen Barmherzigkeit den Menschen zufließen. In ähnlicher Weise kennen auch christliche Theologen das Schema von Gericht und Gnade, Gesetz und Evangelium, verbunden mit der Vorstellung vom strafenden Gott, wie er (angeblich) im Alten Testament und vom liebenden Gott, wie er (angeblich vornehmlich) im Neuen Testament verkündigt wird. Häufig wird dieses Schema auf das Judentum als Repräsentantin der dunklen und das Christentum als Vertreterin der hellen und freundlichen Seite projiziert – eine entsprechende Inszenierung wäre auch auf dem Bad Teinacher Gemälde möglich gewesen. Doch stellt das Bild-Arrangement gerade die *neutestamentliche* Szene (die Flucht der

---

170 Vgl. Harnischfeger, Mystik im Barock, S. 52–53; Betz (Licht vom unerschaffnen Lichte, S. 37) spricht sich gegen diese Vermutung aus.
171 Vgl. Goldschmidt, Der Babylonische Talmud, Band 9, S. 119 (Sanhedrin Folio 107b) und Schäfer, Jesus im Talmud, S. 76–77.

Heiligen Familie nach Ägypten) auf die linke und die hellere *alttestamentliche* Szene (Moses im Körbchen auf dem Nil) auf die rechte Seite.[172] Jede Abwertung des Alten Testaments und des Judentums wird vermieden.

Die Umformung der theosophischen Rechts-Links-Polarität

Dabei beziehen Antonia und ihr Beraterkreis die theosophische Polarität von links und rechts durchaus in ihre Darstellung ein. In der seitlichen Vorhalle des Tempels auf dem Hauptbild zeigen sie die Propheten des Zorns *auf der linken Seite*: Jeremia (als Prophet des Gerichts hält er in seiner Linken den „Becher des Zornes Gottes") und Daniel. Der letztere – sein Name bedeutet im Hebräischen „Gott ist Richter" – sitzt am inneren linken Pfeiler der Vorhalle, von wo aus er dem Betrachter, in hebräischen Buchstaben, das „Menetekel" als Zeichen kommenden Unheils präsentiert.

Den beiden Unheilspropheten stehen *rechts* die Heilspropheten Jesaja und Hesekiel gegenüber. Der Erstere verkündigt den kommenden Messias und hält in seiner Rechten den „Kelch des Heils", der Letztere mit dem für ihn charakteristischen Zeichen, einem hebräischen Buchstaben, auf der Stirn, das für die Verschonung vor dem Strafgericht steht (Hesekiel 9, 4) und einer Trompete als Zeichen des Wächter- und Schutzamtes, zu

Der Evangelist Johannes und die zwölf kleinen Propheten.

---

172 Diese Interpretation steht unter dem Vorbehalt, dass zu klären wäre, ob die Lichteffekte, wie sie heute wahrzunehmen sind, auf dem ursprünglichen Bild vorhanden waren oder ob sie sich möglicherweise der Restauration verdanken.

dem Gott ihn bestimmt hat. Heil und Unheil werden hier nicht auf das Alte und Neue Testament verteilt. *Beide Seiten* werden durch alttestamentliche Gestalten repräsentiert.

Entsprechend zeigt die Tafel auch die vier neutestamentlichen Evangelisten, die auf den Stufen des Tempelaufgangs sitzen, gleichberechtigt auf *beide* Seiten verteilt: Markus mit seinem Symboltier, dem Löwen, und Lukas mit dem Stier auf der rechten und Matthäus (der Engel hinter ihm scheint ihm die Worte für sein Evangelium einzuflüstern) und Johannes mit dem Adler auf der linken Seite. Dass gerade der letztere Evangelist, dessen Botschaft sich vom Alten Testament besonders deutlich abzuheben scheint, auf *der linken Seite* abgebildet ist, zeigt, wie frei hier mit dem Links-Rechts-Schema umgegangen wird. Johannes galt den Theologen des 17. Jahrhunderts zudem als Verfasser der Johannes-Offenbarung, des letzten Buches der Bibel. Es ist daher vielleicht kein Zufall, dass das Gesicht des Evangelisten den →zwölf kleinen Propheten des Alten Testaments zugewandt ist, die über ihm am Horizont entlangschreiten.[173]

Gottes „Abglänzungen" auf dem Bilder- und Buchstabenschrein

Auch Gottes „Abglänzungen" gestaltet der Schrein gegenüber der kabbalistischen Vorlage um. Als der Wiener Gelehrte Johann Albert Widmannstad, ein Schüler Reuchlins, 1555 eine →syrische Ausgabe des Neuen Testaments herausgab, fügte er dem Druck in der Einleitung zum Johannesevangelium eine Bildtafel des kabbalistischen →*Sefirotbaumes* bei, der er das Kreuz Christi gegenüberstellte.[174] Biblische Texte in syrischer Sprache, einer Sprache, die mit dem Aramäischen, der Umgangssprache zur Zeit Jesu, eng verwandt

---

173 Vgl. Betz, Licht vom unerschaffnen Lichte, S. 55.
174 Vgl. Betz, Licht vom unerschaffnen Lichte, S. 24. Zu diesem Druck vgl. Necker/De Molière, Der Sulzbacher Druck, S. 11–15; zur Frage nach der Urheberschaft an diesem Schaubild vgl. De Molière, Das sefirotische Diagramm.

Die kabbalistische Lerntafel der Prinzessin Antonia in Bad Teinach

ist, sind für Widmannstadt, der auch Widmannstetter genannt wurde, eine Gelegenheit, die Bedeutung der alten Rechts-Links-Polarität neu zu ergründen: Auf dem Kupferstich ist links die jüdisch-kabbalistische Seite dargestellt, rechts die neutestamentliche Erfüllung in Christus, wie sie der Evangelist Johannes (mit dem Adler als Symboltier) erschaut. Christus gilt hier als der erste uranfängliche Adam und zugleich als der letzte, endzeitliche Adam (vgl. Römer 5, 12; 1. Korinther 15, 20–22). Der am Kreuz hängende Christus-Adam wird in Entsprechung zum „Baum" der zehn Abglänzungen dargestellt, wie Verbindungslinien zwischen Jesu Kopf, Brust, Gliedern sowie seinem Phallus und den entsprechenden Sefirot-Darstellungen zeigen.

Bei Antonia wird Christus aber nicht rechts *neben* das Sefirotsystem gestellt; er wird in es integriert. Christus als Verkörperung der *Schechina*, der göttlichen Einwohnung bei den Menschen (vgl. Johannes 1, 14: „das Wort ward

Widmanstadt: Christus als Segensquell der Sefirot.

Fleisch und *wohnte* unter uns"), steht in der Mitte des Paradiesgartens. Das um ihn sprudelnde Wasser verweist auf die Paradiesströme (1. Mose 2, 11–14). Zugleich hat die sprudelnde Quelle an einem Kurort eine ganze eigene Symbolik.

Die neunte Sefira: Nicht mehr Phallus, sondern schwangere Frau

Über Christus ist im Zentrum des Tempelvorplatzes die neunte Sefira des theosophischen Systems dargestellt. Im Hebräischen →*Jesod* („Fundament"), stellt sie in der →Kabbala, wie noch bei Widmannstadt sichtbar, den Phallus des Urmenschen dar – und zugleich die seit Abraham (1. Mose 17) den Israeliten aufgetragene Beschneidung. In Bad Teinach ist diese Sefira gendermäßig „spiegelverkehrt" als schwangere Frau dargestellt. Diese Sefira ist die apokalyptische Jungfrau, die Jesus in ihrem Schoß trägt und nach dem Vorbild des letzten Buches der Bibel (Offenbarung 12, 1) auf einer Mondsichel schwebt.[175] Der Mond, er wurde nach dem Schöpfungsbericht des ersten Buches Mose am vierten Schöpfungstag erschaffen (1. Mose 1, 14), ist in der rabbinischen Literatur in besonderer Weise mit dem Volk Israel verbunden; dies nicht nur, weil sich der jüdische Jahreskreis am Mond orientiert, sondern auch, weil er der Sonne gegenüber das kleinere und „benachteiligte" Gestirn ist. Der →Midrasch Genesis Rabba, ein zu Beginn des 5. Jahrhunderts entstandener Text, der 1512 erstmals in Konstantinopel gedruckt wurde und auch von Reuchlin zitiert wird (ein zweiter Druck erschien 1545 in Venedig), datiert die Geburt des Erzvaters Isaaks auf das Frühjahr und stützt sich dabei auf Berechnungen im Zusammenhang mit dem Frühjahrsäquinoktium. Zugleich bringt er das geheimnisvolle Geschehen der Schwangerschaft der Erzmutter Sara mit dem Abnehmen und Zunehmen des Mondes in Verbindung. Damit schafft der Midrasch zugleich ein Gleichnis für das jüdische „Abnehmen und Zunehmen" in der Geschichte, für Israels immer wechselndes Exilsgeschick. Darüber hinaus vergleicht er das Verhältnis von Mond und Sonne mit dem problembeladenen Verhältnis Israels zur Weltmacht Rom und hat dabei die Tatsache im Blick, dass das Römische Reich inzwischen christlich geworden war. Nachdem Kaiser Konstantin den Sonntag als wöchentlichen Tag der Ruhe und des Gottesdienstes festgesetzt hatte, bezeichneten die Christen ihren Erlöser nicht zufällig als die „Sonne der Gerechtigkeit" (Maleachi 3, 20).[176] Auf Antonias Bild erscheint die schwangere Frau als Mutter der zehnten Sefira (→Schechina): Die Mondfrau ist auf geheimnisvolle Weise Mutter Christi. Das Wunder der Greisinnengeburt Saras, im Midrasch nach dem Mond auf das Frühjahr datiert, und das Wunder der jungfräulichen Geburt der „Sonne der Gerechtigkeit" im Dezember stehen als Motive friedlich nebeneinander.

Die neunte Sefira: Jesod, die schwangere Frau.

Am Beispiel der neunten Sefira wird auch besonders sichtbar, wie Antonias

---

175 Vgl. dazu Schauer, Prinzessin Antonia, S. 77.
176 Morgenstern, Die große Genesis-Dichtung, S. 242–244.

Sefira Hod mit Harfe. *Sefira Nezach mit Siegeskranz und Palmenzweig.*

Gemälde die gendermäßigen Konnotationen der Abglänzungen Gottes und das innergöttliche Zeugungsgeschehen spiegelbildlich verschiebt. Steht in der jüdischen Tradition die untere „weibliche" Sefira den oberen neun „männlichen" Emanationen gegenüber, so kehrt sich dieses Verhältnis in christlich-kabbalistischer Perspektive um. Da Gott sich in seiner zehnten, letzten „Abglänzung", in Christus, als Mann offenbart, erscheinen nun die neun „oberen" Sefirot als *weibliche* Offenbarungsweisen Gottes.

Die beiden nächsthöheren Abglänzungen, →*Nezach* (rechts) und →*Hod* (links), auch sie sind Frauengestalten, hat der Maler in den Nischen neben den beiden Tempelsäulen platziert. Die zur linken Säule →*Boas* gehörende Sefira *Hod* erscheint als Harfenspielerin, die der rechten Säule →*Jachin* zugeordnete Sefira *Nezach* trägt einen Siegeskranz und einen Palmzweig.

Auf einer vorspringenden Kante des Giebels der Tempelfassade thront in der Mitte weiter oben →*Tif'eret*, „Zierde", „Pracht" oder auch „Ruhm", die sechste Sefira, der nach kabbalistischer Anschauung als Gottesname das →Tetragramm JHWH (יהוה)

Tif'eret mit ihren Kindern – mit Gluckhenne, die ihre Kinder versorgt (rechts) und Taubenpaar (links). Darunter ein Pelikan, das sich selbst opfernde Tier, das mit dem eigenen Blut die toten Kinder zum Leben erweckt.

zugeordnet ist. Im Standardsystem der Kabbala gilt die Position dieser Sefira als in der Höhe variabel. Zu Zeiten, in denen die Juden in der Diaspora verstreut sind, befindet sie sich – wie auf unserem Bild – unterhalb der gedachten Linie zwischen der vierten und fünften Sefira. Das bedeutet, dass fremde Kräfte von außen in den Raum zwischen der Sefira *Tif'eret* und den drei oberen Abglänzungen Gottes eindringen und den Segensfluss von oben nach unten hemmen können. Erst wenn die sechste Sefira die genannte Linie wieder nach oben übersteigt, ist die „Ganzheit" des Sefirotsystems wieder hergestellt, und der Segen kann ungehemmt nach unten fließen.[177] Auf Antonias Lerntafel sitzt auf dem Schoß der sechsten Sefira ein Kind; mit ihrer rechten Hand hält sie ein weiteres Kind umfangen. Das kleine Kind, das die „Schönheit der Liebe" (Schmidlin) direkt anschaut, muss noch getragen werden, das Größere ist etwas abgewandt und kann schon selbstständig gehen. Mit kabbalistischen Augen möchte man in den beiden die Kinder Gottes identifizieren, das ältere Judentum und das jüngere Christentum – wenngleich unsere Quellen über eine solche Deutungsmöglichkeit schweigen. Zu den Füßen der sechsten Sefira sehen wir einen Pelikan, den selbstlosen Vogel, der sich nach einer antiken Fabel selbst die Brust aufhackt, um seine Jungen mit dem eigenen Blut zu nähren. In christlicher →Emblematik handelt es sich hier um ein Abbild der Liebe Christi – und zugleich um einen Hinweis auf den noch unerlösten Zustand der Welt: Israel ist, kabbalistisch betrachtet, noch immer im Exil.[178]

Auf der rechten und linken Schrägseite des Giebels sitzen schließlich, auch sie in weiblicher Gestalt, die beiden Sefirot →*Gedula* und →*Gevura*. Besonders erstaunlich ist, dass Antonia auch die drei obersten Sefirot, die nach ihrer Vorstellung doch ein Hinweis auf die Dreieinigkeit Gottes sind, weiblich dargestellt hat. Die drei Gestalten ruhen auf einem quadratischen Gebilde, vielleicht einem Steinblock, in der Mitte des Giebels

---

177 Vgl. Maier, Die Kabbalah, S. 52.
178 Vgl. Betz, Licht vom unerschaffnen Lichte, S. 71.

Die drei obersten Sefirot als „weibliche Trinität"; zu Füßen der dritten Sefira (Bina = Heiliger Geist) sitzt links ein Adler.

und sind, um ihre Einheit deutlich zu machen, durch eine goldene Kette miteinander verbunden.

Die oberste Sefira trägt (bemerkenswerterweise in der *linken* Hand!) ein brennendes Herz. Handelt es sich um eine Spiegelung des Herzens, das die Beterin im Eingang des Paradiesgartens in ihrer *rechten* Hand hält? Dagegen könnte sprechen, dass das bei „Gott-Mutter" (Gottes oberste Manifestation ist hier weiblich!) ruhende Herz ohne das Drei-*Jod*-Zeichen dargestellt ist, das das Herz der Frau im grünen Kleid schmückt.

Die zweite Sefira ist mit einem Kranz von →sieben Sternen gekrönt (vgl. Offenbarung 1, 6; 2, 1; 3, 1), die

Die zweite Sefira, gekrönt mit einem Kranz von sieben Sternen.

Medaillon mit dem Trishagion als Symbol der Dreieinigkeit Gottes.

als Engel der sieben Gemeinden gelten und als solche stellvertretend für die Gemeinde Jesu, die Kirche, stehen. Das aber ist ein kleines Detail, das man fast mit der Lupe suchen muss, im Vergleich mit dem unten im Zentrum des Interesses stehenden Gottesvolk der zwölf Stämme Israels![179] In ihrer rechten Hand hält die zweite Sefira einen goldenen Kelch als Symbol des Abendmahls, über dem eine Hostie schwebt. Ihre linke Hand hält eine Schale mit einer Wasserkanne als Hinweis auf die Taufe.[180]

Wie im Judentum sind auch bei Antonia die zweite und die zehnte Sefira eng verbunden: Die zehnte Sefira ist der irdische Jesus, der ans Kreuz gehängt wurde, die zweite repräsentiert den himmlischen Gottessohn, „der vor seiner Erdenzeit in der Herrlichkeit des Vaters wohnte und bei seiner Himmelfahrt dorthin zurückkehrte, der mitwirkte bei der Erschaffung der Welt und am Ende der Zeit mitwirken wird am Jüngsten Gericht."[181]

---

179 Vgl. Betz, Licht vom unerschaffnen Lichte, S. 77.
180 Betz, Licht vom unerschaffnen Lichte, S. 77. Das Taufgeschirr erinnert an die Geschenke, die Antonia den Kirchen in Bad Cannstatt, Neubulach, Weiler zum Stein, Schorndorf, Herrenburg und Brackenheim machte; vgl. dazu unten Anhang I und II.
181 Betz, Licht vom unerschaffnen Lichte, S. 77.

Ein Medaillon mit Rosenkreuzer-Symbolik

Zwischen den drei obersten Gestalten der Gottheit ist ein Medaillon angebracht, das die Dreieinigkeit Gottes noch einmal kunstvoll verschlüsselt. Rechts, links und unten steht das hebräische „Heilig, heilig, heilig" (קדוש, קדוש, קדוש/qadosch, qadosch, qadosch), wie es im Buch des Propheten Jesaja die Engel rufen (Kapitel 6, 3), flankiert vom dreigeteilten Gottesnamen Je-Ho-Wah: So wurde der vierbuchstabige Gottesname (→Tetragramm) von der Prinzessin und ihren Beratern ausgesprochen. Während das Trishagion außerhalb einer geometrischen Figur angebracht ist, in der sich ein Kreis, ein Quadrat und ein gleichseitiges Dreieck überschneiden, befinden sich die Buchstaben י (gesprochen *Je*), ה (gesprochen *Ho*) und וה (gesprochen *Wah*) an den drei Ecken des gleichseitigen Dreiecks und somit im Innern des Emblems, das als Andeutung eines →Rosenkreuzer-Zeichens zu verstehen ist.

Die Prinzessin und ihre Berater haben sich nicht gescheut, ein solches Symbol in das Zentrum ihrer Darstellung des dreieinigen Gottes zu setzen![182] Wollen sie an das Jugendwerk Johann Valentin Andreaes erinnern? Der 1654 verstorbene Berater Antonias hatte sich als leitender Geistlicher der württembergischen Kirche vom Gedankengut der Rosenkreuzer seiner Tübinger Jahre, insbesondere von seiner 1616 in Straßburg gedruckten Schrift *Chymische Hochzeit Christiani Rosencreutz*, distanziert – aber das Symbol an dieser prominenten Stelle des Gemäldes ist doch zu auffällig. Beschwichtigend nennt Schmidlin das Dreieck und das in der Mitte ruhende dreiblättrige Kleeblatt ein Symbol der Gegenwart und Einheit der drei göttlichen Personen; das Viereck ergänze die Zahl „zur heiligen Zahl 7".[183]

---

182 Zur Symbolik der Rosenkreuzer: Heindel, Die Weltanschauung der Rosenkreuzer, S. 265; Edighoffer, Die Rosenkreuzer, S. 131–132 (zum Lectorium Rosicrucianum ebd., S. 124–125); https://de.wikipedia.org/wiki/Lectorium_Rosicrucianum#/media/Datei:Symbol_Lectorium_Rosicrucianum_(new).svg (gesehen am 30. 12. 2022).

183 Betz, Licht vom unerschaffnen Lichte, S. 78–79.

Weibliche Figuren, männliche Personalpronomen

Besondere Aufmerksamkeit erfordern auch die hebräischen Inschriften auf den Sockeln, die die zehnte, sechste und erste →Sefira des Hauptbildes tragen. Der Christus des Paradiesgartens wird als „Ich" vorgestellt (hebräisch אני [ani]). Die Prinzessin denkt offenbar an Jesu *Ich-Worte* im Johannesevangelium: „Ich bin der gute Hirte", „Ich bin der Weg, die Wahrheit und das Leben", „Ich bin der Weinstock" … (Johannes 10, 11; 14, 6; 15, 5). Die sechste Sefira, Gottes Abglänzung der Liebe, wird mit dem Personalpronomen „Du" (hebräisch אתה [ata]) in Verbindung gebracht; die oberste Sefira trägt die Inschrift „Er" (hebräisch הוא [hu]). Diese Bezeichnungen gehen auf eine Stelle im Babylonischen →Talmud zurück (Sukka 45a), in der es um das Ritual des Laubhüttenfestes geht: „An jenem Tage umkreist man den Altar einmal und spricht: ‚Ach, Herr, hilf doch, ach, Herr, lass doch gelingen!' Rabbi Jehuda sagt: ‚Ich und Er, hilf doch!'"[184]

Die Pronomen der sechsten und der ersten Sefira beziehen sich, obgleich das Bild weibliche Personen zeigt, grammatisch aber auf das *männliche* Geschlecht. Die hebräische Aufschrift spielt hier offenbar mit der Erwartungshaltung der Betrachter. Bezüglich der sechsten Sefira mag sich für alle, die des Hebräischen nur unzureichend mächtig sind, die Irritation noch dadurch verstärken, dass die a-Endung wohl eher für die weibliche Form erwartet würde. In der Sprache der Bibel bezeichnet aber gerade „ata" (אתה), wie unter der Sefira →*Tif'eret* zu sehen, das männliche und „at" (את) das weibliche „Du". Auf dem Bad Teinacher Schrein wirkt das Nebeneinander von männlichen Personalpronomen und weiblichen Abglänzungen Gottes fast wie eine barocke Form von „Transgender".[185] Man sollte nicht Interessen und Fragestellungen von heute in jahrhundertealte Kunstwerke „hineinlesen". Aber Antonia und ihre Berater stimmten mit den Kabbalisten darin überein, dass Gott Geschlechtergrenzen überschreitet, und sie verwenden bildliche und graphische Darstellungsformen, um diese Erkenntnis zum Ausdruck zu bringen.

Vom *sprechenden* zum *gegenwärtigen* und *verborgenen* Gott

Der Sinn der Zuschreibung des Verhältnisses der einzelnen Manifestationen Gottes zu den Personalpronomen im Hebräischen erschließt sich darüber hinaus von der Grammatik her: In der traditionellen Terminologie, die die jüdischen Grammatiker für die Sprache der Bibel entwickelt haben, werden die Verbformen nicht durchnummeriert („erste", „zweite", „dritte Person"), sondern bekommen Eigennamen. Die erste Person, *ani*, wird als „redend" bezeichnet (hebräisch מדבר [medabber]), die zweite Person, *ata* (weiblich *at*), heißt „gegenwärtig" (hebräisch נוכח [nocheach]), die dritte Person, *hu*, erhält den Beinamen „abwesend" oder „verborgen" (hebräisch נסתר [nistar]). Gottes „Gegenwart" wird von →Gikatilla von Psalm 76, 8 her gedeutet: „Du" (*ata*) bist furchterregend!", woraus ein Gebet entsteht: „Herrsche Du (*ata*) über uns!" Diesem Wunsch steht die

---

184 Traktat Sukka 45a (vgl. Goldschmidt, Der Babylonische Talmud, Band 3, S. 378–379).
185 Morgenstern, Judentum und Gender, S. 13–18.

Aussage von 5. Mose 32, 4 zur Seite: „Gerecht und recht ist Er (*hu*)!"[186] Gottes oberste Abglänzung steht so für die Abwesenheit, Verborgenheit und Rätselhaftigkeit des Rechts und Gerichts Gottes. Die Kabbalisten sehen aber nicht nur die Differenz zwischen den drei Erscheinungsweisen Gottes. Sie betonen auch, dass diese Offenbarungsweisen am Ende zusammenfinden, wenn die Verheißung des Propheten in Erfüllung geht und es zur „Einung" des göttlichen Namens kommt: „An jenem Tage wird JHWH der einzige sein, und sein Name der einzige" (Sacharja 14, 9).[187]

Antonia übersetzt diese Botschaft für sich so: Die in Christus als dem „Ich" Gottes zum Menschen „sprechende" zehnte Sefira führt durch ihre Offenbarung über den „gegenwärtigen" (sechste Sefira) zum „verborgenen" Gott (erste Sefira) hin und klärt über die „verborgenen" Geheimnisse auf. Mit Martin Luthers Liedvers gesprochen: „Den aller Weltkreis nie erschloss, der liegt in Marien Schoß" – der verborgene Gott ist zum redenden, nahen Gott geworden und schließt damit zugleich die verborgenen Seiten Gottes auf.[188]

Das „Tüpfelchen" vom Gesetz im Kuppelaufsatz des Tempels

Dazu passen weitere hebräische Buchstaben, die noch oberhalb der Kuppel des Tempels zu sehen sind: Im ersten (unteren) Kuppelaufsatz zeigt die breite mittlere Nische die Gottesbegegnung, die Mose, hier mit einem Hirtenstab abgebildet, beim Weiden der Schafe seines Schwiegervaters hatte (2. Mose 3). Vor dem auf die Knie gefallenen Hirten erscheint in einem Strahlenkreis ein Dreieck mit dem dreimaligen Buchstaben *Jod* (י) – jenes Zeichens, das das brennende Herz auszeichnete, das die Frau im Eingangsbereich des Paradieses auf ihrer rechten Hand trägt (s. unten). Auf Antonias Tafel wirkt dieses Arrangement wie eine Bestätigung des Satzes Jesu in der Bergpredigt: „Bis Himmel und Erde vergehen, wird nicht vergehen der kleinste Buchstabe noch ein Tüpfelchen vom Gesetz, bis dies alles geschieht" (Matthäus 5, 18). Bei Paulus heißt es, dass „der Buchstabe tötet, der Geist aber lebendig macht" (2. Korintherbrief 3, 6). Antonia, so hat man den Eindruck, sucht und findet „den Geist" aber gerade *in* den Buchstaben.

In der jüdischen Literatur wird die Bedeutung des Buchstabens *Jod* überraschenderweise noch in einer anderen Hinsicht untersucht. Es ist wahrscheinlich, dass die Rabbinen dabei an Jesu Wort vom „Tüpfelchen" anspielen. Im ersten Buch Mose kommt es tatsächlich an einer Stelle vor, dass der „Tüpfelchen"-Buchstabe auf den ersten Blick „verschwindet".[189] Der →Midrasch Genesis Rabba weist darauf hin, dass Abrahams Frau ihren seitherigen Namen Sarai (שרי) verliert und künftig Sara (שרה) heißen soll (1. Mose 17, 15). Der aus Sarais Namen entfernte Buchstabe, so der Midrasch, taucht an anderer Stelle in der Tora aber wieder auf. Denn das vierte Buch Mose berichtet

---

186 Gikatilla, Gates of Light, S. 244–246.
187 Gikatilla, Gates of Light, S. 322–324.
188 Vgl. Evangelisches Gesangbuch, Nr. 23, Strophe 3.
189 Vgl. Morgenstern, Die große Genesis-Dichtung, S. 18.

von einer weiteren Namensänderung, die dazu führt, dass einer späteren Person, nämlich Josua (hebräisch *Joschua*, der zuerst *Hoschea* hieß), der Buchstabe *Jod* hinzugefügt wird.[190]

Der Midrasch erzählt dazu eine Geschichte von Rabbi Schimon ben Jochai, jenem Gelehrten, den die spätere kabbalistische Tradition für den Verfasser des Buches →*Sohar* hält.

„Rabbi Schimon ben Jochai sagte: Das *Jod,* das der Heilige, gelobt sei Er!, Sarai entnommen hatte, flog und schrie vor dem Thron des Heiligen, gelobt sei Er!: ‚Herr der Welt! Weil ich der kleinste Buchstabe bin, hast Du mich der gerechten Sara entnommen.' Der Heilige, gelobt sei Er!, antwortete ihm: ‚Zuvor warst du Teil eines weiblichen Namens (und standest) am Ende (des Namens Sara). Jetzt setze ich dich an den Anfang eines männlichen Namens.' Denn es heißt: ‚Und Mose nannte den Hoschea (הושע), den Sohn des Nun, Jehoschua (יהושע)'" (4. Mose 13, 16).

Für Antonia könnte diese Episode eine Rolle gespielt habe, weil sie auf der Lerntafel ja selbst ebenfalls „Sara" (hebräisch „Fürstin" in Württemberg und Teck) heißt. Zudem kann man den Midrasch so verstehen, dass der Sara-Name durch diese Operation mit dem hebräischen →Jesusnamen verbunden wird. Die „Fürstin Sara" Antonia, die das *Jod* „verloren" hat, bringt diesen →Buchstaben auf ihrem Herzen im Eingangsbereich zum Paradies gewissermaßen als Opfer dar. Man mag dabei an das 1653 entstandene Adventslied Paul Gerhardts denken, das die Prinzessin kannte: „Mein Herze soll dir grünen/in stetem Lob und Preis/und deinem Namen dienen/so gut es kann und weiß."[191]

Über dieser besonders geheimnisvollen Abbreviatur des Gottesnamens ist das Monogramm der Prinzessin abgebildet, das wir bereits als Motiv der Schmuckspange der Braut kennen, wie sie Christus auf dem Außenbild gegenübersteht. Direkt darüber in der Krone, die das Bauwerk abschließt (für Antonia die „Krone des Lebens" nach

Gottesbegegnung Moses beim Weiden der Schafe seines Schwiegervaters – über ihm ein Dreieck mit dem dreifachen Buchstaben Jod

---

190 Die hebräischen Namensformen *Hoschea* und *Jehoschua* unterscheiden sich hinsichtlich ihrer Konsonanten nur durch das hinzugefügte *Jod*. Die veränderte Vokalisierung (*Jehoschua*) ist im Konsonantentext unsichtbar. Josua, der Nachfolger Moses, heißt in der griechischen Bibelübersetzung (Septuaginta) *Jesus:* die hebräische Namensform *Jehoschua* ist eine Variante des Namens *Jeschua*. Nach Rabbi Jehoschua (!) ben Qarcha wurde der Buchstabe *Jod* hinsichtlich seines Zahlenwerts geteilt (*Jod* = 10): Eine Hälfte erhielt Abram, der nach 1. Mose 17, 5 mit dem hebräischen Buchstaben *He* (ה=5) künftig „Abraham" heißen sollte, die andere Hälfte Sara (שרה), in deren Namen das *Jod* durch den Buchstaben *He* ersetzt wurde. Vgl. Morgenstern, Die große Genesis-Dichtung, S. 18 (Genesis Rabba 47, 1).

191 Evangelisches Gesangbuch für die Evangelische Landeskirche in Württemberg (1996), Nr. 11 (Wie soll ich dich empfangen, Strophe 2). Mein Dank Monika Garruchet für diesen Hinweis.

Offenbarung 2, 10), ist über der Ankerstange in dem hebräischen Schriftzug das Schin (שׁ) zu erkennen: Der Buchstabe, der nach Reuchlin – in das Tetragramm eingesetzt – den Namen Jesu hörbar macht.

In der Mitte der Krone stehen rechts und links dieses wirkmächtigen *Schin* hier aber nicht die Buchstaben des →Gottesnamens. Stattdessen lesen wir die hebräische Wendung *hu natan* – „er hat gegeben": Offenbar eine Antwort auf die Verheißung, die Antonia im Mottovers ihres Kunstwerks (Psalm 37, 4) gefunden hat. Gott hat den Herzenswunsch der Prinzessin erfüllt. Er hat ihr das „Schin" gegeben und den Jesusnamen für sie aussprechbar gemacht. In Verbindung mit dem Anagramm der Prinzessin gelesen, ergeben die hebräischen Konsonanten des „er hat gegeben" auch die Bestandteile ihres Namens: Antonia.

Oberhalb, eingraviert in die mittlere dreieckige Zacke der Krone, steht noch in kalligraphischer Verzierung ein Alef (א). Der erste Buchstabe des hebräischen Alphabets, gerade an dieser Stelle, ist vielfältig deutbar. Otto Betz sieht in ihm eine Andeutung des Satzes „Ich werde sein, der ich sein werde" (hebräisch: ähjä aschär ähjä / אהיה אשר אהיה) aus 2. Mose 3, 14. Dieser Satz ist bei Gikatilla zugleich ein Gottesname der ersten Sefira.[192] Vielleicht wird aber auch auf das oberhalb des Bildrahmens vorstellbare „Unendliche" (hebräisch „En Sof" [אין סוף]) angespielt, das ebenfalls mit einem Alef beginnt. Dem Midrasch Genesis Rabba ist es wichtig zu betonen, dass die Sinai-Offenbarung mit einem Alef beginnt: „Ich (אני/ani) bin der HERR, dein Gott" (2. Mose 20, 2).[193] Dieses Zeichen, das ja ohne einen begleitenden Vokal stumm bleibt, ist auch als *Alef ineffabile* zu lesen – als ehrfurchtsames Schweigen vor Gott.[194]

---

192 Betz, Licht vom unerschaffnen Lichte, S. 21 und 80.
193 Morgenstern, Die große Genesis-Dichtung, S. 17.
194 Zu den Bewegungen der Zunge und der Konstellation von Lippe und Gaumen bei der Artikulation der hebräischen Buchstaben vgl. die Skizze, die der christliche Kabbalist Franciscus Mercurius von Helmont (1618–1699), ein enger Freund und Mitarbeiter des in Sulzbach (Oberpfalz) wirkenden Gelehrten Christian Knorr von Rosenroth (1636 –1689) veröffentlichte (abgebildet bei: Kilcher, Die Sprachtheorie der Kabbala, S. 141).

„Gott ist im Fleische"

Eine weitere Möglichkeit wäre, in dem Zeichen einen Hinweis auf den Anfangsbuchstaben des Namens der Prinzessin zu sehen. Das Alef am oberen Bildende würde dann auf den Schwerpunkt des Gemäldes zurückverweisen, das – für Betrachter, die am Fuß des Bildes stehen, sind die letztgenannten Buchstaben ohnehin schlecht erkennbar! – nicht am oberen Bildende, sondern unten liegt.

Gottsucherin am Eingang des Paradiesgartens.

Dort sucht eine grün gekleidete weibliche Gestalt, sei es die Prinzessin selbst, sei es in ihrem Gefolge jede andere „gläubige Seele"[195], Eingang in den Paradiesgarten. In diesem Garten ist Gott schon jetzt gegenwärtig; er spricht zu ihr und damit zu uns allen. In ihrer rechten Hand streckt sie Christus, der inmitten der Wege und Wasserarme des Paradieses steht, ihr von Liebe zu Gott entflammtes Herz entgegen, in das der dreifache Buchstabe *Jod* (׳) eingraviert ist. Die Verheißung aus Jeremia 31, 33 („ich will mein Gesetz in ihr Herz schreiben") wurde von den christlichen Auslegern immer „geistlich" gedeutet. Oft wurde dies abwertend gegenüber dem „fleischlichen" Verständnis der Juden verstanden. Hier aber ist Antonias „fleischliches" Herz sichtbar; jede Polemik gegenüber dem Judentum fehlt. Mit dem Liederdichter Gerhard Tersteegen scheint die Prinzessin zu singen: „Gott ist im Fleische: wer kann dies Geheimnis verstehen? Hier ist die Pforte des Lebens nun offen zu sehen. Gehet hinein!"[196]

---

195 Zur Kontroverse über die Frage, wen die Frau im grünen Kleid darstellt, siehe unten den Abschnitt „Wer ist die Frau im grünen Kleid?"

196 Gerhard Tersteegen (1731); vgl. Evangelisches Gesangbuch Nr. 41, Strophe 4.

Der Paradiesgarten

In der zentralen Szene des Hauptbildes des Schreins, steht Christus inmitten eines Kreises von →zwölf Figuren, die als Darstellungen der Stämme Israels gedeutet werden. Diese Figuren werden jeweils von einem für den Stamm charakteristischen Tier, einem Baum, einem Edelstein und einem Tierkreiszeichen begleitet. Erst oberhalb des Gartens

Die zwölf Stämme Israel im Paradies – in der Mitte steht Christus, die zehnte Sefira inmitten der Paradiesströme, die den Garten bewässern.

erhebt sich als dreiteiliges Bauwerk der Tempel, die Stätte des Gottesdienstes, auf dessen Seitenstufen die vier Evangelisten des Neuen Testaments Platz genommen haben. Noch entfernter stehen, merkwürdig in den Hintergrund gedrängt, die zwölf Apostel.

Dieses Arrangement spricht deutlich dafür, dass das Bild kein auf den Übergang ins Jenseits ausgerichtetes Mysteriendrama darstellt. Es bleibt in der irdischen, durch *jüdische* Symbole geprägten Gegenwart verwurzelt. Besonders zu beachten ist, dass die Prinzessin darauf

verzichtet hat, die Stämme Israels durch die neutestamentlichen Apostel zu ersetzen, wie es für eine christlich-konsequente Uminterpretation der Kabbala vielleicht nahegelegen hätte.

Die Zentralstellung der Stämme Israels bedeutet darüber hinaus, dass Antonia am gesamten Kosmos interessiert ist: Jedem Stammesfürsten sind für ihn charakteristische Tiere, Pflanzen, Edelsteine und Sternzeichen zugeordnet. Bei den Pflanzen steht, soviel geht aus Schmidlins *Pictura docens* hervor, die botanische Theorie des Schweizer Arztes und Naturphilosophen Paracelsus (1493/1494–1541) im Hintergrund, der mit der geheimnisvollen, durch den Einfluss von Planeten vermittelten Heilwirkung von Pflanzen rechnete.[197] Schmidlin geht auch davon aus, dass die Himmelskörper, vermittelt über Edelsteine und Mineralien, einen Einfluss auf das Wachstum der Pflanzen und Bäume ausüben.

Die zwölf Edelsteine

Die Edelsteine, sie erscheinen auf den Agraffen der zwölf Jakobssöhne, entsprechen den wertvollen Steinen, die der Hohepriester im Jerusalemer Tempel nach 2. Mose 28, 17–21 und 39, 8–14 auf seiner Brusttasche (hebräisch: *Choschen*) über seinem Ephod, einem westenähnlichen Kleidungsstück, trug. Im Zentrum des Innenbildes, im Inneren des Tempels, werden diese Edelsteine erneut sichtbar: Sie sind abgebildet auf der Brusttasche des Hohenpriesters Aaron, auf dessen Stirn im Kopfbund die eingravierten Worte קדש ליי (abgekürzt für קדש ליהוה – qodesch ladonai, d. h. „heilig für JHWH") sichtbar sind.[198] Man glaubt auch zu erkennen, dass sein Ephod nach den Vorschriften in 2. Mose 28, 6 („aus Gold, blauem und rotem Purpur, Scharlach und gezwirnter, feiner Leinwand") gefertigt wurde. Im Neuen Testament (Offenbarung 21, 19–20) sind die zwölf Steine – in anderer Anordnung und mit anderer Bezeichnung – die Grundsteine der Mauer der vom Seher Johannes erwarteten neuen Stadt Jerusalem. Erneut verzichtet die Lerntafel darauf, die Motivwelt des Alten Israel zu „christianisieren". Sie belässt es bei den zwölf Stämmen Israels und den ihnen zugeordneten Steinen. Bei Gikatilla folgt die Zuordnung der Edelsteine der Reihenfolge des Alters der Jakobssöhne.[199] Demnach ergibt sich folgendes Schema:

---

197 Schmidlin, Pictura docens, Einleitung, S. LV.
198 Vgl. Betz, Licht vom unerschaffnen Lichte, S. 68. Betz meint (S. 99, Anm. 104), dass der Gottesname auf dem Stirnband keinen Platz mehr gefunden habe, doch hat der Maler wohl die im Hebräischen übliche Abkürzung des Tetragramms wiedergegeben.
199 Die folgende Aufstellung folgt Betz, Licht vom unerschaffnen Lichte, S. 43. Da wir nicht sicher sind, ob die Lerntafel dem Vorbild Gikatillas – mit Bezug auf die Reihenfolge der Stämme Israels – in *jeder* Hinsicht folgt, und da die Steine auf dem Bild nicht deutlich erkennbar sind, handelt es sich hier nur um einen ungefähren Anhaltspunkt zum Verständnis der Edelsteine auf der Lerntafel.

Ruben – Sarder	Simeon – Topas	Levi – Smaragd
Juda – Rubin	Dan – Saphir	Naftali – Diamant
Gad – Lyncureus	Asser – Achat	Issaschar – Amethyst
Sebulon – Türkis	Josef – Onyx	Benjamin – Jaspis

Historisch gesehen handelt es sich um eine Zusammenstellung von Materialien, die höchste Heiligkeit und Reinheit repräsentieren und Elemente priesterschriftlicher Theologie sind. Die Autoren der Bibel versuchten hier, die Welt der Mineralien mit den Möglichkeiten der damaligen Wissenschaft zu ordnen – das heißt als schöpfungsmäßig geordnet zu verstehen.[200] In den Schriften der →Rosenkreuzer und anderen esoterischen Bewegungen wurden den zwölf Edelsteinen heilsame Wirkungen zugeschrieben, oder sie wurden (und werden) im Zusammenhang →alchemistischer und →magischer Theorien gedeutet. Auch Schmidlin schrieb den Steinen geheimnisvolle Kräfte (*mysticae virtutes*) zu und sprach von ihrer Erkenntnis bewirkenden Macht (*virtutum gnosticae gemmae ponderantur*).[201] Die Wirkungen der Steine verstand er aber in einem übertragenen Sinn. Bei ihren Trägern beförderten sie sittliche Regungen. Ruben, der „Blutschänder" (*incestuosus*), der mit der Nebenfrau seines Vaters geschlafen hatte (1. Mose 35, 22), sei – so Schmidlins lateinisches Wortspiel – durch die rötliche Farbe (lateinisch *subrubens*) des Sarders dazu angeregt worden, zu „erröten" (lateinisch *erubescere*) und sich zu bessern.[202] Der „feurig funkelnde Rubin, der die tiefste Finsternis durchdringt", zeige, „dass das Licht des Sterns, der aus Juda hervorgehen würde, überall verbreitet werden solle." Dieses Sternenlicht habe, so Schmidlin weiter, „mit seiner Heilkraft gegen Zorn, Traurigkeit, Gift und Gier die lebensspenden Kräfte im Messias ganz deutlich zu Ausdruck gebracht."[203]

Pflanzenkunde und Sternenwelt

Besonders interessiert war Antonia an den Pflanzen, ihren Wirkungen und ihrer Symbolik. In ihrem Nachlass wurden zwei Gartenbücher gefunden; ihre Freunde nannten sie mit einem griechischen Wortspiel gelegentlich *Anthonaia*, „Blumenkennerin".[204] All dies, auch die alchemistischen Spekulationen, die sich mit dem Weltbild des Paracelsus verbanden, war für die Gelehrten des 17. Jahrhunderts in gewisser Hinsicht Allgemeingut. Was das Gemälde Antonias im Kontext ihrer Zeit aber hervorhebt, ist die Einzeichnung der gesamten kosmischen Ordnung einschließlich der Sternzeichen in das System der Stämme Israels.

---

200 Vgl. Keel, Die Brusttasche des Hohenpriesters.
201 Schmidlin, Pictura docens, S. 155.
202 Vgl. Schmidlin, Pictura docens, S. 69 und 155; Betz, Licht vom unerschaffnen Lichte, S. 43
203 Schmidlin, Pictura docens, S. 155; vgl. die Anspielung auf 4. Mose 24, 17.
204 Schmidlin, Pictura docens, Einleitung, S. LV.

Der Stammesfürst Dan mit Waage und Richterstab, der eine Schwurhand an der Spitze trägt. Zu seinen Füßen liegt der Eselskinnbacken, mit dem der Daniter Samson 1000 Philister erschlug.

Dieses Verständnis kosmischer Zusammenhänge hat Wurzeln, die tatsächlich auf das Judentum zurückgehen und auch älter sind als die mittelalterliche →Kabbala. Schon der wiederholt zitierte spätantike →Midrasch Genesis Rabba geht von einer Einwirkung der Himmelskörper auf das irdische Geschehen aus. In seinen Ausführungen zu 1. Mose 2, 1 heißt es: „Es gibt für dich kein Kraut und keine Pflanze unten, die nicht einen Stern im Himmel hätte, der sie erschüttert und sagt: Wachse." Reuchlin führt diesen Text in seinem Werk *De arte cabalistica* an und interpretiert ihn kabbalistisch.[205] Allerdings tritt diese Motivik in Antonias Schrein etwas zurück. Der Maler hat die Sternzeichen so versteckt, dass man sie auf dem Bild fast mit der Lupe suchen muss: Das dem Stammesfürsten Asser zugeordnete Zeichen des Wassermanns etwa ist auf dem Traubenpokal verborgen, den Asser in der Hand hält, und Dans Tierkreiszeichen, der Steinbock, schmückt, kaum zu erkennen, seine kunstfertig gestaltete Schmuckspange. Wie Wassermann und Steinbock werden auch die anderen Sternzeichen beherrscht von Christus, dem in der Mitte der Söhne Jakobs aufgehenden Stern (4. Mose 24, 17). Von ihm handelt der Vers des Liederdichters Paul Gerhard aus dem Jahre 1666: „Jakobs Stern ist aufgegangen, stillt das sehnliche Verlangen, bricht den Kopf der alten Schlangen …"[206]

Im Midrasch Genesis Rabba findet sich auch ein Traditionsstück aus der Frühzeit der rabbinischen Literatur, das für die späteren Kabbalisten wichtig wurde. Es zeigt, wie die jüdischen Weisen sich das Entsprechungsverhältnis von oberer und unterer Welt dachten – und wie dieses Verhältnis auf dem Bad Teinacher Bild zu deuten ist. Die zwölf Sternzeichen des Himmels und die zwölf Stunden des Tages (und mit ihnen die zwölf Nachtstunden), also der gesamte Kosmos in seiner zeitlichen und räumlichen Ausdehnung, werden hier den Jakobssöhnen zugeordnet. Der Midrasch fügt hinzu, die Zwölf seien wie der Staub der Erde und wie die Tiere des Feldes: Sie repräsentieren alles, was auf der Erde lebt und wächst.

---

205 Genesis Rabba 10, 6 (Krupp, Midrasch Bereschit Rabba, S. 41); vgl. Reuchlin, De arte cabalistica, S. 413.
206 Evangelisches Gesangbuch Nr. 39, Strophe 5.

Die Fehler und Mängel der zwölf Stammesfürsten

Die kosmische Ordnung ist nach dem Midrasch aber nicht nur gefährdet, sie ist bereits zerbrochen. Diese Erkenntnis war den jüdischen Weisen besonders wichtig. Wenn sie an den Sündenfall dachten, kam ihnen zugleich der verlorene Krieg der Juden gegen die Römer und die Zerstörung des Jerusalemer Tempels in den Sinn. Die Existenz der Juden in der Zerstreuung und im Exil war ihnen ein bleibendes Zeichen dafür, dass die Welt unerlöst ist und auf den Messias wartet. Auch Antonia hatte die Vergänglichkeit zuvor als fest und stabil geglaubter Ordnungen erfahren. Das Arrangement der Jakobssöhne auf ihrem Altarschrein ist deshalb kein Abbild des vollständig erneuerten Paradieses, der Garten ist kein „perfekter Garten Eden". Die zwölf Brüder tragen die Merkmale der gefallenen Welt an sich; ihre Fehler und Mängel, selbst ihre Untaten sind deutlich sichtbar.

Ruben im Zwölfstämmekreis mit dem aus dem Krug verschütteten Wasser und Wappen.

Der Bad Teinacher Schrein folgt also der rabbinischen Auslegung, wenn er das Motiv der kosmischen Unordnung in das Beziehungsgefüge der Jakobssöhne hineinprojiziert. Die zehn älteren Brüder, die Josef nach Ägypten in die Sklaverei verkauften, so der Midrasch, waren wie zehn Sterne, die einen Stern vernichten wollten, es aber letztlich nicht konnten. Hatte Josef nicht geträumt, dass „die Sonne, der Mond und elf Sterne sich vor ihm verneigten" (1. Mose 37, 9)? War dieser Traum nicht wahrgeworden, als Josef Vizekönig von Ägypten geworden war?[207]

Weitere Familienkonflikte kamen hinzu. Sie spiegeln sich im rätselhaften Text des Segens, den der Erzvater Jakob vor seinem Tod über seinen Söhnen sprach: Dieser „Segen" klingt an einigen Stellen eher wie ein Fluch: Es heißt hier, dass „Ruben wie Wasser aufwallte", als er sich an

---

207 Vgl. Krupp, Midrasch Bereschit Rabba, S. 506 und Morgenstern, Die große Genesis-Dichtung, S. 119.

Jakob segnet die zwei Söhne Josefs, Efraim und Manasse – Darstellung auf der linken inneren Tempelsäule (links der Säule „Boas")
(siehe Seite 126–127, Nr. 74).

Bilha, der Nebenfrau seines Vaters, verging und Jakobs Bett entweihte (1. Mose 35, 22): Als Konsequenz seiner sexuellen Verfehlung musste er den ihm als dem Erstgeborenen ursprünglich zugedachten Ehrenplatz zugunsten Judas räumen (1. Mose 49, 3–4). Auf Antonias Tafel verschüttet Ruben mit der linken Hand Wasser aus einem Krug; in dem Wasserstrahl hat der Maler sein Sternzeichen versteckt, einen rotfarbigen Krebs. Sein Wappenschild zeigt, als Zeichen der ihm genommenen Würde, zwei geknickte Stäbe, eine umgestürzte Krone und einen umgestoßenen Weihrauchkessel.

Auf das Verbrechen, Rubens Vertrauensbruch gegenüber dem Vater und (wie man vermuten kann) die Misshandlung Bilhas, folgte eine weitere Gewalttat. Jakobs zweiter Sohn Simeon hatte gemeinsam mit seinem Bruder Levi eine alles Maß überschreitende Bluttat verübt. Beide wollten das an ihrer Schwester Dina getane Unrecht rächen; sie überfielen die „friedliche Stadt Sichem" und töteten dort alle Männer (1. Mose 34, 25). Antonias Tafel präsentiert Simeon mit gezücktem Schwert in seiner rechten Hand. In der biblischen Parallele zum Jakobssegen, im Segen Moses über die Stämme Israels (5. Mose 33), hat Jakobs zweiter Sohn seinen Platz ganz verloren und taucht nicht mehr auf. Der in 1. Mose 49, 7 ausgesprochene Fluch („ich will sie versprengen und zerstreuen") hat sich hier erfüllt. In diesem sehr späten (bibelwissenschaftlich gesprochen: nachpriesterschriftlichen) Text treten Ephraim und Manasse, Josefs Söhne, an seine Stelle.

Efraim und Manasse? Oder Levi und Josef?

Die Erwähnung der Josefsöhne lässt Bibelkundige daran denken, dass die beiden durch ein Missgeschick Jakobs verwechselt worden waren. Als der Erzvater seine Enkel auf Bitten Josefs hin segnete, hatte er seine Hände vertauscht und zunächst Efraim, den Zweitgeborenen, und erst anschließend Manasse gesegnet (1. Mose 48, 13–20). Bis heute sprechen fromme Juden dieses Gebet allabendlich, wenn sie ihre Kinder vor dem Zubettgehen segnen und halten so die Erinnerung an das biblische Geschehen wach. All dies haben die Schöpfer des Bad Teinacher Schreins ins Bild gesetzt.

Efraim und Manasse? Manasse und Efraim? Welches war die richtige Reihenfolge? Und konnte Josef, ihr Vater, noch seinen Platz im Zwölferkreis behalten? War künftig von einem Kreis von dreizehn Stämmen auszugehen? Schmidlin nennt in seiner *Pictura docens* nicht nur die Jakobssöhne in der Reihenfolge, in der sie das Licht der Welt erblickten, sondern fügt hinter Josef (vor Benjamin) noch Efraim und Manasse hinzu. Waren ursprünglich gar vierzehn Gestalten für den Paradiesgarten bestimmt? Oder war der Stamm Levi, der nach biblischem Bericht kein eigenes Stammesgebiet zugeteilt bekam, sondern den Tempeldienst in Jerusalem zu versehen hatte, aus der Zwölfergruppe auszuschließen? Otto Betz fügt dieser Deutung eine theologische Erklärung hinzu: „Da aber das neue Israel der Lehrtafel sich nicht mehr um die Stiftshütte und ihre Diener, sondern um Christus als Zentrum schart, verliert Levi hier seine Sonderstellung und tritt in den Kreis der Brüder zurück. Außerdem werden Efraim und Manasse, die als Adoptivsöhne Jakobs den Status von Begründern zweier selbständiger Stämme hatten, gemeinsam durch Josef repräsentiert."[208]

Eine Lösung des Rätsels könnte sein, dass Antonias Tafel dem Konzept →Gikatillas folgt, indem sie die Enkel Jakobs in den Paradiesgarten aufnimmt und Josef ausschließt. So stellt es jedenfalls ein Entwurf Strölins für Antonias Schrein dar, mit dem Reinhard Gruhl argumentiert hat.[209] Dieser Deutung steht aber die Tatsache entgegen, dass Efraims Darstellung im Bilderschrein sich an den Attributen orientiert (der Bogen!), die sein Vater im Jakobssegen erhält: „Obwohl ihn die Schützen erzürnen und gegen ihn kämpfen, bleibt doch sein Bogen fest und seine Arme und Hände stark" (1. Mose 49, 23–24).

Die Verwirrung in der Jakobsfamilie, die schon in der Bibel zu beobachten ist, steigert sich in der späteren jüdischen Tradition noch weiter. Im Midrasch Genesis Rabba heißt es, dass Jakobs Söhne nach dem Tode ihres Vaters befürchteten, nun werde ihr Bruder an ihnen Rache dafür nehmen, dass sie ihm einst nachgestellt und seinen Verkauf als Sklave nach Ägypten veranlasst hatten. Aus Angst vor dem zum ägyptischen Großwesir aufgestiegenen Josef ließen sie ihm eine Botschaft zukommen: „Dein Vater befahl vor deinem Tode und sprach: ‚So sollt ihr zu Josef sagen: Vergib doch deinen Brüdern die Missetat und ihre Sünde, dass sie so übel an dir getan haben.' Nun vergib doch diese Missetat an uns, den Dienern des Gottes deines Vaters" (1. Mose 50, 16–17).[210] Die Autoren des Midrasch, die den Bibeltext sorgfältig gelesen haben, bemerken feinsinnig, dass von einer solchen Bitte vor Jakobs Tod nirgendwo die Rede ist. Offenbar hatten Josefs Brüder zum Mittel einer Notlüge gegriffen! Jedenfalls brach der Großwesir in Tränen aus und vergab seinen früheren Peinigern. Und doch waren nicht alle Konflikte der Jakobsfamilie einfach vergessen. Auf dem Innenbild des Bad Teinacher Schreins sind sie ebenso präsent wie im weiteren Verlauf der Geschichte Israels, wie die Bibel ihn schildert. Als Mose vor seinem Tod die israelitischen Stämme segnete, war der Stamm Ruben bereits so klein und unbedeutend geworden, dass er ihm wünschte, an Zahl zuzunehmen, um „zu leben und nicht zu sterben" (5. Mose 33, 5).

---

208 In der dritten Auflage des Bildbandes hat Isolde Betz den letzten Satz modifiziert. Er lautet nun: „Ephraim und Manasse, Josefs Söhne, die als Adoptivsöhne Jakobs den Status von Begründern zweier selbständiger Stämme erlangt haben, treten an die Stelle von Josef und Levi" (Betz, Licht vom unerschaffnen Lichte, 3. Auflage 2000, S. 42; vgl. auch dort S. 5 und S. 103).
209 Gruhl, Die kabbalistische Lehrtafel, S. 187ff.
210 Genesis Rabba 100, 9; vgl. Morgenstern, Die große Genesis-Dichtung, S. 119.

Der Stammeskreis und die Zuordnung der hebräischen Monatsnamen

Wir haben Grund zu der Annahme, dass auch der Beraterkreis der Prinzessin bei der Bewältigung der sich aus der Konzeption der Lerntafel ergebenden Aufgaben nicht immer einer Meinung war. Vielleicht wird dies noch an einem weiteren Problem auf dem Innenbild des Schreins sichtbar: der Anordnung der Jakobssöhne. Welcher Logik folgt die Reihenfolge ihrer Aufstellung im Paradiesgarten? Da die Motive der den →zwölf Brüdern zugeordneten Tiere, Pflanzen und anderen Utensilien häufig auf den Jakobssegen (1. Mose 49) und den Mosesegen (5. Mose 33) zurückgehen, versuchte die Forschung lange Zeit, die bildliche Darstellung mit diesen Ordnungen in Übereinstimmung zu bringen. Doch folgt die Lerntafel weder der Reihenfolge in den beiden Segenskapiteln noch – was auch nahegelegen hätte – dem Alter der Jakobssöhne. Es hat sich vielmehr herausgestellt, dass die Brüder, wie schon bei Gikatilla, so aufgestellt sind, dass es der Ordnung des Heerlagers Israels in der Wüste entspricht, wie sie in 4. Mose 2 geschildert ist.[211]

Diese Lagerordnung sieht die Aufteilung der Stämme in vier Trios vor, die sich auf vier Himmelsrichtungen verteilen – für die visuelle Darstellung ein Vorteil: So kann der kosmologische Bezug gut veranschaulicht werden.[212] Antonias Schrein gibt diese Lagerordnung aber in einer eigenwilligen Interpretation wieder, indem er die Anführer der Dreiergruppen nicht auf den ersten, sondern auf den mittleren Platz stellt. Wird damit die biblische Vorschrift visualisiert, nach der die untergeordneten Stämme einer Dreiergruppe sich jeweils neben den tonangebenden Stamm lagern sollten?[213]

Kalendarische Unordnung

Dazu passt aber nicht, dass mit der Neuordnung der Stämme auf dem Bild die Reihenfolge der Tierkreiszeichen und der entsprechenden Monate durcheinandergerät: Folgt man dem Innenbild des Schreins, steht im Bereich des Frühlings der Stamm Issaschar (im Tierkreis des Stiers, der zum zweiten Frühlingsmonat Ijar gehört) rechts unten außen, gefolgt von Juda (im Tierkreis des Widders, dem der erste Frühlingsmonat Nisan zugeordnet ist) und Sebulon in Richtung Mitte (mit dem Sternzeichen Zwillinge und dem dritten Frühlingsmonat Siwan). Kann so von einer stimmigen kosmischen Ordnung die Rede sein? Man ist versucht, an das kalendarische Durcheinander zu denken, das nach der Einführung des gregorianischen Kalenders im Deutschen Reich entstanden war. Nachdem der zuvor geltende julianische Kalender, der astronomisch ungenau war, dazu

---

211 Bibelwissenschaftlich gesprochen, handelt es sich hier um das Bild des Zwölf-Stämme-Volkes, wie es die (im Babylonischen Exil oder kurze Zeit nach dem Exil verfasste) Priesterschrift zeichnet. Orientiert man sich an der Entstehungsgeschichte der biblischen Texte, wie die alttestamentliche Wissenschaft sie herausgearbeitet hat, so wurde die Liste der zwölf Stämme in 5. Mose 33 (dort ist der Stamm Simeon herausgefallen) danach noch einmal modifiziert.
212 Gruhl, Die kabbalistische Lehrtafel, S. 187.
213 Betz, Licht vom unerschaffnen Lichte, S. 44.

geführt hatte, dass der Zusammenhang des Ostertermins mit dem Frühjahrsvollmond nicht mehr korrekt zu bestimmen war, hatte Papst Gregor XIII. 1582 den nach ihm benannten neuen Kalender eingeführt, der seither in den katholischen Territorien galt. In den protestantischen Gebieten wurde die neue Regelung aber nicht anerkannt: Sie stammte ja vom Papst! Zu Antonias Lebzeiten existierten im Deutschen Reich daher der alte und der neue Kalender gleichzeitig und nebeneinander – eine Praxis, die in den kleinteiligen Territorien Südwestdeutschlands, besonders in den württembergischen Enklaven, für einiges Durcheinander sorgte.[214]

Die Bad Teinacher Tafel weist demgegenüber darauf hin, dass nach biblischer Zeitrechnung das Jahr im Frühjahr mit dem Frühlingsmonat Nisan beginnt (2. Mose 12, 2): „Dieser Monat soll euch der erste Monat sein!" Sicherlich war sich Antonia bewusst, dass sie nach dem rabbinischen Kalender in diesem Monat geboren wurde, dem Monat des jüdischen Passah- wie des christlichen Osterfestes. Der 24. März 1613, der Tag, an dem sie nach dem julianischen Kalender (= 3. April nach dem gregorianischen Kalender) das Licht der Welt erblickte, war zugleich der 12. Nisan, 5373 Jahre nach Erschaffung der Welt.[215] Wie Juda, der – so Schmidlin – „als erster die aufgehende Sonne begrüßt hat wie schon das beginnende Jahr"[216], erblickte sie in der Wiege das Schöpfungslicht des Frühlings. Dass es dann aber Efraim sein soll, der (so Schmidlin weiter[217]) als Vertreter des Spätsommers das scheidende Jahr verabschieden soll, will zu dieser Kalenderstruktur nicht recht passen: Wenn Neujahr am 1. Nisan ist, müsste das Jahr nach dem biblischen Kalender ja im spätwinterlichen Monat Adar enden, nach unserer Lerntafel also mit dem Stammesfürsten Naftali. Offenbar spiegelt die Lerntafel ein Wissen darum, dass sich auch im jüdischen Kulturkreis zwei Kalenderkonstruktionen gegenüberstehen:

---

214 Vgl. Rüpke, Zeit und Fest, S. 200–207 und Walton/Walton, Geometrical Kabbalahs; zur Diskussion über die Kalenderreform in den protestantischen Gebieten Deutschlands in der zweiten Hälfte des 17. Jahrhunderts vgl. Koller, Strittige Zeiten, S. 278–408. Der Ulmer Pfarrer, Mathematiker und Astronom Wolfgang Bachmeyer (1597–1685), der in Straßburg und Tübingen studiert hatte und mit Wilhelm Schickard und Johannes Kepler bekannt war, befasste sich 1653 und 1654 ausführlich mit Überlegungen zur Kalenderreform. Dabei legte er besonderes Gewicht auf Fehler bei der Berechnung des Ostertermins (Koller, Strittige Zeiten, S. 297–305). – Zu diesem Thema äußert sich Schmidlin (Pictura docens, S. 180) etwas rätselhaft: „Wenn es beliebt, den Ablauf der Zeiten rückwärts zu verfolgen, dann sind hier die besseren Taten der beiden besseren Welten auf einem Bild (lateinisch *tabula*) zusammengetragen." Soll die Rückwärtsverfolgung der Chronologie (lateinisch *retro*) ein Mittel empfehlen, um den Kalenderstreit zu lösen? Ist der jüdische Kalender gemeint, der mit der Schöpfung der Welt beginnt? Vielleicht ist gemeint: Dann „sind hier (d. h. auf Antonias Tafel) die wirkmächtigen geschichtlichen Ereignisse (lateinisch *potiora gesta*) beider Welten (beider Zeitrechnungen?) auf einer (kalendarisch zu interpretierenden?) Tafel zusammengefügt (lateinisch: *congesta*)?"

215 Der Ostersonntag fiel in diesem Jahr mit dem Beginn des jüdischen Passahfests zusammen (7. April[Greg] = 28. März[Jul] = 16. Nisan).

216 Schmidlin, Pictura docens, S. 173.

217 Da Efraim das Sternkreiszeichen „Waage" zugeordnet ist, das dem Monat Tischri entspricht, endet das jüdische Jahr nach dem heute geltenden rabbinischen Kalender freilich mit dem Monat Elul (Sternzeichen „Jungfrau"), der in Antonias Paradiesgarten vom Stamm Gad repräsentiert wird.

Rabbinische Juden feiern ihr Neujahrsfest (Rosch ha-Schana) bekanntlich im siebten Monat (vom Monat Nisan ausgezählt), am 1. Tischri, also im Herbst – sie halten im →Talmud aber ihr Wissen, dass es biblisch einmal anders war, fest. Die Zeitrechnung, die einst im Paradies galt – diese Hoffnung sollen gebildete Betrachter der Lerntafel hegen – soll dereinst wieder gelten, wenn mit der zwischen den Konfessionen strittigen Frage um den korrekten Ostertermin auch alle mathematischen Rätsel der Astronomie und →Astrologie gelöst sind.

Der Stammeskreis und die Zuordnung der hebräischen Monatsnamen

Westen		Levi (?)	Gad	Süden
		Manasse (?)	Elul	
		Marcheschwan	(6. Monat)	
		(8. Monat)	August/Sept.	
		Okt./Nov.		
	Josef (?)		Ruben	
	Efraim (?)		Tammus	
	Tischri		(4. Monat)	
	(7. Monat)		Juni/Juli	
	Sept./Okt.			
Benjamin				Simeon
Kislew				Av
(9. Monat)				(5. Monat)
Nov./Dez.				Juli/August
Naftali				Issaschar
Adar				Ijar
(12. Monat)				(2. Monat)
Februar/März				April/Mai
	Dan		Juda	
	Tewet		Nisan	
	(10. Monat)		(1. Monat)	
	Dez/Jan.		März/April	
		Asser	Sebulon	
		Schwat	Siwan	
		(11. Monat)	(3. Monat)	
Norden		Jan/Februar	Mai/Juni	Osten

Eine andere Frage ist, ob die Anordnung der zwölf Stämme, die die Lehrtafel zeigt, nicht auch die Möglichkeit zulässt, von einer Art freien Collage aus 4. Mose 2 und 1. Mose 49 auszugehen. Diese Deutung vertrat Otto Betz in der ersten und zweiten Auflage seines Kommentars zur Lehrtafel. Nach seinem Verständnis orientiert sich der Schrein nur formal an der Lagerordnung in 4. Mose 2; inhaltlich, so Betz, reproduziert die Lehrtafel den im Segen des Erzvaters in 1. Mose 49 genannten Zwölferkreis, der hier als „neues Gottesvolk" interpretiert werde.[218] Andererseits haben wir bereits gesehen, dass Antonias Tafel keine konsequente „interpretatio christiana" des Gottesvolks der Bibel bietet.[219] Nicht nur verzichtet sie darauf, die Apostel Jesu Christi an die Stelle der Jakobssöhne zu setzen, sie ignoriert auch die Neukonzeption des Zwölfstämmeverbandes, wie sie im letzten Buch des Neuen Testaments geboten wird, wo Dan und Efraim fehlen und Josef und Levi an ihrer Stelle stehen (Offenbarung 7, 1–8).[220]

Wer ist die Frau im grünen Kleid?

Ein weiterer Streitpunkt in der neueren Forschung betrifft die Frau im grünen Kleid, die Eingang in den Paradiesgarten sucht. Otto Betz ging davon aus, dass die Prinzessin sich hier selbst dargestellt hat. Auf einem Entwurf für die Lehrtafel aus der Feder Strölins, den Reinhard Gruhl ausfindig gemacht hat, ist aber zu lesen, diese Frau sei „eine gläubige Seele, die den Garten Gottes betritt". In der dritten Auflage von *Licht vom unerschaffnen Lichte* hat Isolde Betz, die Ehefrau des inzwischen verstorbenen Otto Betz, die Darstellung entsprechend geändert, aber im Sinne der Multiperspektivität, die jeder Bildbetrachtung innewohnt hinzugefügt: „Vielleicht muss man angesichts der Vielschichtigkeit der Lehrtafel bei der Deutung der Frau im grünen Kleid gar nicht auf einem Entweder-Oder bestehen, sondern kann beide nebeneinander gelten lassen: die erlauchte, aber demütige Prinzessin und die unbekannte, aber gleichfalls zum Himmel berufene ‚gläubige' Seele, in der jeder und jede Hinzutretende sich selber erkennen darf."[221] Von dem Moment an, als der Schrein in Bad Teinach aufgestellt wurde, gehörte er nicht mehr der Stifterin allein. Er war für alle Besucher der Kirche zur Betrachtung bestimmt, als Einladung zur Meditation und zum Lernen – im Sinne einer Multiperspektivität, die es den betrachtenden Frauen (und Männern) ermöglicht, sich mit der Frau im grünen Kleid zu identifizieren und selbst in den Paradiesgarten einzutreten.

---

218 Betz, Licht vom unerschaffnen Lichte, S. 142.
219 Vgl. demgegenüber Gruhl, Die kabbalistische Lehrtafel, S. 118 und 281.
220 Vgl. Offenbarung 21, 10–14.
221 Betz, Licht vom unerschaffnen Lichte, 3. Auflage 2000, S. 103.

5. Die Kabbala im deutschen Protestantismus

Johannes Reuchlin und Martin Luther

Angesichts der Tatsache, dass die Beziehungen zwischen den strengen Lutheranern der württembergischen Kirche und dem Anliegen von Antonias Bilder- und Buchstabenschrein von Anfang an nicht spannungsfrei waren, stellt sich die Frage, wie die christliche Kabbala insgesamt in die Geschichte der evangelischen Kirche einzuordnen ist.

Was wusste etwa Martin Luther von der Kabbala? Wie beurteilte er sie? Was Reuchlins →„Judenbücherstreit" anbelangt, so stand der Reformator in seinen frühen Jahren durchaus „auf der richtigen Seite". Als der kursächsische Hofkaplan Georg Spalatin Luther im Februar 1514 um ein Gutachten in dieser Auseinandersetzung bat, sprach er sich dafür aus, die jüdischen Schriften nicht zu verbrennen.[222] Philipp Melanchthon, der die Wittenberger Professur für Altgriechisch erhielt und zu Luthers wichtigstem Mitarbeiter wurde, wurde ihm vier Jahre später von Reuchlin empfohlen. Schon während seiner Zeit als Mönch hatte Luther sich Reuchlins 1506 erschienenes Grundlagenwerk zur Einführung in das Hebräische (*De rudimentis hebraicis*) besorgt – eine Grammatik der biblischen Sprache, die auch ein Wörterbuch enthielt und die Möglichkeit zum Selbststudium bot. 1512 erwarb Luther auch das von Reuchlin in Tübingen herausgegebene Büchlein über die sieben Bußpsalmen – ein Text mit lateinischer Übersetzung, dem grammatische Erklärungen beigegeben waren. Auf dieser Grundlage übersetzte der Reformator später das Alte Testament ins Deutsche.[223]

Durch die Schrift *Der gantz jüdisch Glaub* des getauften Juden Antonius Margaritha (ca. 1492–1542) erhielt Luther später auch Informationen über die Kabbala. In seiner antijüdischen Hetzschrift des Jahres 1543 *Vom Schem Hamephorasch und vom Geschlecht Christi* gibt er eine ausführliche und im Wesentlichen korrekte Beschreibung der Buchstaben- und Zahlenspekulationen jüdischer Mystiker, die er aber entschieden ablehnte. Wie vor ihm Reuchlin war Luther auf der Suche nach einer christlichen Auslegung des Alten Testaments. Im Gegen-

Johannes Reuchlin. Holzschnittdarstellung aus einem Einblattdruck von 1516.

---

222 Luther, Briefwechsel, S. 23–24.
223 Lewin, Luthers Stellung zu den Juden, S. 10.

satz zu seinem süddeutschen Hebräischlehrer wollte er dieses Ziel aber nicht mit kabbalistischen Methoden, sondern durch die Konzentration auf den „einfachen Schriftsinn" (sensus literalis) erreichen. Die Zahlen- und →Buchstabenmystik, auch Spekulationen über den →Gottesnamen, lehnte er als Gaukelei und Unsinn ab. In gewissem Widerspruch dazu stellte Luther die Wirkmächtigkeit der Manipulation hebräischer Buchstaben aber nicht in Abrede; er witterte hinter diesen Praktiken vielmehr die Gefahr dämonischer →Zauberei. In seiner antijüdischen Schrift *Von den Juden und ihren Lügen* forderte er deshalb dazu auf, die nachbiblischen jüdischen Schriften zu konfiszieren und zu vernichten. Er befürwortete nun Maßnahmen, denen er selbst und vor allem Reuchlin drei Jahrzehnte zuvor entschieden entgegengetreten waren.[224]

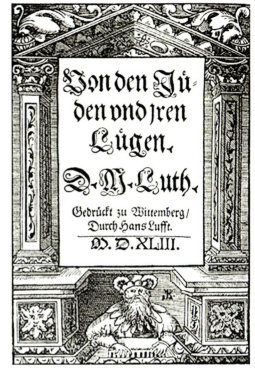

Luthers Schrift „Von den Juden und ihren Lügen".

Wie konnten Antonia und ihr Kreis es ein Jahrhundert später wagen, die vom Reformator verdammten Spekulationen nicht nur selbst anzuwenden, sondern auf einem Gemälde öffentlich zur Schau zu stellen? Antonia beanspruchte ja, weiterhin eine fromme Lutheranerin zu sein! Wie konnte sie die Methoden vertreten, die der Reformator aufs Heftigste abgelehnt hatte?[225]

Philipp Jakob Speners *fromme Wünsche*

Um diese Frage zu beantworten, ist ein Blick auf die Veränderungen erforderlich, die den deutschen Protestantismus im 17. Jahrhundert erfassten. Antonia und ihre Berater bewegten sich nämlich im Umfeld von Theologen, die die kirchliche Landschaft in Deutschland nach dem Ende des Dreißigjährigen Krieges neu ordnen wollten. Philipp Jakob Speners Reformschrift über die „frommen Wünsche" (*Pia Desideria*), die allgemein als Startschuss für die beginnende →pietistische Bewegung angesehen wird, erschien 1675, zwei Jahre nach der Aufstellung des Bad Teinacher Schreins. Diese Schrift wird von Kirchengeschichtlern gelegentlich mit den 95 Thesen verglichen, mit

---

224 Morgenstern, Johannes Reuchlins und Martin Luthers Kabbala, S. 213.
225 Vgl. Luther, Von den Juden und ihren Lügen, S. 176–177; Luther, Vom Schem Hamephorasch, S. 42ff.

Der Sohar – Titelseite des Erstdrucks Mantua 1558.

denen Luther seine Reformation eingeleitet hatte. Denkt man an den Inhalt beider Texte, ist der Vergleich natürlich unpassend. Andererseits trifft sowohl auf Luthers Thesen als auch bei Speners „frommen Wünschen" zu, dass ein bis dahin eher unbekannter Gelehrter damit Missstände offenlegte und plötzlich und unerwartet Resonanz fand.[226]

Mit Antonia und ihrem Kreis hatte Spener gemeinsam, dass auch er sich für das nachbiblische jüdische Schrifttum interessierte. Er ließ sich zunächst privat, bei elsässischen Juden, im →Talmud unterrichten; anschließend ging er zum Studium bei dem Schweizer Theologen und Orientalisten Johann Buxtorf (1599–1664) nach Basel.[227] Antonia wollte an Speners Wissen teilhaben und bat ihn brieflich um Informationen über die Musik der Juden, wobei sie vielleicht an die Szene der musizierenden Engel auf dem Außenbild des Schreins dachte.[228] Auf diese spezielle Frage wusste Spener zwar keine Antwort; dennoch trug er eine Reihe von Verbesserungsvorschlägen zum Projekt des Kreises bei, die Strölin und Schmidlin prüften und zu einem guten Teil auch einarbeiteten.

Was den kirchlichen Wiederaufbau nach dem Dreißigjährigen Krieg anbetraf, so wuchs in Spener allmählich die Überzeugung, dass die Wiederherstellung der früheren volkskirchlichen Verhältnisse „von oben" – allein durch landesherrliche Kirchenordnungen – zu keinem guten Ende führen würde.[229] Sein Alternativprogramm nahm nicht mehr die Masse der Kirchgänger in den Blick, sondern war darauf gerichtet, zunächst einer Elite der „Willigen" zu helfen, „mehr und mehr" zu „wachsen … zu dem Maß der Gottseligkeit."[230]

---

226 Vgl. Wallmann, Pietismus-Studien, S. 155.
227 Wallmann, Pietismus und Orthodoxie, S. 293.
228 Vgl. Wallmann, Philipp Jakob Spener, S. 153–157; bei Häußermann, Pictura Docens, S. 119; hier ist Speners Brief abgedruckt.
229 Wallmann, Pietismus-Studien, S. 137.
230 Wallmann, Pietismus-Studien, S. 139.

Die Kabbala im Frühpietismus

Der entscheidende Vorschlag in Speners *Pia Desidera* betraf aber das Bibelstudium. Mit einem Katechismus-Christentum wollte der Autor sich nicht mehr begnügen; die pietistische Entdeckung der Heiligen Schrift als Erbauungsbuch lief auf das Ziel der Bildung eines Bibelchristentums hinaus: Vom reformatorischen *sola scriptura* („allein die Schrift") galt es fortzuschreiten zur Devise *tota scriptura* („die ganze Schrift").[231] Luther hatte das „reine Wort Gottes" betont, die lutherische Orthodoxie nach ihm, auch die Tübinger Universitätstheologen, wollten die „reine Lehre" bewahren. Den frühen Pietisten ging es aber darum, das Wort Gottes „reichlicher" unter die Christen bringen. Sie kritisierten die beschränkte Auswahl der für die Gottesdienste vorgesehenen Predigttexte. Über die Perikopenordnung hinaus war die *ganze* Bibel für sie von Interesse.[232] Antonias Schrein mit seinen vielen biblischen Motiven, auch aus selten gelesenen Büchern des Alten Testaments, passte gut in dieses Programm. Kein Detail der biblischen Geschichte war der Prinzessin und ihren Mitarbeitern zu klein und unbedeutend, um nicht auf die Lerntafel aufgenommen zu werden. Dabei kam es auch nicht darauf an, dass diese Details irgendwie „fromm" gedeutet werden konnten: Etwa die Steinschleuder, mit der der Stamm Benjamin gegen seine Brüder kämpfte (Richter 20, 16), oder der Eselskinnbacken, mit dem Simson die Philister schlug (Richter 15, 15). Den Eselsknochen hat der Maler vor der Hornotter platziert, die Dan, dem Stammesfürsten Simsons, im linken unteren Bildteil zu Füßen liegt; die Steinschleuder nimmt man in Benjamins rechter Hand wahr.

Das Interesse an der Bibel mit ihren kleinsten Einzelheiten lenkte den Blick auf die jüdischen Bibelkommentare und den ganzen Reichtum der nachbiblischen jüdischen Tradition. Neben der Orientierung an der *ganzen* Bibel und der grundsätzlichen Offenheit dem Judentum gegenüber war eine gewisse Welt-Zugewandtheit Kennzeichen des frühen Pietismus. Dazu gehörte ein Interesse am Kosmos in seinen natürlichen (räumlichen und zeitlichen) Dimensionen und eine Aufgeschlossenheit der Geschichtswissenschaft und der entstehenden Naturwissenschaft[233] gegenüber. Dazu passte, dass die Naturwissenschaft, wie die Physiker, Astronomen und →Astrologen des 17. Jahrhunderts wussten, ebenso auf Zahlen aufgebaut war wie die →gematrisch verstandene Hebräische Bibel. Der 1571 in Weil der Stadt (unweit von Bad Teinach) geborene Johannes Kepler, der 1609 die Planetenbahnen neu berechnete, berief sich, ähnlich wie vor ihm Reuchlin, auf die Zahlentheorie des Pythagoras. Seine eigenen Konstruktionen nannte er einmal eine „geometrische Kabbala".[234] Zu Beginn der 1620er Jahre besuchte Kepler auf

---

231 Wallmann, Pietismus-Studien, S. 250.
232 Wallmann, Pietismus-Studien, S. 233.
233 Vgl. Reichert, Zur Geschichte der christlichen Kabbala, S. 8.
234 Vgl. Walton/Walton, Geometrical Kabbalahs, S. 48–49. In einem Brief an Herzog Friedrich von Württemberg vom 17.2.1596 führte Kepler seine astronomischen Erkenntnisse auf eine göttliche Offenbarung zurück: „Demnach der Allmechtig verschinen Sommer nach langwürriger ungesparter mühe

Dan, Asser (mit Brotkorb; vgl. 1. Mose 49, 20) und oben zwischen ihnen Efraim (oder Josef?) im Zwölfstämmekreis.

der Durchreise in Oberriexingen (bei Vaihingen/Enz) den dort amtierenden Pfarrer Johann Jakob Heinlin, den späteren Bebenhauser Prälaten und Berater Antonias, und weihte seinen zunächst noch zweifelnden, aber mathematisch interessierten, begabten und lernwilligen Gastgeber in die Geheimnisse der kopernikanischen Astronomie ein.[235] Nicht ohne Grund gehörte Kepler in Prag der Sage nach gemeinsam mit dem Astronomen Tycho Brahe (1546–1601) zu den Freunden des jüdischen Gelehrten und Kabbalisten Rabbi Juda ben Bezalel Löw, des berühmten „Maharal" (gest. 1609).[236] In jedem Fall war die →Kabbala zu Antonias Zeit für Christen eine Alternative zu Ansätzen rationalistischer Naturgesetzlichkeit und zu atheismusverdächtigen Theorien, wie man sie bei Thomas Hobbes (1588–1679) vermutete. Auch aus diesem Grund waren die frühen Pietisten am Judentum in seiner Geschichte – und auch am zeitgenössischen Judentum! – interessiert.

Judenmission bei den frühen christlichen Kabbalisten?

Angesichts der Judenfeindschaft bei Martin Luther ist es gut nachvollziehbar, wenn evangelische Christen sich fragen, ob es auch judenfreundlichere Aspekte in ihrer Geschichte gibt. Kann man auf entsprechende Tendenzen im →Pietismus, vor allem im frühen Pietismus verweisen?[237] Nun gilt es zuzugestehen, dass nicht nur Tübinger Theologieprofessoren wie Balthasar Raith, sondern auch die Mitglieder des Beraterkreises, die Antonia um sich versammelt hatte, *nach heutigem Verständnis* keine Judenfreunde waren. Schmidlin etwa schlägt in seiner *Pictura docens* durchaus finstere Töne gegenüber den Juden an. Von der Zeit des Alten Bundes nimmt er wie selbstverständlich an,

---

      und vleiss mir ein Hauptinventum in der Astronomia geoffenbaret" (zitiert nach Walton/Walton, Geometrical Kabbalahs, S. 56).

235 Pfaff, Lebensbeschreibungen, S. 122–123.

236 Vgl. Goodman-Thau, Kabbalistische Hintergründe, S. 111.

237 Zum Umgang mit dem Judenhass Luthers in der evangelischen Kirche vgl. Oelke/Kraus/Schneider-Ludorff/Töllner/Schubert (Hg.): Martin Luthers „Judenschriften".

dass sie abgelaufen war.[238] An einer Stelle bezeichnet er die Juden gar als den „Mächten der Unterwelt" unterworfen.[239] Überliefert wird auch, dass er als Stuttgarter Konsistorialrat einmal einen Pfarrer streng verwarnte, weil dieser verbotenerweise einem Rabbiner und seiner Familie Unterschlupf gewährt hatte.[240] Für Schmidlin und seine Mitstreiter gilt aber, dass sie die Juden achteten, weil sie die Bibel unverfälscht durch die Jahrhunderte hindurch erhalten hatten und zu Trägern heiliger Überlieferungen geworden waren. Sofern sie die Juden ihrer Abstammung wegen geringschätzten oder eine Abneigung gegen sie hegten, wurde diese Attitüde durch die Anerkennung und Bewunderung gemildert, die sie ihrem religiösen und kulturellen Erbe entgegenbrachten. Pierre Vesperini fasst zusammen, was man über Reuchlins wie über Schmidlins persönliche Beziehungen zu Juden sagen kann: „Ja, darin war er ein Christ seiner Zeit. Aber seine Feindseligkeit unterdrückte in ihm nicht die Humanität."[241]

Wie soll man aber damit umgehen, dass die christlichen Kabbalisten des 16. und die Pietisten des 17. Jahrhunderts in all ihren Bestrebungen das Ziel einte, die Juden zum christlichen Glauben zu bekehren und zu taufen (→Judenmission)? Macht dieser Entstehungszusammenhang Reuchlins Schriften und den Bad Teinacher Schrein nicht nachträglich verdächtig? Die christlichen Kirchen, die unter dem Eindruck des Massenmordes an den Juden im 20. Jahrhundert mehrheitlich zu der Überzeugung gelangt sind, dass sie ihr Verhältnis zum Judentum neu ordnen müssen, stellen sich ja heute nicht nur jedem →Antijudaismus und →Antisemitismus entschieden entgegen; sie wollen auch auf „Bekehrungsversuche" ausdrücklich verzichten! Können Christen sich heute dann noch unbefangen mit der christlichen Kabbala beschäftigen?

---

238 So ist es wohl zu verstehen, wenn er die Zugehörigkeit des Paulus zum Stamm Benjamin als auf den „Abend der Synagoge" bezogen bezieht (Schmidlin, Pictura docens, S. 85); mit dieser Deutung befindet sich Schmidlin aber im Einklang mit allen Theologen seiner Zeit.
239 Schmidlin, Pictura docens, S. 47; gemeint sind hier freilich die Zeitgenossen Jesu – Rückschlüsse auf Schmidlins Verhältnis zu zeitgenössischen Juden sind nicht zwingend.
240 Vgl. Schauer, Prinzessin Antonia, S. 50.
241 Vesperini, Lob Reuchlins, S. 268.

Tatsächlich hat Gershom Scholem die missionarische Zielrichtung der christlichen Kabbala in ihrer Entstehungszeit hervorgehoben und kritisiert; sein Urteil hat viele Nachahmer gefunden.[242] Ist die Daseinsberechtigung der christlichen Kabbala daher in Zweifel zu ziehen? Sollte man ein Kunstwerk wie die Bad Teinacher Lerntafel nur mit gedämpfter Stimme „kabbalistisch" nennen?

Was die Absichten der christlichen Kabbalisten des 16. Jahrhunderts anbelangt, so haben neuere Untersuchungen des Jerusalemer Kabbalaforschers Joseph Dan (1935–2022) aber zu Einordnungen und Bewertungen geführt, die jeder Verkrampftheit beim Umgang mit diesem Thema den Grund nehmen.[243] Das Alte Testament erhielt durch die Rezeption der Kabbala bei Pico della Mirandola und Reuchlin eine Stellung, die im Christentum zuvor ganz und gar unüblich gewesen war. Schon der große Respekt, den sie vor dem Hebräischen als der Ursprache der Menschheit hatten, hinderte sie daran, missionarische Ziele in den Vordergrund zu stellen. Oft wurde der Missionsgedanke auch nur verbal vertreten, um dem Misstrauen der christlichen Behörden entgegenzutreten. Das vorrangige Interesse Pico della Mirandolas sei gewesen, *das Christentum* radikal neu zu verstehen. Ihm ging es darum, eine gemeinsame Grundlage für Judentum, Christentum und die altgriechische Philosophie zu finden. Die frühen christlichen Kabbalisten waren in dieser Hinsicht in erster Linie *Christenmissionare:* Sie wollten ihre eigenen Glaubensgenossen zu einem kabbalistischen Verständnis ihrer Religion „bekehren".[244] Hinzu kommt die Tatsache, dass Reuchlin sein wichtigstes kabbalistisches Werk „Von der kabbalistischen Kunst" (*De arte cabalistica*) im Zusammenhang mit dem „Judenbücherstreit" schrieb. Er widmete es Papst Leo X. mit dem Ziel, den Pontifex für sein Anliegen zu gewinnen – die Verteidigung und Rettung jüdischer Bücher. Andere frühneuzeitliche Autoren verwendeten kabbalistische Vorstellungen vor allem deshalb, weil sie neue Methoden der Bibelauslegung erproben, die Vorgeschichte des Christentums erforschen und Zugang zu →alchemistischen oder →magischen Theorien finden wollten.[245]

Ähnliche Motive lagen bei den frühpietistischen Kabbalisten des 17. Jahrhunderts vor. Für die Lutheraner unter ihnen kommt hinzu, dass sie sich dem ausdrücklichen Verdammungsurteil Luthers entgegenstellten. Der Reformator hatte in seinen Spätschriften bekanntlich dafür plädiert, im Hinblick auf die Juden jede Hoffnung aufzugeben und ihnen auch das Evangelium vorzuenthalten. Seiner Überzeugung nach waren die Juden so „verstockt", dass alle diesbezüglichen Bemühungen vergeblich seien.[246] Der frühe Pietismus zeichnete sich demgegenüber durch eine freundlich gemeinte Hinwendung zu

---

242 Scholem, The Beginnings, S. 18. Scholems Urteil wird bei Schauer mehrfach unkritisch übernommen; Schauer; Prinzessin Antonia, S. 17, 19, 160.
243 Vgl. Dan, The Christian Kabbalah.
244 Vgl. Forshaw, Christian Kabbalah, S. 145.
245 Vgl. Forshaw, Christian Kabbalah, S. 154–155 und Petry, Gender, Kabbalah, and the Reformation, S. 82.
246 Vgl. Luther, Vom Schem Hamephorasch, S. 6.

den Juden aus. Übrigens war den Missionsbemühungen beileibe nicht der Erfolg beschieden, den sich ihre Befürworter erhofft hatten.[247]

Christliche Kabbala – eine Enteignung der *jüdischen* Kabbala?

Ein anderes Problem ergibt sich aus der Frage, ob eine christliche Frömmigkeit, die sich jüdischer Ausdrucksmittel bedient, grundsätzlich legitim sein kann. Ungeachtet der vielfältigen Gestalten, die die Kabbala im Laufe ihrer Geschichte angenommen hat, handelt es sich doch unzweifelhaft zunächst um ein *jüdisches* Phänomen. Dürfen Christen im Judentum entstandene Motive und Bilder verwenden, um ihre Glaubensaussagen zu entfalten? Werden Juden dadurch nicht „enteignet"? In einer Zeit, in der die Geschichte des europäischen Kolonialismus kritisch aufgearbeitet und unrechtmäßig erworbene Kunst an ihre ursprünglichen Eigentümer zurückgegeben wird, ist diese Frage zu erwarten. Sollte den Juden also „ihre Kabbala" zurückerstattet werden? Wäre in der Konsequenz Antonias Schatz aus der Kirche zu verbannen und in einem Museum aufzustellen?[248]

Gegen eine solche *Cancel*-Kultur in der Religion spricht, dass Texte und Bilder christlicher Kabbala *faktisch* seit über 500 Jahren vorhanden sind. Bereits angesichts dieses Befundes wäre es unhistorisch und unrealistisch, sie „verbieten" zu wollen. Weitere Erwägungen kommen hinzu.

Wer jüdische und christliche Motive rigoros trennen möchte, verkennt *erstens,* wie eng Juden und Christen – im Guten wie im Schlechten – in ihrer Geschichte verbunden waren. Wie das Neue Testament nicht ohne das Alte entstanden wäre und ohne es nicht zu verstehen ist, so sind umgekehrt weite Teile der nachbiblischen jüdischen Literatur nicht ohne direkte oder indirekte christliche Einflüsse zu verstehen.[249] Die heutige Forschung ist sich im Klaren darüber, dass der →Talmud und die frühen →Midraschim sich zumindest teilweise dem Gespräch mit Christen verdanken und das Christentum voraussetzen.[250] Was die kabbalistischen Schriften im engeren Sinne anbelangt, so kann man noch einen Schritt weitergehen. Wir haben bereits gesehen, dass Tzahi Weiss – dies ist das *zweite* Argument – dargelegt hat, dass das „Buch der Schöpfung" (*Sefer Jezira*), die Grundlage für die kabbalistischen →Buchstabenspekulationen, wahrscheinlich an einem Ort entstand, an dem Erwägungen über die Heiligkeit der →*syrischen* Sprache eine Rolle spielten. Mit anderen Worten: Dieses Buch entstand im Umkreis des syrischen Christentums im 7. nachchristlichen Jahrhundert.[251] Zur Entstehung des Buches der Schöpfung gibt es auch andere Theorien: Steven Wasserstrom vermutet beispielsweise,

---

247 Reichert, Zur Geschichte der christlichen Kabbala, S. 7.
248 Auf dieser Linie ist vor einigen Jahren vorgeschlagen worden, auch das „Alte Testament" den Juden zurückzuerstatten und auf christliche Auslegungen dieser Texte zu verzichten. Vgl. dazu Slenczka, Vom Alten Testament.
249 Vgl. Yuval, Zwei Völker in deinem Leib.
250 Vgl. dazu Morgenstern, Die große Genesis-Dichtung.
251 Vgl. Weiss, Die Heiligkeit der syrischen Sprache.

dass dieses Buch ursprünglich auf islamische Motive zurückgeht.[252] Wie auch immer man hier entscheidet: Es steht fest, dass die Möglichkeiten gegenseitiger Beeinflussung von Juden, Christen und Muslimen vielfältig waren und weiterhin vielfältig sind. Die „Legitimität" von Aneignungsprozessen in Frage zu stellen, ist hier ganz unangebracht.

Auch von den kabbalistischen Schriften im engeren Sinne können wir sagen, dass sie von Anfang an eng mit christlichem Gedankengut verwoben waren. Sie entstanden nicht im Orient, sondern im mittelalterlichen Europa, in Spanien und Südfrankreich. Über die Jahrhunderte hinweg entwickelten sich kabbalistische Ideen in unterschiedlichen Formen manchmal intensiver, manchmal aber auch weniger intensiver Auseinandersetzung mit christlichen Vorstellungen weiter, indem sie sich entweder gegen sie wandten oder sie auch aufnahmen und kreativ veränderten. Dabei entstanden zahlreiche, oft auch gegensätzliche Konzeptionen von Kabbala. Wir können mit Sicherheit sagen, dass nicht alle dieser Kabbalisten sich gegenseitig als „legitime" oder „authentische" Kabbalisten anerkannten. *Eine normative jüdische Kabbala,* die Christen zum Ausdruck ihres Glaubens hätten gebrauchen (oder missbrauchen) können, hat es nie gegeben und gibt es bis heute nicht. Die Unterschiede zwischen ihren einzelnen Vertretern waren (und sind) zu groß. So war Abraham Abulafia, dessen ekstatische Buchstabenmystik so hilfreich für das Verständnis von Antonias Schrein ist, in der jüdischen Orthodoxie jahrhundertelang verpönt, seine Schriften blieben ungedruckt. Erst heute wird er, wie Moshe Idel berichtet, in einem Teil der Jerusalemer Ultra-Orthodoxie allmählich aus seiner Verbannung befreit.[253]

Nimmt man die weiteren Kabbala-Konzepte hinzu, die in der frühen Neuzeit entstanden, so erscheinen Reuchlins Kabbala und Antonias Bild- und Buchstabenschrein wie weitere Varianten im großen Strauß kabbalistischer Möglichkeiten. Neben der prophetischen, ekstatischen, theosophischen und lurianischen gibt es eben auch unterschiedliche Formen „christlicher" Kabbala.

Zu erwähnen ist *drittens* ein weiterer Sachverhalt: Die Erstdrucke der kabbalistischen Texte im frühen 16. Jahrhundert beruhten auf enger jüdisch-christlicher Zusammenarbeit. Diese war schon aufgrund der Zensur notwendig, der damals alle Veröffentlichungen unterlagen. Juden und Christen wirkten in allen praktischen Fragen zusammen: Bei der Beschaffung, beim Vergleich und bei der Entzifferung der Handschriften, beim Herstellen hebräischer Druckstöcke, beim Satz und bei der Korrektur. Der christliche Drucker und Verleger Daniel Bomberg (1470/80–1549) aus Antwerpen, der vom Papst 1512 in Venedig die Erlaubnis zum Druck hebräischer Bücher erhielt, beschäftigte jüdische Konvertiten, aber auch ungetaufte Juden als Mitarbeiter. Sein berühmtester Mitarbeiter war der Grammatiker und Gelehrte Elija Levita Bachur (1469–1549), der auch Egidio de Viterba (ca. 1469–1532) beriet, den Ordensgeneral des Augustinerordens, den Martin

---

252 Vgl. Wasserstrom, Sefer Yezira and Early Islam.
253 Vgl. Idel, Abraham Abulafia.

Luther 1511 in Rom traf.[254] Von Philipp Melanchthon wissen wir, dass er 1517 auf der Leipziger Messe die von Bomberg hergestellte Rabbinerbibel kaufte.[255]

Der Erstdruck (*editio princeps*) des hebräischen Ursprungstextes des oben genannten „Buches der Schöpfung" (*Sefer Jezira*), das bei den Kabbalisten besonders beliebt war, erfolgte 1562 in Mantua – zehn Jahre, nachdem Guillaume Postel die erste lateinische Übersetzung des Buches 1552 in Paris veröffentlicht hatte. Gikatillas *Tore des Lichts*, 1293 geschrieben, erschien in der lateinischen Übersetzung Paolo Riccis 1516.[256] Das hebräische Original wurde erst 1559 im italienischen Riva di Trento bzw. 1561 in Mantua veröffentlicht. Der Übergang kabbalistischer Werke aus dem „flüssigen" handschriftlichen „Aggregatzustand" in den „festen" Aggregatzustand des Drucks war fast immer ein jüdisch-christliches Gemeinschaftswerk. So wurden die Texte erstmals fixiert, wurde ihre Werkidentität gesichert. Zuvor lagen in unterschiedlichen Manuskripten häufig unterschiedliche Textvarianten vor; bei manchen Texten kann man erst nach dem Erstdruck sinnvoll von einem identifizierbaren „Werk" sprechen.

Das bedeutet, dass sich jüdische und christliche Einflüsse in der Entstehungsgeschichte dieser Texte schwer trennen lassen. Es überrascht nicht, dass der Ausdruck *chrestienne cabale*, „christliche Kabbala", bereits früh nachzuweisen ist – der französische Franziskanermönch Jean Thénaud gebrauchte ihn 1519 in einem Lehrgedicht, das er König François I. widmete.[257] Es gibt keinen Grund, einem Gelehrten wie Reuchlin, der durch sein öffentliches Eintreten für die „Judenbücher" so viel für die Erhaltung des jüdischen Schrifttums getan hatte, das Recht abzusprechen, seinerseits kreativ mit kabbalistischen Traditionen umzugehen.

Christliche Kabbala heute?

Kann die christliche Kabbala aber *vom Standpunkt des christlichen Glaubens aus* verantwortet und befürwortet werden? Bevor der Bilder- und Buchstabenschrein in Bad Teinach aufgestellt werden konnte, wurde auf der kirchlichen Behörde, dem Konsistorium in Stuttgart, das Für und Wider erörtert. Offenbar bestanden anfangs durchaus Bedenken gegen das Projekt, doch wurde Antonias Bitte stattgegeben. Auch heute gibt es gelegentlich Einwände, die kaum als völlig haltlos angesehen werden können. In den Bildbeschreibungen und Erklärungen bei Otto Betz schimmert die Warnung vor fehlgeleiteten Deutungen durch, etwa mit Bezug auf die Anthroposophie Rudolf Steiners.[258]

Hatte Betz nicht recht, wenn er vor esoterischem Missbrauch warnte? Sind die Missbräuche auf dem Feld der Esoterik, des Okkultismus und der Magie nicht mit Händen zu greifen? Was genau unterscheidet eigentlich die Tierkreissymbolik der Lerntafel vom

---

254 Vgl. Daxelmüller, Zwischen Kabbala und Martin Luther.
255 Vgl. Burnett, Jüdische Vermittler des Hebräischen, 183.
256 Vgl. Dan, The Christian Kabbalah, S. 201–203; Betz, Licht vom unerschaffnen Lichte, S. 22.
257 Vgl. https://gallica.bnf.fr/ark:/12148/btv1b8530359s/f12.image (gesehen am 27. 12. 2022).
258 Betz, Licht vom unerschaffnen Lichte, S. 14.

Aberglauben der Horoskope? Was die →*Gematrie* der Kabbalisten von obskuren Rechenmethoden moderner Fundamentalisten, die den Offenbarungscharakter des Alten Testaments mit Hilfe eines „Bibel-Codes" erklären wollen?[259] Sind die Popularisierungen der Kabbala in der Massenkultur, die – wenigstens zum Teil – in den vergangenen Jahren für das Interesse an jüdischer →*Mystik* verantwortlich sind, nicht eher abstoßend? Geht es Größen der Popmusik und des Films wie Elton John, Barbara Streisand und Madonna, wenn sie behaupten, die Quellen uralter Weisheit entdeckt zu haben, nicht vielleicht zunächst um den eigenen Authentizitäts- oder Distinktionsgewinn? Handelt es sich nicht eher um kommerzielle Strategien zur Steigerung der Publikumswirksamkeit?[260] Wie lassen sich überhaupt seriöse kabbalistische Texte, Quellen und Methoden von unseriösen, effekthascherischen unterscheiden? Welche Position sollten Christen in diesem unübersichtlichen Feld einnehmen?

Wenn sich das Thema →*Kabbala* oder →*christliche Kabbala* stellt, wird einzelnen Christen und christlichen Gemeinden – einen anderen Rat weiß ich nicht zu geben – nichts anderes übrigbleiben, als von Fall zu Fall zu prüfen. Eine sinnvolle Faustregel scheint zu sein, dass Seriosität dann gegeben ist, wenn eine Quelle nicht vorgibt, immer schon fertige Antworten zu haben, sondern – wie bei Antonias Lerntafel – zum Weiterdenken und *Lernen* einlädt.

Glücklicherweise gibt es heute – wenigstens im evangelischen Bereich – keine Oberbehörde mehr, die solche Fragen autoritativ und ein für alle Mal entscheidet. Der alte Gegensatz von lutherischer Orthodoxie und pietistischer Rebellion gehört der Vergangenheit an. Gegenseitige Beeinflussungen von Judentum und Christentum werden von uns nicht mehr als Gefahr, sondern als Bereicherung und Chance angesehen. In unserer von Kriegen und Krisen geprägten Gegenwart scheint das kabbalistische Denken, das mit einer „Zusammenziehung" Gottes rechnet, mit seiner zeitweiligen Abwesenheit und unterschiedlichen, mit teilweise gegensätzlichen Formen von Gottesferne und Gottesnähe, und das dann doch voller Hoffnung ist auf Hilfe und Rettung in der Not, einen Nerv auch christlicher Erfahrung zu treffen.

Der Bad Teinacher Kunstschatz spricht Zeitgenossen unterschiedlicher Herkunft und Gepräges auf je eigene Weise an: „Fortschrittliche" und „Konservative", Kirchgänger und Gelegenheitschristen, spekulativ-philosophisch Veranlagte, feministisch und

---

259 Der Begriff „Bibel-Code" wurde von dem amerikanischen Journalisten Michael Drosnin geprägt. Es geht dabei um eine Methode, mit Hilfe von Intervallen in der Abfolge der hebräischen Buchstaben der Tora geheime Botschaften und Prophezeiungen zu entdecken. Diese pseudowissenschaftliche „Methode", die sich auf Traditionen der Kabbala beruft, wurde von dem slowakischen Rabbiner Chaim Dov Weissmandl (gest. 1957) erfunden und von dem israelischen Mathematiker Elijahu Rips weiterentwickelt. In den 1990er-Jahren dienten die „Entdeckungen" Weissmandls – die heute nicht nur historisch, sondern auch mathematisch als widerlegt gelten – in sensationell aufgemachten Publikationen dazu, die „Göttlichkeit" bzw. den Offenbarungscharakter der Hebräischen Bibel zu „beweisen"; vgl. Drosnin, Der Bibel-Code.

260 Vgl. Morgenstern, Kabbala im Kontext.

mystisch Inspirierte, Gottsucher und Distanzierte, Bildungsbeflissene und Kunstliebhaber, religiöse Menschen und religiös eher „Unmusikalische" – Protestanten, Katholiken und, wie der Verfasser aus Gesprächen weiß, auch Juden (sofern sie, was freilich eher selten der Fall ist, einen Schritt in eine christliche Kirche tun). Vielleicht hängt das damit zusammen, dass wir alle, ähnlich wie die Generation Antonias, auf Katastrophen zurückblicken und uns neu orientieren müssen. Wie die Menschen des 17. Jahrhunderts stehen wir vor Fragen: Wie ist unser Glaube mit der sich rasant entwickelnden Wissenschaft zu vereinbaren? Wie kann unser Leben unter neuen Bedingungen gelingen? Ähnlich den Reformtheologen im Barock geben wir uns nicht zufrieden mit ein für alle Mal fertigen *Lehren*. Wie bei Johann Valentin Andreae und seinen Schülern erwächst für uns aus dem Nachdenken die Frage nach gelingender Bildung, nach lebenslangem *Lernen* im Glauben.

Aus dem Bedürfnis des Immer-Weiter-Lernens ließen die frühen Pietisten eine Bibellesebewegung entstehen. Noch heute erhalten wir beim Betrachten von Antonias Tafel eine Ahnung davon, wie die Wahrnehmung der Details Neugierde entstehen lässt: Biblische Erzählungen werden lebendig, die Begegnung mit jüdischer Tradition lädt zum Weiter-Forschen und Lesen ein. So leistet dieses Kunstwerk auch einen Beitrag für die Verständigung von Juden und Christen. Dankbarkeit und Freude stehen im Vordergrund, wenn die Bad Teinacher Kirchengemeinde im Sommer 2023 den 350. Jahrestag der Einweihung ihrer *Lerntafel* feiert.

Literatur

Quellen

Bandt, Cordula (Hg.): Der Traktat „Vom Mysterium der Buchstaben". Kritischer Text mit Einführung, Übersetzung und Anmerkungen, Berlin 2007.

Goldschmidt, Lazarus (Hg.): Der Babylonische Talmud neu übertragen. Band 3: Joma. Sukka. Jom Tob. Rosh Hashana. Taánith; Band 8: Baba Bathra, Synhedrin (1. Hälfte); Band 9: Synhedrin (2. Hälfte), Sebuóth, Edijoth, Aboda Zara, Aboth, Horajoth, Darmstadt 1996.

Krupp, Michael (Hg.): Der Midrasch Bereschit Rabba (Deutsch-Hebräische Ausgabe). Das ist die haggadische Auslegung der Genesis. Zum ersten Male ins Deutsche übertragen von Lic. Dr. August Wünsche, Band 2, Leipzig 1881/Nachdruck Jerusalem 2010.

Matt, Daniel C. (Hg.): The Zohar. Pritzker Edition, Translation and Commentary, Band I–XII, Stanford 2004–2017.

Raith, Balthasar: TURRIS ANTONIA | Oder | Einweyhungs Rede | Bey Auffrichtung | Der | Auß dem Cabalistischen Geheimnuß=Baum | entsproßnen | Und | Von der | Durchleuchtigsten Fürstin und Princessin ANTONIA | Gebohrnen Hertzogin zu Würtemberg und Teck/ | Gräfin zu Montbelgard/ und Fräwlein zu | Heidenheim/ | In die Kirch im Deynach gestiffteten | und auffgerichteten | Lehr=Tafel | Gehalten | Durch | Balthasar Raithen/ S. S. Theol. D. und P. P. | Academ. Tubing. | Auch auff Gnädigsten Befehl gedruckt. | Tübingen | Durch Joachim Hein. | Anno M. DC. LXXIII [WLB 25 a 466].

Rupert von Deutz, Commentaria in Canticum Canticorum. Kommentar zum Hohenlied. Lateinisch-Deutsch, Turnhout 2005.

Schickart, Wilhelm: Mišpaṭ ham-melek = Jus Regium Hebraeorum / E Tenebris Rabbinicis erutum & luci donatum A VVilhelmo Schickardo, Straßburg 1625.

Schmidlin, Johann Lorenz: Pictura docens. Unter Mitarbeit von Reinhard Gruhl, Inga Woolston, Anne Eusterschulte, Anja Knebusch, Lothar Mundt und Felix Mundt, zum ersten Mal hrsg. und übers. von Fritz Felgentreu und Widu-Wolfgang Ehlers (Clavis Pansophiae 4), Stuttgart 2007.

Talmud bavli im kol ham-meforashim, masseket Bava Batra, Sanhedrin, Makkot, Jerusalem 1976.

Sekundärliteratur

Abel, Wolfgang/Leicht, Reimund: Verzeichnis der Hebraica in der Bibliothek Johannes Reuchlins. Pforzheimer Reuchlinschriften 9, Ostfildern 2005.

Barnai, Jacob: Christian Messianism and the Portuguese Marranos: The Emergence of Sabbateanism in Smyrna, in: Jewish History 7 (1993), Nr. 2, S. 119–126.

Berger, David: Torah and the Messianic Age. The Polemical and Exegetical History of a Rabbinic Text, in: David Engel u. a. (Hg.), Studies in Medieval Jewish Intellectual and Social History. Festschrift in Honor of Robert Chazan, Leiden 2011, S. 169–187.

Betz, Otto: Licht vom unerschaffnen Lichte, Metzingen 1996 (dritte Auflage 2000).

Betz, Otto: Kabbala Baptizata. Die jüdisch-christliche Kabbala und der Pietismus in Württemberg, in: Hermann Ehmer, Udo Sträter (Hg.): Beiträge zur Geschichte des Württembergischen Pietismus. Festschrift für Gerhard Schäfer und Martin Brecht, Göttingen 1998, S. 130–159.

Brecht, Christoph: Johann Valentin Andreae. Zum literarischen Profil eines deutschen Schriftstellers im frühen 17. Jahrhundert, in: Martin Brecht: Johann Valentin Andreae 1586–1654. Eine Biographie, Göttingen 2008, S. 313–348.

Brecht, Martin: Johann Valentin Andreae 1586–1654. Eine Biographie, Göttingen 2008.

Brod, Max: Heidentum, Christentum, Judentum, München 1921.

Burnett, Stephen G.: Jüdische Vermittler des Hebräischen und ihre christlichen Schüler im Spätmittelalter, in: Ludger Grenzmann, Thomas Haye, Nikolaus Henze, Thomas Kaufmann (Hg.):

Wechselseitige Wahrnehmungen der Religionen in der Frühen Neuzeit. I. Konzeptionelle Grundfrage und Fallstudien (Heiden, Barbaren, Juden), Berlin 2009, S. 173–188.

Chouraqui, André: Le Cantique des Cantiques souvi des Psaumes, Paris 1953 (2. Aufl. 1970).

Dan, Joseph: The Christian Kabbalah. Jewish Mystical Books and their Christian Interpreters, Cambridge 1997.

Daxelmüller, Christoph: Zwischen Kabbala und Martin Luther. Elija Levita Bachur, ein Jude zwischen den Religionen, in: Ludger Grenzmann, Thomas Haye, Nikolaus Henze, Thomas Kaufmann (Hg.): Wechselseitige Wahrnehmungen der Religionen in der Frühen Neuzeit. I. Konzeptionelle Grundfrage und Fallstudien (Heiden, Barbaren, Juden), Berlin 2009, S. 231–250.

Decker-Hauff, Hansmartin: Prinzessin Antonia, Herzogin von Württemberg (1613/1679) und die Teinacher Lehrtafel, in: Blätter für württembergische Kirchengeschichte 92 (1992), S. 89–96.

De Molière, Maximilian: Umstrittene Urheberschaft. Das sefirotische Diagramm im syrischen Neuen Testament (1555), in: Morgen-Glantz. Zeitschrift der Christian Knorr von Rosenroth-Gesellschaft 32 (2022), S. 77–100.

Drosnin, Michael: Der Bibel-Code, München 1997.

Edighoffer, Roland: Die Rosenkreuzer, München 1995.

Ernst, Ulrich: „Ars memorativa" und „Ars poetica" in Mittelalter und Früher Neuzeit, in: Jörg Jochen Berns/Wolfgang Neuber (Hg.): Ars memorativa. Zur kulturgeschichtlichen Bedeutung der Gedächtniskunst 1400–1750 (Frühe Neuzeit 15), Tübingen 1993, S. 73–100.

Erzberger, Johanna: Kain, Abel und Israel. Die Rezeption von Gen 4, 1–16 in rabbinischen Midraschim, Stuttgart 2011.

Evangelisches Gesangbuch. Ausgabe für die Evangelische Landeskirche in Württemberg, Stuttgart 1996.

Forshaw, Peter J.: Christian Kabbalah, in: Glenn Magee (Hg.): The Cambridge Handbook of Western Mysticism and Esotericism, Cambridge 2016.

Frank, Suso: Origenes und Gregor der Große: Das Hohelied, Einsiedeln 1987.

Garruchet, Monika: Prinzessin Antonia von Württemberg und die Teinacher Lehr- und Lerntafel. Zur 350. Wiederkehr der Einweihung eines außergewöhnlichen Kunstwerks, in: Rundbrief. Württembergischer Geschichts- und Altertumsverein, Rundbrief Nr. 34, Oktober 2022, S. 15–21.

Geiger, Ludwig: Johannes Reuchlin. Sein Leben und seine Werke, Leipzig 1871.

Gikatilla, Joseph: Sha'are Orah, Jerusalem 1985. Englische Übersetzung: Gates of Light. Sha'are Orah. The first English Trnalsation of a Classic. Introduction to Jewish Mysticism. Translated by Avi Weinstein, Walnut Creek/London/New Delhi 1994.

Goldberg, Arnold: Untersuchungen über die Vorstellung von der Schekhinah in der frühen rabbinischen Literatur, Berlin 1969.

Goodman-Thau, Eveline: Golem, Adam oder Antichrist – kabbalistische Hintergründe der Golemlegende in der jüdischen und deutschen Literatur des 19. Jahrhunderts, in: Eveline Goodman-Thau, Gert Mattenklott, Christoph Schulte (Hg.): Kabbala und die Literatur der Romantik. Zwischen Magie und Trope, Tübingen 1999, S. 81–134.

Graf, Klaus: Die Inschriften des Rems-Murr-Kreises. Gesammelt und bearbeitet von Harald Drös und Gerhard Fritz unter Benutzung der Vorarbeiten von Dieter Reichert, Wiesbaden 1994 (Rezension), in: Blätter für württembergische Kirchengeschichte 94 (1994), S. 219–224.

Graf, Klaus: Schwäbische Heimat 61 (2010), S. 296–306 (https://archivalia.hypotheses.org/16965; gesehen am 26. 1. 2023).

Gruhl, Reinhard/Morgenstern, Matthias: Zwei hebräische Gebete der Prinzessin Antonia von Württemberg (1613–1679) im Kontext der Einweihung der kabbalistischen Lehrtafel in Bad Teinach, in: Judaica. Beiträge zum Verstehen des Judentums 62 (2006), S. 97–130. (vgl. den Neuabdruck in diesem Band S. 173–201).

Gruhl, Reinhard: Die kabbalistische Lehrtafel der Prinzessin Antonia von Württemberg. Studien und Dokumente zur protestantischen Rezeption jüdischer Mystik in einem frühneuzeitlichen Gelehrtenkreis, Berlin/Boston 2016.

Hafenreffer, Matthias: Templum Ezechielis, sive in IX postrema prophetae capita commentarius, Tübingen 1613.

Hahn, Joachim: Erinnerungen und Zeugnisse jüdischer Geschichte in Baden-Württemberg, Stuttgart 1988.

Harnischfeger, Ernst: Mystik im Barock. Das Weltbild der Teinacher Lehrtafel, Stuttgart 1980.

Häußermann, Friedrich: Pictura Docens. Ein Vorspiel zu Fr. Chr. Oetingers Lehrtafel der Prinzessin Antonia von Württemberg, in: Blätter für württembergische Kirchengeschichte 66/67 (1966/67), S. 65–153.

Heindel, Max: Die Weltanschauung der Rosenkreuzer. Oder: Mystisches Christentum, Darmstadt 1997.

Heinlin (Hainlin), Johann Jakob: Sol Temporum sive Chronologia mystica, Qua Trium hujus Mundi secolorum Tempora, per genuinam Sabbathicorum & Jubilaeorum annorum hactenus incognitam Formam, Mysticumque Septenarium, in HEBDOMADAS distribuita, ex dubitationis aleam pununtur, eorumque harmonia tacita a silentio vindicatur, Tübingen 1646.

Hirsch, Samson Raphael: Israels Gebete. Übersetzt und erläutert, Jubiläumsausgabe, Frankfurt am Main 1987.

Idel, Moshe: Abraham Abulafia's Esotericism. Secrets and Doubts, Berlin 2020.

Idel, Moshe: Abraham Abulafia: The Apotheosis of a Medieval Heretic in Modern Me'ah She'arim, in: Gilad Sharvit, Willi Goetschel (Hg.): Canonization and Alterity. Heresy in Jewish History, Thought and Literature, Berlin/Boston 2020, S. 125 –158.

Keel, Othmar: Die Brusttasche des Hohenpriesters als Element priesterschriftlicher Theologie, in: Frank-Lothar Hossfeld, Ludger Schwienhorst-Schönberger (Hg.): Das Manna fällt auch heute noch. Beiträge zur Geschichte und Theologie des Ersten Testaments, Freiburg 2004, S. 371–391.

Kemp, Wolfgang (Hg.): Der Betrachter ist im Bild. Kunstwissenschaft und Rezeptionsästhetik, Ostfildern 1991.

Kiermeyer-Debre, Joseph: Artikel „Kryptogramm", in: Reallexikon der deutschen Literaturwissenschaft 2 (2007), S. 349–351.

Kilcher, Andreas B.: Die Sprachtheorie der Kabbala als ästhetisches Paradigma. Die Konstruktion einer ästhetischen Kabbala seit der Frühen Neuzeit, Stuttgart 1998.

Kilcher, Andreas B.: Kabbala in Sulzbach. Zu Knorr von Rosenroths Projekt der Kabbala denudata, in: Michael Brenner, Andreas Heusler (Hg.): Die Juden in der Oberpfalz. Studien zur Jüdischen Geschichte und Kultur in Bayern, Band 2, München 2009, S. 69–86

Koller, Edith: Strittige Zeiten: Kalenderreformen im Alten Reich 1582–1700, Berlin/Boston 2014.

Lewin, Reinhold: Luthers Stellung zu den Juden. Ein Beitrag zur Geschichte der Juden während des Reformationszeitalters, Aalen 1973.

Luther, Martin: Werke. Kritische Gesamtausgabe. Abt. 4: Briefwechsel. Band 1, Weimar 1930.

Luther, Martin: Von den Juden und ihren Lügen. Neu bearbeitet und kommentiert von Matthias Morgenstern, Berlin 2016.

Luther, Martin: Vom Schem Hamephorasch und vom Geschlecht Christi (=Matthias Morgenstern, Martin Luther und die Kabbala. Bearbeitet und kommentiert), Berlin 2017.

Maier, Johann: Die Kabbalah, München 1995.

Moltmann-Wendel, Elisabeth: Wenn Gott und Körper sich begegnen: feministische Perspektiven der Leiblichkeit, Gütersloh 1989.

Morgenstern, Matthias: Kabbala im Kontext. Eine kulturhermeneutische Skizze, in: Susanne Klinger, Jochen Schmidt (Hg.): Dem Geheimnis auf der Spur. Kulturhermeneutische und theologische Konzeptualisierungen des Mystischen in Geschichte und Gegenwart, Leipzig 2007, S. 35–49.

Morgenstern, Matthias: Balthasar Raith, in: Volker Henning Drecoll, Juliana Baur, Wolfgang Schöllkopf (Hg.): Stiftsköpfe, Tübingen 2012, S. 49–55.

Morgenstern, Matthias: Judentum und Gender, Münster 2014.

Morgenstern, Matthias: Johannes Reuchlins und Martin Luthers Kabbala – zwei Strategien im christlichen Umgang mit jüdischer Bibelexegese im 16. Jahrhundert, in: Stadtmuseum Tübingen (Hg.): Ein Vater neuer Zeit. Reuchlin, die Juden und die Reformation, Tübingen 2017, S. 213–223.

Morgenstern, Matthias: Die große Genesis-Dichtung. Juden und Christen im Gespräch über das erste Buch der Bibel im Midrasch Genesis Rabba, Paderborn 2020.

Morgenstern, Matthias: Exil und Erlösung. Deutungskonzepte jüdischer Theologie und Geschichte, in: Religionen unterwegs, 28 (2022), Nr. 4, S. 10–15.

Necker, Gerold/De Molière, Maximilian: Der Sulzbacher Druck des syrischen Neuen Testaments (1684) in kulturgeschichtlicher Perspektive, in: Morgen-Glantz. Zeitschrift der Christian Knorr von Rosenroth-Gesellschaft 32 (2022), S. 9–17.

Neusner, Jacob: The Role of Scripture in the Torah – is Judaism a "Biblical Religion"?, in: Helmut Merklein, Karlheinz Müller, Günter Stemberger (Hg.): Bibel in jüdischer und christlicher Tradition. Festschrift für Johann Maier, Frankfurt am Main, Hain (Bonner Biblische Beiträge 88), 1993, S. 192–211.

Oelke, Harry/Kraus, Wolfgang/Schneider-Ludorff, Gury/Töllner, Axel/Schubert, Anselm (Hg.): Martin Luthers „Judenschriften". Die Rezeption im 19. und 20. Jahrhundert, Göttingen 2016.

Oetinger, Friedrich Christoph: Die Lehrtafel der Prinzessin Antonia, herausgegeben von Reinhard Breymayer und Friedrich Häußermann, Teil 1. Text, Berlin/New York 1977.

Ofran, Mira et al. (Hg.): I wanted to ask you, Prof. Leibowitz. Letters to and from Yeshayahu Leibowitz (hebräisch), Jerusalem 1999.

Petry, Yvonne: Gender, Kabbalah, and the Reformation: The Mystical Theology of Guillaume Postel (1510–1581), Leiden 2004.

Pfaff, Karl: Wirtenbergischer Plutarch. Lebensbeschreibungen berühmter Wirtenberger, Esslingen 1832.

Posset, Franz: Johann Reuchlin (1455–1522). A Theological Biography, Berlin/Boston 2015.

Reichert, Klaus: Zur Geschichte der christlichen Kabbala, in: Eveline Goodman-Thau, Gert Mattenklott, Christoph Schulte (Hg.): Kabbala und die Literatur der Romantik. Zwischen Magie und Trope, Tübingen 1999, 1–16.

Reuchlin, Johannes: Sämtliche Werke, Band II. 1: De arte cabalistica libri tres. Die Kabbalistik, Stuttgart Bad-Cannstatt 2010.

Rosenzweig, Franz: Stern der Erlösung, Frankfurt am Main 1988.

Rüpke, Jörg: Zeit und Fest. Eine Kulturgeschichte des Kalenders. Beck, München 2006.

Schäfer, Peter: Jesus im Talmud, Tübingen 2007.

Schäfer, Peter: Weibliche Gottesbilder im Judentum und Christentum, Berlin 2008.

Schäfer, Peter: The Origins of Jewish Mysticism, Tübingen 2009.

Schauer, Eva Johanna: Prinzessin Antonia von Württemberg und ihr Heilsweg auf der Teinacher Lehrtafel, Stuttgart 2016.

Schmidt-Biggemann, Wilhelm: Geschichte der christlichen Kabbala. 15. und 16. Jahrhundert, Stuttgart-Bad Cannstatt 2012.

Scholem, Gershom: Ursprung und Anfänge der Kabbala, Berlin 1962. Englisch: Origins of the Kabbalah, ed. by R. J. Zwi Werblowsky, Princeton NJ 1987.

Scholem, Gershom: Von der mystischen Gestalt der Gottheit, Frankfurt am Main 1977.

Scholem, Gershom: Die jüdische Mystik in ihren Hauptströmungen, Frankfurt am Main 1980.

Scholem, Gershom: Zum Verständnis der messianischen Idee im Judentum, in: Ders., Judaica I, Frankfurt am Main 1986, S. 7–74.

Scholem, Gershom: Sabbatai Zwi. Der mystische Messias, Frankfurt am Main 1992.

Scholem, Gershom: The Beginnings of the Christian Kabbalah, in: Joseph Dan (Hg.): The Christian Kabbalah: Jewish Mystical Books & their Christian Interpretation, Cambridge MA 1997, S. 17–51.

Schöttler, Heinz-Günther: Re-Visionen christlicher Theologie aus der Begegnung mit dem Judentum, Würzburg 2016.

Secret, François: Les kabbalistes chrétiens de la Renaissance, Mailand, 2. Auflage 1984.

Simms, Norman: Marranos on the Moradas. Secret Jews and Penitentes in the Southwestern United States from 1590 to 1890, Boston 2009.

Slenczka, Notger: Vom Alten Testament und vom Neuen. Beiträge zur Neuvermessung ihres Verhältnisses, Leipzig 2017.

Stemberger, Günter: Einleitung in Talmud und Midrasch, München, 8. Auflage 1992.

Steudner, Johann: Jüdische ABC Schul / Von dem Geheimnuß deß / dreyeinigen wahren GOttes und Schöpfers / JEHOVAH. Aus dem denkwürdigen letzten Spruch / und Auslegung R. Mosis Botril, über deß Pa=/triachen Abrahams ersten Satz cap. 1 im Buch Jezirah / eröffnet / und / Mit Christlichen Anmerckungen / aus meh=/rern Zeugnissen H. Schrifft und Jüdischer / Rabbinen / bezeichnet und er=erklärt. / Darbey auch von der Juden mit ihrem eignen / Mund bekanter Blindheit / und von deß Erzvatters / Abrahams und seiner Sarae Glauben an den dreyeinigen / GOtt / und den Messiam aus zweyen Naturen be= / stehend / gehandlet wird. Durch M. Johannes Steudner /Ephorum / Collegij Evangelici Augustani, Augsburg 1665.

Straßburg, Klaus-Dieter: Die Trinitätslehre im jüdisch-christlichen Dialog, Göttingen 2009.

Thiede, Carsten Peter/D'Ancona, Matthew, Das Jesus-Fragment. Was wirklich über dem Kreuz Jesu stand. Das Abenteuer einer archäologischen Entdeckung, Basel 2004.

Vesperini, Pierre: Lob Reuchlins, des Humanisten, in: Matthias Dall'Asta, Cornelie Holzach (Hg.): Die Mysterien der Zeichen. Johannes Reuchlin, Schmuck, Schrift und Sprache, Pforzheim 2022, S. 260–269.

Vulliaud, Paul: Le Cantique des Cantiques d'après la tradition juive, Paris 1925.

Wallmann, Johannes: Philipp Jakob Spener und die Anfänge des Pietismus, Tübingen 1986.

Wallmann, Johannes: Theologie und Frömmigkeit im Zeitalter des Barock. Gesammelte Aufsätze, Tübingen 1995.

Wallmann, Johannes: Pietismus-Studien, Gesammelte Aufsätze II, Tübingen 2008.

Wallmann, Johannes: Pietismus und Orthodoxie. Gesammelte Aufsätze III, Tübingen 2010.

Walton, Michael/Walton, Phyllis J.: The Geometrical Kabbalahs of John Dee and Johannes Kepler. The Hebrew Tradition and the Mathematical Study of Nature, in: Paul H. Theerman, Karen Hunger Parshall (Hg.): Experiencing Nature. Proceedings of a Conference in Honor of Allen G. Debus, Dordrecht/Boston/London 1997, S. 43–59.

Wasserstrom, Steven: Sefer Yezira and Early Islam. A Reappraisal, in: The Journal of Jewish Thought and Philosophy 1994, S. 1–30.

Weiser, Artur: Die Psalmen I/Psalm 1–60 (Altes Testament Deutsch), Göttingen 1950.

Weiss, Tzahi: Die Heiligkeit der syrischen Sprache und der syrische Hintergrund des *Sefer Yetzira*, in: Morgen-Glantz. Zeitschrift der Christian Knorr von Rosenroth-Gesellschaft 32 (2022), S. 19–34.

Wirszubski, Chaïm: Pic de la Mirandole et la cabale. Traduit de l'anglais par Jean-Marc Mandosio. Suivi de Gershom Scholem: Considérations sur l'histoire des débuts de la cabale chrétienne, Paris/Tel Aviv 2007.

Wolfson, Eliot: Language, Eros, Being. Kabbalistic Hermeneutics and Poetic Interpretation, New York 2005.

Yuval, Israel: Zwei Völker in deinem Leib. Gegenseitige Wahrnehmung von Juden und Christen in Spätantike und Mittelalter, Göttingen 2007.

Innenbild des Gemäldeschreins.

Erklärung

Bearbeitete Fassung des Kupferstichs F. Ch. Oetingers (Öffentliches Denkmal der Lehrtafel einer weil. Wirttembergischen Princessin Antonia, hg. von Karl Chr. E. Ehmann, 2. Auflage, Stuttgart 1858); die Legende wurde teilweise neu gegliedert und mit Zusatzinformationen versehen; vgl. dazu auch Betz, Licht vom unerschaffnen Lichte, 3. Aufl., S. 82–83 und 104.

① Krone (→Keter) als Symbol der ersten →Sefira, darunter Antonias buchstabenmystisches Monogramm
② 24 Älteste (Verkörperung der →12 Stammesfürsten und der 12 Apostel: Offenbarung 5, 8)

Drei Zeugen im Himmel
③ **Elia** mit dem Schwert der Verfolgung (1. Könige 18)
④ **Mose** am brennenden Dornbusch (2. Mose 3, 2)
⑤ **Henoch** (1. Mose 5, 24) mit Engelsschrift (nach dem →Sohar)

⑥ Michaels Schlacht und Sieg (Offenbarung 12, 7–9)
⑦ Gottes Lamm in der himmlischen Stadt (Offenbarung 22, 3)
⑧ Der große Drache, auf die Erde geworfen (Offenbarung 12, 9)
⑨ Die Erlösten um den Zionsberg (Offenbarung 14, 1)
⑩ Engelskonzert (vgl. das Außenbild der Lerntafel)
⑪ Engel mit Palmwedeln als Symbolen des Sieges
⑫ Gott und Menschensohn, von Engeln verehrt (Daniel 7, 9–14)
⑬ Jesu Himmelfahrt (Apostelgeschichte 1, 4–11)
⑭ Ausgießung des Heiligen Geistes (Joel 3, 1)
⑮ Vier Räder des Thronwagens (Hesekiel 1, 15–18), in der Kabbala *Merkava* genannt
⑯ Vier Gestalten der Thronwagenvision (Hesekiel 1, 5)
⑰ Jesu Verklärung auf dem Tabor (Markus 9, 2–8)
⑱ Jesu Füße, von Sünderin gesalbt (Lukas 7, 38)
⑲ Jesu Geburt in der Krippe (Lukas 2, 7)
⑳ Der verlorene Sohn kommt heim (Lukas 15, 20)
㉑ Der Engel Gabriel bei Maria (Lukas 1, 26–38)
㉒ Jesus lernt Tora im Tempel (Lukas 2, 46)

Wahrscheinlich der 5. Sefira (Din/Gevura) zuzuordnen
Element des Feuers
㉓ Feuersäule, die Israel in der Wüste den Weg wies (2.xMose 13, 21)
㉕ Himmelfahrt Elias im feurigen Wagen (2. Könige 2)
㉗ Drei Freunde Daniels im Feuerofen (Daniel 3)
㊲ Amalekiterschlacht (Exodus 17, 8–16)
㊳ Flammenschrift an der Wand bei Belsazars Gastmahl (Daniel 5)
㊴ Gideons Midianiterschlacht im Feuerschein der Fackeln (Richter 7, 19–22)
㊵ Untergang Sodoms und Gomorrhas, Feuer und Schwefel (1. Mose 19)
㊺ Vision des metallischen Standbilds/der vier Weltreiche (Daniel 2)
㉛ Isaaks Gehorsam bei seiner Opferung (1. Mose 22)

Wahrscheinlich der 4. Sefira (Din/Gedula) zuzuordnen
Element des Wassers
㉔ Jona stürzt ins Meer (Jona 1, 15)
㉖ Jona, vom Fisch ausgespuckt (Jona 2, 11)
㉘ Jesu Taufe im Jordan (Markus 1, 9)
㊶ Israels Rettung am Schilfmeer (2. Mose 14)
㊷ Wer Wasser wie Hunde leckt zieht in den Krieg (Richter 7)
㊸ Jesus am Jakobsbrunnen mit Samariterin (Johannes 4)
㊹ Die Arche Noah auf der Wasserflut (1. Mose 7)
㊻ Engel mit geöffnetem Buch (Offenbarung 10, 8)
㉜ Abraham und Melchisedek, Brot und Wein (1. Mose 14, 18)

Wahrscheinlich der 6. Sefira zuzuordnen
㉟ Jakobs Kampf am Jabbok (Genesis 32)
㊱ Jakobs Traum, die Himmelsleiter (Genesis 28, 12)

㉙ Salomo schlichtet den Streit zweier Huren (1. Könige 3, 16–28)
㉚ Esther wird von König Ahasveros begnadigt (Esther 5, 2)

㉝ Samuel zerhaut den Amalekiterkönig Agag (1. Samuel 15, 33)
㉞ Der Engel Raphael beschützt den jungen Tobias (Tobias 6, 1–6)

㊼ Der Berg Sinai in Feuer und Rauch (2. Mose 19, 16)
㊽ Zion, Ort der Ruhe Gottes (Psalm 132, 14)
㊾ Israels Stämme lagern in der Wüste – Vorbild für Antonias Paradiesgarten (4. Mose 2)
㊿ Die Heilige Stadt mit dem Tempel, Gottes Wohnung
(51) Engel mit Mühlstein (Offenbarung 18, 21)
(52) Engel mit aufgeschlagenem Buch (Offenbarung 14, 6–7)

Das Innere des Tempels
(53) Eherne Schlange, Vorbild des Kreuzes (4. Mose 21, 9)
(54)/(55)/(58) Jesus am Kreuz, Johannes der Täufer und Paulus
(56)/(57) Moses und Josua (mit Fahne) weisen auf das Kreuz
(59) Aaron hinter dem Räucheraltar (4. Mose 17, 11–13)

Linke Außensäule des Tempels
(60) Adams und Evas Vertreibung aus dem Paradies (1. Mose 3, 24)
(62) Gott schickt Elia Feuer vom Himmel (1. Könige 18, 30–39)
(64) Simsons Löwenkampf (Richter 14, 5–18)
(66) Jesu Leidenskelch am Ölberg (Matthäus 26, 39)
(68) Hunde lecken die Geschwüre des Lazarus (Lukas 16, 21)
(70) Engelsspeise für Elia (1. Könige 19, 3–8)
(72) Begräbnis Jesu (Matthäus 27, 57–61)

Rechte Außensäule des Tempels
(61) Hiskia und der zurückgehende Sonnenzeiger (Jesaja 38, 8)
(63) Gott schickt Israel Manna in der Wüste (2. Mose 16, 2–4)
(65) Josefs Träume (1. Mose 37, 5–11)
(67) Josephs Becher in Benjamins Sack (1. Mose 44, 1–13)
(69) Der barmherzige Samariter (Lukas 10, 33–35)
(71) Jesus speist die Fünftausend (Markus 6, 30–44)
(73) Jesu Auferstehung (Matthäus 28, 2–4)

Linke Innensäule
(74) Jakob segnet Josefs Söhne (1. Mose 48, 14)
(76) Abrahams Beschneidung (1. Mose 17)
(78) Reise der Königin von Saba zu Salomo (1. Könige 10)
(80) Davids Sieg, Sauls Eifersucht (1. Samuel 18, 6–9)
(82) David bringt die Bundeslade nach Jerusalem (2. Samuel 6)
(84) Maria und Martha (Lukas 10, 38–42)
(86) Jakob wird in der Höhle Machpela begraben (1. Mose 50, 13)

Rechte Innensäule
(75) Jesus segnet die Kinder (Markus 10, 13–16)
(77) Darstellung Jesu im Tempel (Lukas 2, 22–38)
(79) Die Magier aus dem Morgenland (Matthäus 2)
(81) David und Goliath (1. Samuel 17)
(83) Jesu Einzug in Jerusalem (Markus 11)
(85) Salbung Jesu in Bethanien (Markus 14)
(87) Lazarus geht aus dem Grab (Johannes 11)

(88) Die vier großen Propheten
(89) Die vier Evangelisten
(90) Die zwölf kleinen Propheten
(91) Die zwölf Apostel

Die zehn Sefirot	**Die zwölf Stammesfürsten**
Ⓐ 1. Sefira (Keter/Krone)	Ⓛ Ruben
Ⓑ 2. Sefira (Chochma/Weisheit)	Ⓜ Simeon
Ⓒ 3. Sefira (Bina/Einsicht)	Ⓝ Levi? Manasse?
Ⓓ 4. Sefira (Gedula/Größe)	Ⓞ Juda
Ⓔ 5. Sefira (Gevura/Stärke)	Ⓟ Sebulon
Ⓕ 6. Sefira (Tif'eret/Pracht)	Ⓠ Isaschar
Ⓖ 7. Sefira (Nezach/Sieg)	Ⓡ Dan
Ⓗ 8. Sefira (Hod/Lob)	Ⓢ Gad
Ⓘ 9. Sefira (Jesod/Fundament)	Ⓣ Asser
Ⓚ 10. Sefira (Malchut/Königsherrschaft, Schechina/göttliche Einwohnung)	Ⓤ Naftali
	Ⓧ Josef? Efraim?
	Ⓨ Benjamin

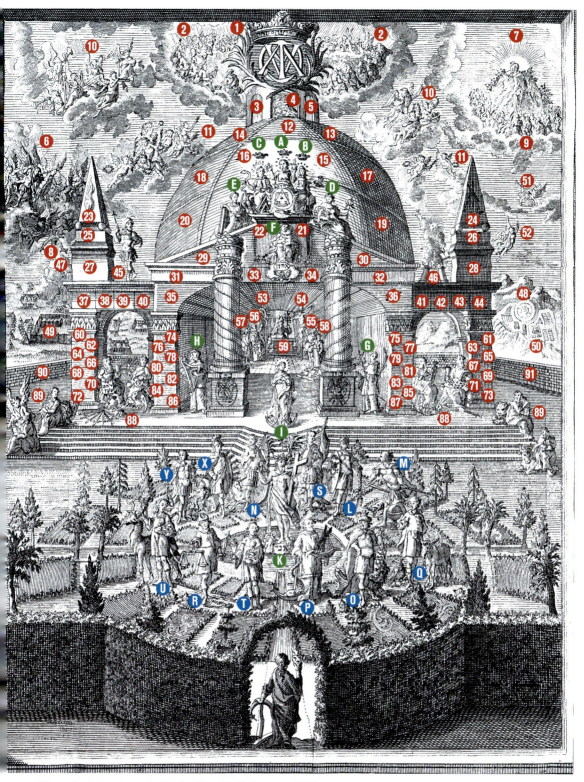

Überarbeiteter Ausschnitt des Kupferstiches von 1763.

Notizen zur Biografie der Lerntafel und ihrer Autorin – eine Spurensuche

von Monika Garruchet

Wie schwierig die äußeren Umstände in Antonias Jugendzeit waren, wurde schon erwähnt.[1] Doch uns Heutigen fällt es schwer, uns in die zutiefst verunsicherte Welt hineinzudenken, die noch lange nach dem Westfälischen Friedensschluss von 1648 in Württemberg von Krieg, Gewalt und bitterer Armut gezeichnet war. Wie eng begrenzt und unsicher die Lebensperspektiven einer Frau in jener Zeit sein konnten, auch wenn sie eine Prinzessin war, sollten wir nie aus den Augen verlieren, wenn wir das Leben der Antonia von Württemberg (1613–1679) betrachten.

Umso bemerkenswerter ist es, dass sie ihr Lebenswerk, die Lerntafel, in Gold und bunten Farben malen ließ, und nicht in Schwarz, wie es damals die Mode war. Der Tod war im Leben Antonias allgegenwärtig. Immer wieder hielt er Einzug in ihre Lebenswelt, die sich für Antonia zunächst auf das fürstliche Frauenzimmer ihrer Mutter Barbara Sophia von Brandenburg (1584–1636) beschränkte.

Das Frauenzimmer[2] war der Lebensbereich, wo innerhalb des württembergischen Hofes, wie überall an Fürstenhöfen, adelige Frauen unter dem Schutz von Hofmeister und Hofmeisterin mit einer Schar Bediensteten in strengen Hierarchien unter dem Regiment der Fürstin lebten. Der stark geregelte Tagesablauf war festen Ordnungen und Gebräuchen unterworfen. So wuchsen Fürstentöchter in einer behüteten und zugleich beengten Welt heran.

Antonias Mutter war eine Frau mit herausragenden Führungskompetenzen und mit politischem Gespür. Das brachte ihrem Frauenzimmer einen guten Ruf ein, weit über die Landesgrenzen hinaus, und es stärkte indirekt die Macht des Herzogs.[3]

Dies änderte sich schlagartig mit dem frühen Tod von Herzog Johann Friedrich (1582–1628). Von nun an regierten die Brüder des Verstorbenen als Administratoren über das Herzogtum und suchten den Einfluss der Herzogin-Witwe zu schmälern. Barbara Sophia jedoch ließ sich nicht bescheiden. Sie agierte im Hintergrund, um die

---

1 Vgl. den Beitrag von Matthias Morgenstern oben in diesem Band.
2 Zur Bedeutung fürstlicher Frauenzimmer in der frühen Neuzeit, vgl. Kägler, Rückzugsort oder Anlaufstelle?, S. 19.
3 Ebd., S. 26.

Interessen ihrer Kinder zu vertreten, und blieb, auch vom Exil aus, in ständigem Schriftverkehr mit dem kaiserlichen Hof in Wien.

Ihre Devise MVSICA zeichnet sie als strenggläubige Lutheranerin aus: *Mein Vester Stein Ist Christus Allein.* Rückwärts gab sie zu lesen: *Allen Catholiken (oder Calvinisten) Ist Solches VnMöglich!*[4]

Der Tagesablauf ihres hochkarätig besetzten Frauenzimmers war durch eine streng lutherische *Praxis Pietatis* (Frömmigkeitspraxis) geprägt, die zusammen mit dem Sprichwort „Müßiggang ist des Bösen Geistes Ruhekissen" das Rahmenprogramm für Antonias Erziehung abgaben.[5] Der weibliche Tugendkatalog von Frömmigkeit, Ehrbarkeit, Bescheidenheit, Keuschheit, Gatten- und Kinderliebe sowie Wohltätigkeit wurde bei jeder Gelegenheit in Erinnerung gerufen. Bei den Festen des Hofes wurden diese Tugenden personifiziert in Szene gesetzt und so zelebriert.

Wir dürfen davon ausgehen, dass Antonia gemeinsam mit ihren Schwestern Anna Johanna (1619–1679) und Sibylla (1620–1707) sowie den anwesenden jungen Frauen aus Adel und Hochadel nicht nur in Handarbeit und Musik unterrichtet wurde, sondern schon bald den Brenz'schen Katechismus und weite Passagen aus Bibel und Gesangbuch auswendig konnte. Weiter dürfte sie in allen Fächern unterrichtet worden sein, die jungen Damen ihres Standes ziemten. Lesen und rechnen zu können war wichtig. Doch war der Lesestoff meist auf religiöses Schriftgut begrenzt. Das Schreiben mussten junge Damen offenbar nur in den Grundzügen beherrschen, da es für offizielle Schreiben eigens dafür ausgebildetes Personal gab.[6] Arznei- und Pflanzenkunde wurden dagegen in Stuttgart fleißig betrieben. Die Mutter legte selbst Hand an beim Kochen für ihren kranken Mann[7] oder der Erstellung von Salben und Abgüssen. Schon Antonias Großmutter Sybilla von Anhalt hatte sich mit Hilfe von Maria Andreae (1550–1632), der Mutter Johann Valentin Andreaes, eine bedeutende Hofapotheke aufgebaut.

Musik und höfischer Tanz wurden zu Lebzeiten des Vaters gefördert. Dann aber, als der Vater 1628 plötzlich starb, wurden die Hofmusiker entlassen. Mit ihrer Mutter wurden die drei herzoglichen Töchter an den vorläufigen Witwenhof nach Kirchheim verwiesen, solange das Schloss Brackenheim noch nicht renoviert war. Antonia war gerade fünfzehnjährig. Nun hätte man eigentlich beginnen müssen, nach einem Bräutigam für die älteste Tochter des Hauses Ausschau zu halten. Doch dafür hatten die Administratoren weder Zeit noch Geld. Auch waren die konfessionellen Verhältnisse so ungewiss

---

4   Faber, Leichenpredigt, Bl. 30r.
5   Zeller, Leichenpredigt für Barbara Sophia in: Drey Christliche Leich-Predigten, S. 56. und Faber, Leichenpredigt, Bl. 29v.
6   Beim Vergleich des Briefbestandes der drei Schwestern fällt auf, dass Anna Johanna eine schöne, klare Handschrift hatte. Sie benutzte eine eigene, silberfarbene Tinte, was nicht alltäglich war. Antonia und Sibylla schrieben im Vergleich dazu auch im Erwachsenenalter weit weniger flüssig. Das Schreiben scheint keine alltäglich praktizierte Tätigkeit gewesen zu sein, wie wir es von der heutigen Schule kennen.
7   Faber, Leichenpredigt, ebd.

geworden, dass es nun schwierig war, einen „rechtgläubigen" Anwärter unter den Standesgemäßen aufzutun.

Latein und Astrologie oder gar Baukunst zu lernen, wie Anna Johanna sich diese später selbst aneignete, war den jungen Damen nicht ins Pflichtenheft geschrieben, auch wenn die Mutter selbst sich dafür interessierte. Reiten, Fechten und Jagen waren Künste, die den Brüdern vorbehalten blieben. Miniaturmalerei durfte an Pflanzen geübt werden, große Landschaftssujets oder Porträts zu malen blieb jedoch Männerhandwerk.[8] Auch die Idee, ihre Töchter Hebräisch oder Aramäisch lernen zu lassen, wäre Barbara Sophia wohl nie in den Sinn gekommen. Dieses Wissen war ausschließlich bürgerlichen Gelehrten vorbehalten. Von Antonia wissen wir, dass sie sich in ihren jungen Jahren auch für →Alchemie interessierte. Ihre beiden Großmütter Sybilla von Anhalt (1564–1614) und Katharina von Brandenburg-Küstrin (1549–1602) waren bedeutende Adeptinnen dieser Künste gewesen, doch die Mutter schien dem geheimen Wissen zu misstrauen und hielt ihre Töchter davon fern.[9]

Stattdessen nahm die *ars moriendi,* die sogenannte Sterbekunst, einen großen Platz im geistlichen Leben der Mutter ein. Ihre Leichentexte und Sargaufschriften hatte sie schon beizeiten vorbereitet und die kunstgerechte Anfertigung des dereinst für den eigenen Leichnam vorgesehenen Sarges überwacht, den sie als Gegenstand der Meditation nutzte. *Memento Mori (Bedenke, dass du sterben musst)* war die von ihr vorgegebene Hauptinschrift.[10]

Dass Antonia sich ebenfalls in der damals so genannten „Sterbekunst" übte, zeigt uns ein Brief an Johann Valentin Andreae (1586–1654) aus dem Jahre 1646.[11] Doch schon ein Trauergedicht, das sie mit 23 Jahren am Todestag der Mutter, dem 13. Februar 1636 in Straßburg schrieb, ist ganz von dieser Frömmigkeit geprägt. Hier begegnet uns zum ersten Mal die später so ausgeprägte Beschäftigung Antonias mit ihrem eigenen Vornamen.[12]

---

8 Vgl. hierzu: Friedewald, Maria Sibyllas Reise, S. 22f.
9 Wölfflin, Lebenslauf der Prinzessin Antonia von Württemberg, Manuskript HStA Stuttgart, G 86 2 1.
10 Schüelin, Leichenpredigt für Barbara Sophia in: Drey Christliche Leich-Predigten, S. 56. und S. 47.
11 Es ist der einzige Brief an ihren Seelsorger, der uns bisher bekannt ist. Vgl. Gruhl, Die kabbalistische Lehrtafel, S. 307f.
12 HStA G 67 Bü 20, „Acta weiland unserer gnädigen Fürstin und Frauen Herzogin zu Württemberg Barbarä Sophiä, geborener Markgräfin von Brandenburg Todtfall betr." / 1636. Das Akrostichon liegt uns nur als Entwurf vor. Es ist wohl nie im Druck erschienen. Die Transkription wurde von Wilfried Lieb angefertigt.

Ach Gott wollest vns gnedig sein,
in Christo ist verschieden
die hertzgeliebt Frau Mvtter mein
wie wohl ist Sie zvfrieden.
Geschieden ist Sie avß der Weltt
zv Gottes Engeln avßerwählt
ins himlisch Reich beschiden.

Nvn ist Ihr Hertz zv Rveh gestellt
erlöst avß schwehrem Leiden
ein Ewigs Sie Ihr avßerwählt
dortt in himlischen Frewden,
darinnen Sie würdt ewiglich
anschawen Gottes Angesicht
wiewol doch wehe that Scheiden.

Trawrig wahr zvvohr Ihr Abschidt hie
Ihr Geist frewt sich dochs Herren,
vor Sterben hatt Ihr grawet nieh,
Gotts Wordt hörtte Sie gernen,
daß giebt Ihr in Ihrem Hertzenheim
Bestandthafft biß in Ihr Endt hinein.
Hertzlich Sie solchs that ehren.

Offt bekannt Sie Ihrn Glavben rvndt,
in allen Ihren Schmertzen,
vnd sprach mit Ihrem fürstlichen Mvnd
vß innbrünnstigem Hertzen.
Avff disem Glavben wollt Sie allein
biß in Ihr Hinfahrt beständig sein,
welches Ihr wahr kein Schertzen.

Nvn blaith[13] Sie der getreve Gott
hin zv deß Himmels Trohnen,
ein Endt hatt nvnmehr all Ihr Noth
würdt ewig dortten wohnen
bey allen Gottes Engellein
avch allen Avsserwähltten sein,
tragen der Ehren Crohnen.

Iedoch werdt ich vergessen nicht
Ihr mütterlichen Trewen
mit mir hatt Sies gmainndt hertziglich
bekhenn ich ohne Schewen,
drvmb hett ich Ihr je Laidts gethan
so müest michs, weil ichs Leben han
von Hertzen immer rewhen.

Also wolan hertzliebst Frav Mvtter mein
weil wir ja hier seindt gscheiden
hoff ich baldt bey E. G. zvsamen
da wir dan alle beyden
einander sehen widervmb,
dortt in himmlischer Frewd vnd Wvhn[14]
würdt habn ein Endt alls Leiden.

Antonia von Württemberg – Trauergedicht für die Mutter, datiert auf den 13.2.1636, Transkription: 10.02.2023 Wilfried Lieb.

---

13 beleiten – jn. begleiten
14 Wuhn – Wonne

Ars moriendi

Das 17. Jahrhundert, das Zeitalter Antonias, hat dem Tod und dem Sterben besondere Achtung geschenkt. Beerdigungen und Trauerzeremonien wurden mit ausgefeiltem Protokoll und großen Unkosten in Szene gesetzt. Särge wurden in adeligen Kreisen als Kunstwerke gestaltet und schon zu Lebzeiten von ihren Besitzern in Auftrag gegeben. Der metallene Außensarg, mit Gedichten, Inschriften, Wappen und Symbolen verziert, diente seinem Besitzer als *Memento Mori (Bedenke, dass du sterben musst).*

Die Leichenpredigten jener Zeit erinnern sehr eindrücklich daran, dass wir alle des Todes sind, und trösten damit, dass Sterben weit besser sei als Leben.

Threnodia Würtembergica von Johann Ebermaier. Der mit Tränen überströmten Herzogin Anna Katharina soll dieses Emblembild mit Reimen und biblischen Versen Trost über den Verlust zweier ihrer Kinder spenden.

Threnodia Württembergica von Johann Ebermaier. Die 1650 siebenjährig verstorbene Prinzessin Dorothea Amalia und ihr nur vier Monate alt gewordener Bruder Carl Christoph werden auf ihrem Totenbett von Engeln gekrönt und mit Bibelworten, Palmen und einem Siegeskranz der himmlischen Herrlichkeit zugeführt.

„Der Geburtstag bringet uns alles Unglück. Hiob. Cap.5. Der Tag dess Tods führet uns auss dem Ellend in die Seligkeit."[15]

So wundert es nicht, dass Antonia selbst Gedichte schrieb, in welchen der Tod als ein ersehntes Ziel vor Augen gestellt wird.

---

15 Heerbrand, Leichenpredigt für Herzogin Agnes, Stuttgart 1629, S. 13.

Der Tod des Vaters war sicherlich der bedeutendste Einschnitt im Leben der jungen Frau. Doch es war bei Weitem nicht der erste Todesfall, dem sie begegnete. Not und Tod hielten regelmäßig Einzug ins herzoglich-württembergische Frauenzimmer. Da war die Tante Eva Christina von Brandenburg- Jägerndorf (1590–1657), die durch die verlorene Schlacht des protestantischen Lagers am Weißen Berg bei Prag nicht nur Hab und Gut sondern auch „die Ehre", verloren hatte, nämlich alle Privilegien, die mit ihrem Stand und Namen verbunden gewesen waren. Sie kam im Sommer 1621 und suchte Schutz am Stuttgarter Hof ihres Bruders, dicht gefolgt von einer weiteren Schwester des Herzogs, Barbara von Baden–Durlach (1593–1627), die 1622 durch mangelndes Kriegsglück ihres Gatten zur Flucht gezwungen wurde und in Stuttgart unterkam, wo sie 1627 verstarb.[16] Schon 1623 verlor die Herzogin Barbara Sophia ihre älteste Tochter Heinrica, kaum dreizehnjährig. Für Antonia war der frühe Tod der ältesten Schwester schon allein deshalb ein einschneidendes Ereignis, weil sie nun zum ältesten Glied ihrer Generation in der Dynastie der Württemberger aufrückte. Den älteren Bruder Friedrich (*/†1612) hatte Antonia nie gekannt. Der im Todesjahr Heinricas geborene Eberthal verstarb bereits nach wenigen Monaten kurz vor Antonias elftem Geburtstag.

Als steter Gast im Frauenzimmer und engste Vertraute der Herzogin stellte Anna von Württemberg (1597–1650), die jüngste Schwester des Vaters, für Antonia sicherlich das positive Vorbild einer ledigen Frau dar. Durch sie würde Antonia später Johann Lorenz Schmidlin (1626–1692), einen ihrer engsten Berater, kennenlernen.

Das Schicksal ihrer Tante Agnes von Sachsen-Lauenburg (1592–1629) hätte jedoch abschreckender nicht sein können: Erst 28-jährig an einen verarmten Cousin verheiratet, lebte sie fast ständig am Stuttgarter Hof, während ihr Ehemann am kaiserlichen Hof in Wien versuchte, sein Erbe einzuklagen. Von sieben Kindern, die sie in neun Jahren gebar, überlebte keines das Säuglingsalter. Sie selbst wurde gemeinsam mit ihrem jüngsten Sohn mit großem Pomp in der Gruft der Stuttgarter Stiftskirche beigesetzt. In der feierlichen Leichenprozession erscheint Antonia nun auf Platz drei des Frauenzimmers, gleich nach der Mutter und der Gattin des Administrators.[17]

Tod und Leben waren eng verwoben, bei diesen hochadeligen Damen nicht weniger als beim Rest der Bevölkerung. Das stand Antonia deutlich vor Augen. Jede Schwangerschaft war ein Risiko für das Leben einer Frau, gleich welchen Standes. Dennoch

---

16 Raff, Hie gut Wirtemberg, Bd. II, S. 286.
17 Heerbrand, Zwo Christliche Predigten, S. 109.

waren Heirat und Kindersegen für die nun erste Tochter aus fürstlichem Hause die einzig denkbare Möglichkeit. Doch diese Perspektive bekam nach dem Tod des Vaters einen ersten, schweren Knick. Der Administrator Herzog Ludwig Friedrich von Mömpelgard (1586–1631) hatte durch den immer mehr um sich greifenden Krieg andere Sorgen, als in diesen unsicheren Zeiten seine noch junge Nichte zu verheiraten. Das Herzogtum war hoch verschuldet und brauchte flüssiges Geld für seine Verteidigung und für die Bedürfnisse des Administrators.

Barbara Sophia wurde als Herzogin-Witwe vom Stuttgarter Hof entfernt und ihre drei Töchter mit ihr. Auch oder gerade, weil sie von Kirchheim aus versuchte, Einfluss auf die Geschicke des Landes zu nehmen, wurden sie und ihre Töchter vom höfischen Leben ausgeschlossen. Die drei Söhne wurden auf Kavaliersreise geschickt, obwohl der jüngste, Ulrich, erst dreizehnjährig und damit fast noch ein Kind war. Erst 1633, und gegen den Willen des Administrators Julius Friedrich von Württemberg-Weiltingen (1588–1635), erwirkte Barbara Sophia, dass ihr Sohn Eberhard III. durch kaiserlichen Erlass zum regierenden Herzog von Württemberg eingesetzt wurde. Doch der Neuzehnjährige hatte kein Interesse an den Ratschlägen der Mutter, die ihn zur Vorsicht mahnte. Vielmehr betrieb er eine hochriskante Annexionspolitik, die den kaiserlichen Interessen direkt entgegenstand.[18] Dies ließ nichts Gutes ahnen für den Fall der Niederlage des protestantischen Lagers. Am 6. September 1634 nahm das Unheil seinen Lauf.

Exil in Straßburg

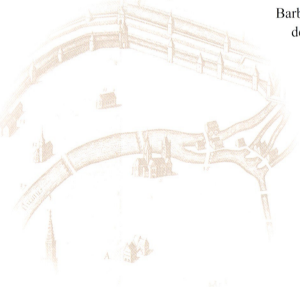

Barbara Sophia saß schon mit ihren Töchtern in der Kutsche, als die unheilvolle militärische Konfrontation bei Nördlingen erst begann. Einen Teil der fürstlichen Pretiosen und der Kunstkammer führte sie mit.[19] Vom Kaiser erwartete sie keinerlei Gnade für ihren Sohn und dessen Land. Darum war ihr Ziel die freie Reichsstadt Straßburg, der einzige Ort weit und breit, der sich neutral verhielt im großen Krieg und dessen Mauern sicheren Schutz boten.

In Straßburg angekommen, mietete sie sich mit ihren Töchtern in einem bürger-

---

18   Fritz, Bündnispartner und Besatzungsmacht, S. 253f.
19   Krickl, Brautfahrt ins Ungewisse, S. 159f.

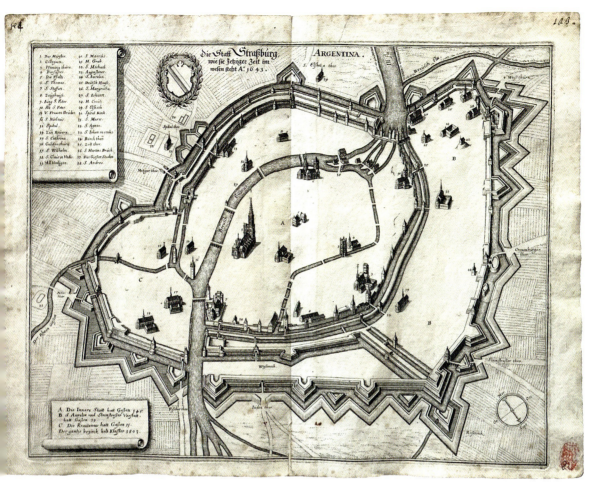

Offizieller Plan der Stadt Straßburg von 1634. Die St. Thomaskirche ist unter N° 6 abgebildet. Hier wohnte Antonia mit ihrer Mutter und den Schwestern.

lichen Anwesen am Thomasplatz ein.[20] Herzog Eberhard kam, wie viele andere geschlagene Fürsten aus dem protestantischen Hochadel, nur wenige Tage später mit Teilen seiner Regierung in die Stadt am linken Rheinufer und installierte sich im prestigevollen Bischofshof beim Münster, wo er, obwohl finanziell ruiniert, ein durchaus fürstliches Leben führte. Die württembergischen Untertanen, die derweilen schutzlos den kaiserlichen Horden ausgesetzt waren, haben ihm diese als unehrbar empfundene Flucht noch lange nachgetragen.[21]

So standen zwischen der Herzoginmutter und dem gescheiterten Sohn die Dinge nicht zum Besten. Wie schon in Stuttgart und Kirchheim mischte sie sich, auch schriftlich, in

---

20 Raff, Hie gut Wirtemberg Bd. II, S. 118. Die Rihelische Behausung gehörte einer bedeutenden Druckerdynastie, die vor allem lutherisches Schriftgut herausgab. Vgl. Schmidt, Deutsche Buchhändler, deutsche Buchdrucker, S. 816.
21 Fritz, Bündnispartner und Besatzungsmacht, S. 253.

Straßburg: Die Sankt Thomaskirche vom Fluss aus gesehen.

alle Belange ein, die ihr für das Wohl des Hauses Württemberg bedeutend erschienen. Sie ließ einen „mütterlichen Rat an den jungen Herzog Eberhard III. wegen seiner Heirat" aufsetzen, in dem es vor allem darum ging, die sich anbahnende Heirat mit einer Person „niedereren" Standes, der Wild- und Rheingräfin Anna Katharina von Salm-Kyrburg (1614–1655) zu verhindern.[22] Die Ehe wurde erst im Februar 1637 in Straßburg geschlossen, nach dem Tod Barbara Sophias, genau zum Ende des Trauerjahres, und nur sechs Monate vor der Geburt des ersten Kindes.[23]

Antonia bekam die Spannungen und Zerwürfnisse aus nächster Nähe mit. Man kann sich unschwer vorstellen, wie sehr sie zwischen den Stühlen saß. Eberhard war ihr nächster männlicher Verwandter. Sie und die beiden jüngeren Schwestern waren seine Schutzbefohlenen. Doch wie ernst nahm er diese Schutzpflicht? Würde er für sie sorgen, wenn die Mutter einmal nicht mehr war? Eine dynastisch und finanziell günstigere Heirat Eberhards wäre auch für die drei Schwestern von Vorteil gewesen. Wie die Dinge jetzt standen, hatte der Bruder wenig Zeit und Mittel, sich um die Belange seiner Schwestern zu kümmern.

Und doch war der Wechsel von der engen Welt des Witwenhofes ihrer Mutter in die freie Reichsstadt Straßburg ein Glücksfall für Antonia. Trotz der schwierigen Lebensumstände, trotz Kriegsgefahr und der stets wiederkehrenden Pest lebte sie nun in einem stimulierenden Umfeld.

Die Mutter dagegen konnte sich vom Schrecken der Flucht und dem Verlust der Heimat nie richtig erholen und wurde krank. So war nun Antonia als älteste Tochter des Hauses

---

22 Krickl, Brautfahrt ins Ungewisse, S. 161f.
23 Ebd., S. 163f. Am 9.9.1637 sah Eberhard sich gezwungen, in einer offiziellen Bekanntmachung die vorzeitige Geburt des Stammhalters Johann Friedrich durch einen „unglücklichen Fall" der werdenden Mutter zu erklären.

auch für gesellschaftliche Kontakte zuständig. Und diese waren vielfältig.

Da waren vor allem die Straßburger Pfarrer und Theologen. Besonders der Dekan der theologischen Fakultät und Kirchenpräsident Johann Schmidt (1594–1658)[24] ist hier zu nennen. Er blieb dem Hause Württemberg auch über das Exil hinaus verbunden. Vielleicht ist es ihm zu verdanken, dass Antonia mit Johann Arndts Gebetsbüchern und ihrer Frömmigkeit so eng vertraut wurde, insbesondere seiner Brautmystik.

Da waren auch die anderen hochadeligen Familien, die nach der Flucht vor der katholischen Liga eine *Expatriate Community* in der vergleichsweise kleinen Stadt bildeten und ein anregendes höfisches Leben führten. So nah beisammen war man in normalen Zeiten nur auf Hochzeiten und Beerdigungen. Hier jedoch lebten alle innerhalb der Stadtmauern, eingemietet und auf engstem Raum. Für die Straßburger Bürger war das Zusammenleben mit dem protestantischen Hochadel in jenen Jahren sicher nicht immer einfach. Seit Langem schon waren sie von fürstlichen und kirchlichen Machtansprüchen befreit, hatten sich eigene Gesetze und Hierarchien gegeben und diese wehrhaft verteidigt. Doch brachten die vielen Feste und der Bedarf an Dienstpersonal Geld in die leeren Stadtkassen. Denn Straßburgs Blütezeit war längst vorbei. Der Krieg und die daraus sich ableitenden Verteidigungsausgaben verschlangen viel Geld.[25] Dazu kamen Pest und Missernten. Erst 1633 hatte eine schreckliche Pestepidemie die Stadt heimgesucht und die Bevölkerung um ein Drittel dezimiert. Hungersnot und Teuerung waren die Begleiterscheinungen dieses *annus horribilis* gewesen.[26]

Nun kam neues Leben in die Stadt, Straßburg, deren Namen auch Programm war. Hier kreuzten sich seit der Antike die großen Verkehrswege. Wer von Amsterdam nach Lyon oder Genua, wer von Prag über Wittenberg nach Paris reisen wollte, machte Halt in der Stadt am linken Rheinufer.

---

24 Philipp Jakob Spener würde ihn Jahre später als seinen „geistlichen Vater" bezeichnen. Es gibt gute Gründe, den Ursprung des Pietismus nicht erst bei Spener, sondern hier, bei Johann Schmidt, im Straßburg der 1630er-Jahre zu verorten, von wo dieses neue Gedankengut dann von Menschen wie Antonia und ihren Schwestern nach Württemberg mitgebracht wurde. Vgl. Johannes Wallmann, Spener und die Anfänge des Pietismus, S. 24–31.
25 Trendel, Strasbourg, S. 201.
26 Reuss, Straßburg im dreißigjährigen Kriege (1618–1648), S. 30.

Die Bürgerschaft war streng nach Korporationen organisiert. Sie hatte sich schon früh zur lutherischen Reformation bekannt und betrieb seither eine renommierte Lateinschule, die nun auch Universität geworden war. Hier stand Gutenbergs erste Druckerpresse. So hatte der Buchdruck eine lange Tradition und eine bedeutende Stellung in der Stadt.

Die Straßburger Druckerei Lazarus Zetzner & Erben, die schon 1616 eine der ersten Ausgaben der Rosenkreuzerlegende veröffentlicht hatte, gab nun auch das große Kompendium der Alchemie *Theatrum Chemicum* in mehreren Bänden heraus. Werke über Medizin und Botanik, über →Astrologie und Festungsbaukunst waren hier einfach zu bekommen. Lutherisch orthodoxe Schriften wurden genauso verlegt wie →hermetische Literatur und medizinische Standardwerke. Die erst neu gegründete Universität brachte die entsprechende Klientel in die Stadt.

Das alles blieb nicht ohne Bedeutung für Antonia, nun eine junge Frau von 21 Jahren. In einer Stadt, in der Frauen frei und unbegleitet durch die Gassen gingen, hatten sie und ihre Schwestern plötzlich Zugang zu allen Druckerzeugnissen, die sie sich nur wünschen konnten. Sie interessierten sich leidenschaftlich für die Wissenschaften und konnten sich jetzt Bücher beschaffen, von denen sie in Kirchheim oder Stuttgart nur hätten träumen können.

Wir dürfen sogar annehmen, dass Antonia, ganz ohne Anstoß zu erregen, selbst in die Stadt ging, Buchhandlungen aufsuchte und eigenständig Bücher auswählte. Solange sie sich an die Kleiderordnung hielt, waren solche Ausgänge in der freien Reichsstadt erlaubt. Ein Zugewinn an Freiheit, der schwindelerregend anmutet, im Vergleich zum streng reglementierten Leben eines fürstlichen Frauenzimmers in der schwäbischen Provinz. Der Wissensdurst, der die Prinzessin ein Leben lang auszeichnete, konnte nun gestillt werden.

Dazu trug auch die Universität bei, deren Professoren wöchentlich öffentliche Vorlesungen hielten, denen auch Frauen beiwohnen durften. Antonia konnte also nicht nur die Predigten Johann Schmidts, sondern auch seine öffentlichen Vorlesungen besuchen.

Die Schüler der Lateinschule, des heutigen *Gymnase Jean Sturm,* gaben regelmäßig öffentliche Theateraufführungen, in denen sie den Lernstoff vortrugen. Sie waren sehr beliebt.[27]

Von all diesen Eindrücken und Angeboten konnten Antonia und ihre Schwestern profitieren, während die Mutter zunehmend kränklicher wurde und schließlich am 13. Februar 1636 „an einer sehr beschwerlichen und langwierigen Kranckheit" starb[28]. Seit der Flucht nach Straßburg hatte sie in unermüdlichem Schriftverkehr versucht, ihr Hab und Gut in der Heimat zu sichern. Tatsächlich erhielt Barbara Sophia noch kurz vor ihrem Tod eine Garantie des Kaisers, dass ihr Witwengut Brackenheim für sie und ihre drei Töchter garantiert und erhalten bleiben sollte. Sogar die Verschonung des Amtes Brackenheim vor Plünderungen und der Einquartierung kaiserlicher Truppen wurden versprochen.[29] Von Verschonung konnte allerdings auch in Brackenheim keine Rede sein, wo doch ganz Württemberg

---

27 Livet/ Schang, Histoire du Gymnase Jean Sturm, S. 104.
28 Raff, Hie gut Wirtemberg, S. 118.
29 Ebd., S. 126.

in Schutt und Asche lag. Doch die drei jungen Herzoginnen traten offensichtlich von Straßburg aus das Erbe ihrer Mutter an.[30] Aus den Annalen des Tübinger Stifts erfahren wir, dass sie 1636 einer Bitte der unter der Kriegsnot leidenden Institution zur Ausbildung von Pfarrern mit einer Spende von 100 Reichstalern und zwei Fudern Wein entsprachen, während die gleiche Bitte an den Landesfürsten Eberhard III. unbeantwortet blieb. Es zeichnet sich hier im Straßburger Exil ein Motiv ab, das wir noch oft im Leben der Prinzessinnen wiederfinden: Antonia und ihre Schwestern fühlten sich, obschon nur mit bescheidenen Mitteln ausgestattet, der Kunst, der Kirche und der Gelehrsamkeit verpflichtet. Als Stifterinnen, Mäzeninnen und, wo es ihnen erlaubt war, eifrige Schülerinnen, nahmen sie aktiven Anteil am Leben von Kirche, Kunst und Wissenschaften.[31] Ihr Bruder hingegen suchte seine Macht durch aufwändige Feste und kurzlebige Inszenierungen zu demonstrieren.[32] Unangenehmen Verpflichtungen, die ihm aus seiner Rolle als regierendem Fürsten zufielen, suchte er sich zu entziehen, wo dies möglich war.[33]

Wie immer man diesen Führungsstil beurteilen mag, es scheint, dass Antonia, Anna Johanna und Sibylla 1636 als Herzoginnen von Württemberg in Straßburg das kaiserlich geschützte Erbe ihrer Mutter antraten, jedoch schon bei der Heimkehr ins verwüstete Stuttgarter Schloss im Januar 1639 keinen eigenen Besitz mehr hatten. Fortan lebten sie am Hofe ihres Bruders und mussten mit einer sehr bescheidenen Apanage auskommen. Wahrscheinlich beinhaltete die im Jahre 1638 kaiserlich angeordnete Restitution fast aller weltlichen Ämter und Besitztümer an Eberhard III. auch die Rückkehr des Amtes und Schlosses Brackenheim und der Kunstkammer ihrer Mutter in seinen Besitz. Den drei noch immer unverheirateten Schwestern war damit faktisch das schon angetretene Erbe wieder entzogen.[34]

Dieser Vorgang zeigt zweierlei: Zum einen, wie wenig die sterbende Herzogin-Mutter darauf vertraute, dass ihr Sohn für die Versorgung seiner Schwestern würde aufkommen können, zum anderen, wie ungesichert die rechtliche und wirtschaftliche Lage lediger Frauen generell war, auch und gerade im Hochadel.

---

30 Vgl. Landesmuseum Württemberg, Die Kunstkammer der Herzöge von Württemberg, S. 129f. Ein Testamentsentwurf von 1635 bedenkt die Töchter großzügig. HStA G 67 Bü 17 N°1.
31 Johann Lorenz Schmidlin, Pictura docens, Einleitung S. XII.
32 Fleischhauer, Barock in Württemberg, S. 63.
33 Vgl. die Rolle, die Eberhard III. im Rechtsstreit um die Scheidung seiner Cousine Julia Felicitas von Bischof Hans von Lübeck spielte. Dazu: Jensen, Die Ehescheidung des Bischofs Hans von Lübeck, S. 141.
34 Antonia und Anna Johanna bekamen beim fürstbrüderlichen Vergleich von 1649 nach langem Insistieren eine Erhöhung ihrer Apanage und jeweils ein kleines, im Krieg jedoch zerstörtes Hofgut zugesprochen. Eine eigene Kutsche wurde ihnen verweigert. Sybilla bekam bei der Verheiratung mit ihrem Cousin Leopold Friedrich von Mömpelgard (1624–1662) im Jahre 1647 als Mitgift die Bezahlung ihrer sehr bescheidenen Apanage auf 25 Jahre hinaus zugesagt. Sie wechselte, für ihren Bruder kostenneutral, in den mömpelgarder Zweig des Hauses Württemberg. Vgl. Raff, Hie gut Wirtemberg II, S. 545, Anm. 6. Die Ehe blieb kinderlos. Leopold Friedrich starb schon nach 15 Jahren Ehe. Im Alter kehrte Sibylla, aus Mömpelgard durch französische Truppen vertrieben, ins Stuttgarter Schloss zurück. Jedoch beherbergte sie den genialen Musiker und Freund aus Kindertagen Johann Jakob Froberger (1616–1667) von 1663 bis zu dessen Tod auf ihrem Witwensitz, Schloss Héricourt.

Zurück in Stuttgart: „Wer gehört zu mir?"

Unter diesen Bedingungen kehrte Antonia im Januar 1639 mit der Familie und dem Hofstaat ihres Bruders ins völlig zerstörte Stuttgarter Schloss zurück, in dem sie glückliche Kindertage verbracht hatte. Nun war die Mutter nicht mehr da. Stattdessen sollte die junge Schwägerin, Anna Katharina, dem herzoglichen Frauenzimmer vorstehen. Doch Anna Katharina geriet in den ersten Stuttgarter Jahren in eine böse Abwärtsspirale von Schwangerschaften, Geburten und Kindstod, die sie nervlich an den Rand brachten und sie daran hinderten, ein bedeutendes Frauenzimmer zu führen. Schon in den ersten Stuttgarter Tagen starb ihr zweiter Sohn, ein Säugling von neun Wochen, der kurz vor der Abreise aus Straßburg geboren worden war. Insgesamt fünf ihrer vierzehn Kinder starben im Kindes- oder Jugendalter.

Auch war der Krieg noch lange nicht zu Ende. Die Not des ausgebluteten Landes war bis ins Schloss zu spüren.[35] Es ist schwierig, sich für die vier jungen Fürstinnen in jenen ersten Jahren nach der Rückkehr ein halbwegs glückliches Leben vorzustellen.

Und doch bezeugt Johann Valentin Andreae, der neu ernannte Stuttgarter Hofprediger, dass die drei Schwestern „durch musikalische Instrumente und die bewährtesten Schriften die Langeweile und den Verdruss über ihr Schicksal verscheuchten."[36] Er beschreibt „ihre Geistesruhe, ihre Geduld im Leiden, die Einstimmigkeit ihres Willens, nebst der Liebenswürdigkeit des Charakters und der Gefälligkeit"[37] als tröstend und wohltuend, sich abhebend vom lärmenden Treiben des übrigen Hofstaats.

Lernen als Lebensbewältigung

Die Langeweile vertrieb Antonia sich mit dem Erlernen der hebräischen Sprache. Wir wissen nicht genau, wann sie den ersten Unterricht bekam. Andreaes ehemaliger Schüler Johann Jakob Strölin (1620–1663) war ab 1645 als Lehrer in der Stadt und wohl bald auch bei Hofe tätig.

Doch vorerst galt es, die Jahre des „Verdrusses" und der „Langeweile" durchzustehen. Eva Johanna Schauer beschreibt die Zweifel und die Glaubenskrisen Antonias einfühlsam und nachvollziehbar, wenn sie aufzeigt, wie die inzwischen erwachsen gewordene Frau nach dem Sinn ihres Lebens fragte. Unter diesem Blickwinkel gesehen, erscheinen die hebräischen Gebetsübungen und das Erlernen dieser Sprache als Strategien der Lebensbewältigung in Zeiten des Zweifels und der Perspektivlosigkeit.[38]

---

35 Im Jahre 1642 musste der Stuttgarter Hof „wegen gefährlichen Läuften" sogar nach Kirchheim ausweichen, Andreae, Selbstbiographie, S. 264.
36 Ebd., S. 213.
37 Ebd., S. 214.
38 Eva Johanna Schauer ist die Erste, die die hebräische Bibel Antonias in Bezug auf die biografischen Aspekte der Lerntafel und ihre Entstehungsgeschichte in Blick genommen hat. Vgl. Schauer, Prinzessin Antonia, S. 38–40.

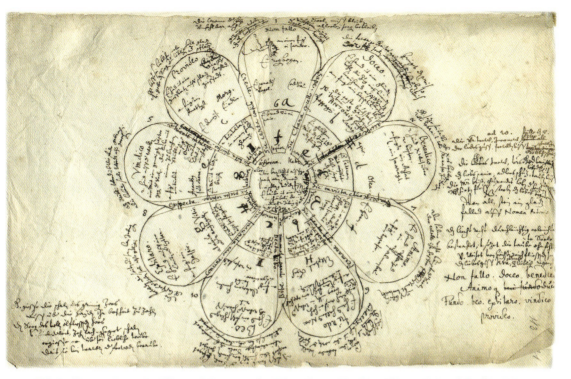

Faksimile von Antonias Blütenskizze aus den Unterlagen Strölins. Hier wird auf die Ähnlichkeit ihres Namens mit dem griechischen Wort für Blüte angespielt. Jedes einzelne Blatt steht für eine Glaubenstugend.

Zwei Marginalien in Antonias hebräischer Bibel weisen darauf hin: Das erste Wort der Sprüche Salomos (משלי – mischle) kann auf Hebräisch in anderer Vokalisierung auch als Frage übersetzt und gelesen werden: „Wer gehört zu mir?" (מי שלי – mi sheli). Es wurde am 17. Februar 1652 von Hand rot markiert.

Die Marginalie, die am Anfang des Psalters von Hand eingetragen wurde, steht da wie eine Antwort auf diese Frage: Antonia 70, Jesus 70=140.[39]

Der Wunsch, den eigenen Lebensweg als Heilsweg verstehen zu können, drückt sich auch in der unermüdlichen Beschäftigung der Prinzessin mit ihrem eigenen Vornamen aus, den sie im Hebräischen mit dem Wort „Taube" (יונה – jona) und im Griechischen mit dem Wort „Blume" (ἄνθος, ἀνθέμιον – anthos, anthenion) in Verbindung bringt. Johann Lorenz Schmidlin hat diese gedachten Zusammenhänge in einem Gedicht zum Klingen gebracht. Johann Jakob Strölin entwarf dazu verschiedene Bildprogramme für die Prinzessin. Grammatikalisch handelt es sich jedoch in beiden Sprachen nicht um echte Homonymien, sondern um barocke Entsprechungen.[40]

---

39 Ebd. und Biblia hebraica, Liber Psalmorum, Stuttgart 1649 WLB, Cod. bibl. qt. 41a, Bl. 3r, und Bl. 177r. Zu den gematrischen Berechnungen mit lateinischen Buchstaben vgl. →Gematrie im Glossar, S. 243.

40 Cod. hist. fol. 551, Bl. 109r, hier abgebildet S. 143 und 113r., hier abgebildet S.144. Vgl. auch das als Akrostichon aufgebaute Trauergedicht aus der Straßburger Epoche in den Archiven zu Barbara Sophia. HStA Stuttgart, G 67 Bü 20, hier abgebildet S. 132.

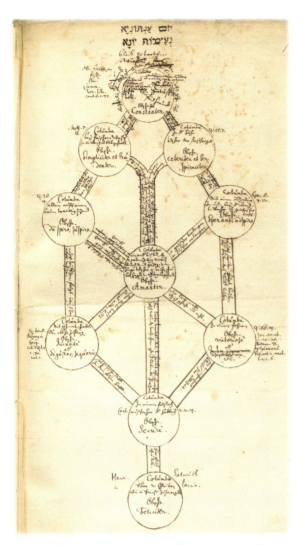

Faksimile von Antonias Taubenbaum mit dem hebräischen Titel „Tag Antonias, liebevolle Taube". Die zehn Sefirot werden mit zehn Emblemen zum Motiv der Taube verbunden und in den Sefirotbaum eingefügt.

Antonia

Recht O Aller Fürstinnen Sonne
Sulamitin Hochgebohren
Euch als Ewres Liebsten Wonne
Eine Daube auserkohren,
Die Hebraer zierlich nennen
Und ein Gottes gab erkennen
Solchen Sions-fürsten-töchtern,
Die mit scharfen tauben augen
Stehen vor den Sions-Wächtern
Solche Zierd und Nahmen taugen
Die in reiner Einfalt glauben
Gleichen sie sich wohl den Tauben.
Und mit glenzend flügeln schnelle
Bald hoch sich himmelauff erschwingen
Bald zur Wasserquelle helle
Bald in felsenlöcher dringen
Und dem Raube zu entrinnen
Sich so klug, so bald besinnen.
Doch die Griechen nit gar weichen,
Den Hebreern Euch zu preisen
Und mit tieffem Sinn erraichen,
Was an von Fürstenlob kann weisen
Undt von Blumen recht zu kennen
Euch die schönste floram nennen.

Johann Laurentius Schmidlin.[41]

Ein tiefes Sehnen, den Willen Gottes und seine Weisheit zu verstehen, muss deshalb als Ursprung der Lehr- und Lerntafel gelten. Wie konnte sie tiefer in die göttlichen Geheimisse eindringen, wenn nicht, indem sie an die verborgenen Quellen der Weisheit zu kommen versuchte?

Das Hebräische galt in der barocken Vorstellungswelt nicht nur als die Ursprache der Menschheit, sondern als Sprache Gottes selbst.[42] Deshalb führte kein Weg am Erlernen der heiligen Sprache vorbei. Schnell wird Antonia entdeckt haben, wie außerordentlich kurzweilig das Auswendiglernen und Übersetzen von Texten sein kann, die man schon zu

---

41 Transkription bei Raff, Hie gut Wirtemberg, S. 332.
42 Vgl. dazu Matthias Morgenstern, oben in diesem Band.

kennen meinte, die in ihrer Ursprache aber neue Erkenntnisperspektiven bieten. Für die Prinzessin, die schon lange für sich entschieden hatte, dass höfische Festlichkeiten ihr wenig bedeuteten, die biblischen Schriften und ihre Erforschung aber viel, fing mit vierzig Jahren ein neues Leben an. Die Zeit der Prüfungen schien überstanden.

Wie genau es zur Idee der Erschaffung eines Gemälde- und Buchstabenschreins kam, wie wir ihn heute kennen, ist aus den uns zur Verfügung stehenden Quellen nicht vollständig nachvollziehbar. Die aufschlussreichsten Dokumente sind über den Nachlass Johann Lorenz Schmidlins auf uns gekommen, der auch Briefe, Aufzeichnungen und Entwürfe aus dem Besitz seines früh verstorbenen Kollegen Strölin enthält.[43] Nach hundert Jahren war es der Verdienst von Friedrich Christoph Oetinger (1702–1782), diese Dokumente ans Tageslicht zu bringen, als er sich mit der kabbalistischen Lerntafel Antonias befasste.

In Anbetracht dieser Dokumente[45] ist es sogar denkbar, dass zuerst nicht ein Gemäldeschrein geplant war, sondern ein ganzes Gotteshaus,[46] in dem die neu erworbenen Glaubenserkenntnisse der Prinzessin für die Öffentlichkeit zugänglich gemacht werden sollten. Das Bildnis der *Sponsa* (Braut) hätte dann wohl die Kuppel des Gotteshauses geschmückt.[47]

Dass diese dogmatisch und finanziell extravaganten Pläne nicht zur Ausführung kamen, kann kaum verwundern, wenn man bedenkt, wie angespannt die religionspolitische Lage war und wie knapp die Mittel nicht nur der Prinzessin, sondern auch ihres Bruders, des Herzogs. Die Teinacher Kirche, die den Gemäldeschrein der Prinzessin letztlich aufnahm, fiel in Plan und Ausführung eher bescheiden aus.

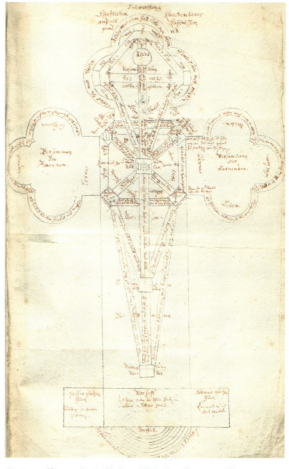

Entwerffung christlichen Kürchenbaws auff Altrabbinischen Grundriß.[44]

---

43   Gruhl, Die kabbalistische Lehrtafel, S. 13.
44   Cod. Hist. fol. 551, Bl. 108r
45   Verwahrt sind diese Dokumente in der Württembergischen Landesbibliothek, Signatur Cod. hist. fol. 551.
46   WLB Cod. hist. fol. 551, Bl. 108r.
47   Vgl. Häußermann, Pictura Docens, S. 70. Häußermann bezieht sich auf die im Cod. hist. fol. 551 befindlichen Skizzen und Dokumente, hier vor allem Bl. 112r.

Lernen als Lebensbewältigung

Antonia wird am Teinacher Kirchenbau keinen weiteren Anteil gehabt haben, als dass sie dem fürstlich gestifteten Gotteshaus einen Gemäldeschrein als ihr Epitaph schenken durfte. Auf der Gedenktafel zur Grundsteinlegung 1662 wird sie neben den anwesenden fürstlichen Personen nicht erwähnt.

Die Entstehung des Gemäldeschreins

Antonia legte ihr ganzes Herzblut in die Konzeption des Bilder- und Buchstabenschreins, in dem alle Wissens- und Glaubensstränge ineinanderliefen, die ihr wichtig waren. Doch kann man kaum behaupten, dass sie die alleinige Autorin dieses Werkes ist; es ist vielmehr der Zusammenarbeit vieler Talente zu verdanken. Die Prinzessin verstand es aber, die verschiedensten Menschen in den Dienst der Aufgabe zu stellen und sie untereinander zu vernetzen.[48]

Einige wurden schon im ersten Teil dieses Bandes vorgestellt. An dieser Stelle muss die Bedeutung Johann Ebermaiers (1598–1666) sowohl als Kurseelsorger der Prinzessin als auch als Mitgestalter der Lerntafel hervorgehoben werden. Johann Ebermaier[49] wurde 1598 in Tübingen geboren, kam als Klosterschüler nach Maulbronn, studierte am Tübinger Stift Theologie und bekam 1626 seine erste Stelle als Diakon in Wildbad. Seine erste Pfarrstelle trat er 1631 in Hausen (Kreis Reutlingen) an, kam aber schon drei Jahre später wieder in den Nordschwarzwald zurück, zuerst nach Breitenberg, dann 1635 als Stadtpfarrer nach Zavelstein, von wo aus er auch den Teinacher Sauerbrunnen mit seinen Kurgästen zu versehen hatte. Somit stand er von Amtes wegen schon lange Zeit vor der Entstehung der Lerntafel als Kurseelsorger mit Antonia und der herzoglichen Familie in Verbindung.[50] Mindestens ebenso versiert in antiker Bildung wie Schmidlin – darin zeichneten sie sich als Klosterschüler und Stiftsstipendiaten aus – hatte er auch Kenntnisse in der Herstellung von Arznei[51] und eine beachtliche Fertigkeit im Kupferstechen. Dazu war er ein anerkannter Dichter und Komponist.[52] Leider gilt ein großer Teil seines Werkes heute als verloren. Es ist aber nicht unwahrscheinlich, dass wir ihm auch das Brautlied auf der Außentafel verdanken, denn er schrieb seine Gedichte oft in Dialogform oder auf mehrere Rollen verteilt. Das Brautlied der Tafel mit Christus, der Braut und den Engeln, die jeweils ihren

---

48 Zum sogenannten Beraterkreis, vgl. Matthias Morgenstern in diesem Band und ausführlich: Schmidlin, Pictura docens, Einleitung, XXI – XXXII.
49 Vgl. Leube-Liste, Tübinger Stift, Jahrgang 1618 und Thomas Haye, Frieden durch Sprache?, S. 176.
50 Ebermaier, Hoffnungs-Gärtlein, Vorrede VI.
51 Dies brachte ihm 1644 einen Prozess mit einem Calwer Medicus und dem Calwer Apotheker ein. Vgl. HStA Stuttgart, A 206 Bü 1374, Q1–10.
52 Ebermaier nannte sich ab 1649 „kaiserlich gekrönter Poet". Es ist zu vermuten, dass er die Auszeichnung beim Nürnberger Friedensexekutionskongress aus der Hand des kaiserlichen Hauptgesandten Octavio Piccolomini erhielt. Zu seinen Lebensdaten und seinen musikalischen Kompositionen vgl. Peter Schiffer und Andreas Traub, „Die Beschützung der Burg Zion" – ein Leich- und Ritterspiel von 1649, in: Zeitschrift für Württembergische Landesgeschichte 79 (2020), S. 273 – 302, hier S. 273f.

Part singen oder sprechen, ist in diesem Stile aufgebaut.[53] Vor allem aber war Johann Ebermaier ein leidenschaftlicher →Emblematiker.[54]

Dies wird deutlich an seinem New poetisch Hoffnungsgärtlein/ das ist CCCXXX Sinnbilder von der Hoffnung, MDCLIII. Es handelt sich um ein umfangreiches Werk, bestehend aus dreihundert Emblemen über die Glaubenstugend Hoffnung, den Prinzessinnen Anna Johanna und Antonia gewidmet. Das Frontispiz nimmt den Christus des Paradiesgartens der Innentafel vorweg. Hier ist er flankiert von den beiden Prinzessinnen und den Symbolen des Glaubens, der Hoffnung und der Liebe. Auch das Lamm zu Füßen der Prinzessin auf der rechten Seite (Antonia?) ist hier erstmals abgebildet.

Von Ebermaiers künstlerischer Schaffenskraft zeugen auch seine Gelegenheitsschriften, die er nach der Verleihung des Titels eines kaiserlich gekrönten Poeten für verschiedene Persönlichkeiten des Hauses Württemberg verfasste, illustrierte und sogar in den Druck brachte. Ein besonders interessantes Zeitzeugnis sind seine

Emblembild aus Ebermaiers Hoffnungsgärtlein mit dem Titel „Hoffnungsnektar".

---

53   Als Dichter des Brautliedes käme eventuell auch Johann Rist (1607–1667) in Frage. Im uns erhaltenen Briefwechsel zwischen Schmidlin und Strölin findet Rists Gesangbuch Erwähnung, das aber auch wegen der Melodien zum schon vorhandenen Text angefragt worden sein könnte. Vgl. Gruhl, Die Kabbalistische Lehrtafel, S. 367.
54   Schauer hat in ihrer Doktorarbeit Ebermaiers Beitrag zur Lehrtafel mit vielen Beispielen aus dem Emblembuch, das er den Prinzessinnen widmete, deutlich veranschaulicht. Schauer, Prinzessin Antonia, S. 177 – 187.

Emblembild des Monogramms Antonias, Hoffnungsgärtlein, Emblem LXX Drittes Hundert.

Threnodia Würtembergica, die er für die untröstliche Herzogin Anna Katharina nach dem Tod zweier ihrer Kinder dichtete und illustrierte.[55]

Die →Emblematik ist eine eigenständige Kunstform. Sie zeigt „nicht das Selbstverständliche und für jedermann Offensichtliche, sondern öffnet erst die Augen, enthüllt die im Bild verborgene Bedeutung".[56] Genau so wollte Antonia ihre Lerntafel verstanden und betrachtet wissen.

Ein →Emblem besteht aus drei Teilen: *Inscriptio* (Motto, Lemma) – *Pictura* (Icon, Imago, oder Symbolon) und *Subscriptio* (Auslegung, Interpretation).

Frontispiz aus Johann Ebermaiers Hoffnungs-Gärtlein mit dem Bildmotiv „Christus als Heilsbrunnen" im Zentrum.

Man kann, diesem formalen Gesetz der Emblematik folgend, den ganzen Gemäldeschrein als ein Emblem lesen, mit seinen drei Teilen *Inscriptio/Pictura/Subscriptio*: die *Inscirptio* wäre dann der Gottesname JHWH im Aufsatz des Gemäldeschreins, der *Pictura* entsprächen die Innen- und die Außentafel und als *Subscriptio* war vielleicht

---

55   Vgl. Johann Ebermaier, Threnodia Würtembergica, 82 Seiten. Eine zusammenhängende Erforschung von Ebermaiers Leben und Werk steht noch aus. Sie wäre sicherlich gewinnbringend für die Barockforschung.

56   Henke/Schöne, EMBLEMATA, S. XI.

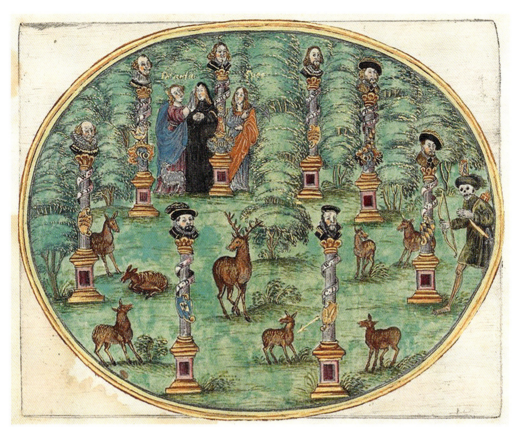

Der Tod, als Jäger verkleidet, tötet die jungen Hirsche im schönen Garten Württemberg. Die trauernde Herzogin wird getröstet von den Tugenden Patientia und Spes. Johann Ebermaier, Threnodia Würtembergica.

das lange lateinische Auslegungsgedicht *Pictura docens* (Lehrbild) von Johann Lorenz Schmidlin gedacht, das aber zur Zeit der Einweihung 1673 nur im Manuskript vorlag und erst in unserem Jahrhundert veröffentlicht wurde.[57] Als Variante für den Betrachter vor Ort, der Schmidlins Gedicht nicht zur Hand hat, könnten auch der Name und der Wahlspruch der Prinzessin als *Subscriptio* gelesen werden. Sie würden dann den Interpretationsschlüssel für das gesamte Kunstwerk geben und wären als eine Auslegung des Gottesnamens zu verstehen. Ein kühner Gedanke, vor dem die Prinzessin wohl aber kaum zurückgeschreckt wäre, hatte sie doch die Krone mit ihrem Monogramm ganz oben in ihr Lernbild setzen lassen, noch über die erste →Sefira →Keter.

Am Endergebnis der Tafel hatte nicht zuletzt der Maler einen bedeutenden Anteil. Auf die Anweisungen der Prinzessin hin stattete er den Paradiesgarten mit einer Fülle von einheimischen, exotischen, und, wie im Falle der Schafsblüte, wohl auch imaginierten

---

57 Vgl. Johann Lorenz Schmidlin, Pictura docens, 2007 in der Reihe Clavis Pansophiae (Bd. 4) erschienen.

Der Paradiesgarten. Hier: Die Schafsblüte.

Blumen, Pflanzen und Bäumen aus – eine Augenweide, nicht nur für Botaniker. Doch noch ein anderer Aspekt seiner Arbeit ist bemerkenswert: Er kleidete die →zwölf Patriarchen nicht nach konventioneller Art biblisch antikisierend wie die Propheten und Apostel im mittleren Drittel des Bildes, sondern gab ihnen Kostüme *à la romaine,* so wie man sie bei zeitgenössischen Inszenierungen auf der Bühne trug, die im Barockzeitalter hoch im Schwange waren und auch am württembergischen Hof großen Anklang fanden. Tugend und Laster wurden personifiziert und in solchen Kostümen allegorisierend dargestellt, sei es in Lustspielen oder in belehrenden Schauspielen.[58] Regierende Herrscher des europäischen Hochadels ließen sich auf offiziellen Herrschergemälden in jener Zeit gerne in römischer Feldherrnrüstung darstellen[59], und demonstrierten so die Größe und scheinbare Zeitlosigkeit ihrer Macht. Auch die Dame im grünen Kleid, die dem Betrachter den Rücken zuwendet, trägt ein solches Kostümkleid. Nach den Aufzeichnungen Strölins personifiziert sie die *anima,* die Seele, die auf der Schwelle des Gartens steht und den Blick auf die zehnte Sefira, den siegreichen Christus im Zentrum, richtet.

Es gibt für uns Heutige auf diesem Gemälde genug Unbekanntes und Ungewöhnliches zu entdecken. So scheint uns die tiefgrüne Farbe des Kostüms der Anima nichts Besonderes zu sein. Doch ziemte es sich im 17. Jahrhundert für eine Dame weder bei Hofe noch auf der Bühne, ein grünes Kleid zu tragen. Grün war die Farbe der Narren, der Faune und der Jäger. In der höfischen Mode galt der Farbstoff als zu wenig kostbar, um für das Kleid einer adeligen Dame in Frage zu kommen. Bei Kerzenlicht wirkten grüne Stoffe farblos und matt. So können wir auch an dieser Stelle nur über den Freisinn der Prinzessin staunen, die sich nicht scheute, gewohnte Denkmuster zu brüskieren und das Grün der Hoffnung als die geeignete Farbe zu wählen, um Ihrem „Freudenmeister" Christus mit flammendem Herzen entgegenzutreten.[60]

Den Namen des Künstlers können wir nicht mit Sicherheit bestimmen, da Maler in Württemberg, wie überhaupt in

---

58 Oetinger, Warhaffte historische Beschreibung, S. 70–76.
59 Vgl. Die Herrscherporträts von Karl X Gustav (1654–1660) und Karl XI, Rangström, Modelejon, S. 184–187.
60 Vgl. EG 396/6: Jesu meine Freude: „Weicht ihr Trauergeister, denn mein Freudenmeister, Jesus tritt herein." Zur Farbe Grün als Farbe der Hoffnung vgl. auch EG 11/2: „Dir nur soll mein Herze grünen".

Deutschland zu jener Zeit, als Handwerker angesehen wurden und ihre Werke nicht signierten. Jedoch gab es seit der italienischen Renaissance eine Tradition, die wollte, dass Maler ihr Porträt in einem Bild unterbrachten und es auf diese Weise signierten.[61] Im Briefwechsel zwischen Strölin und Schmidlin wird er „*pictor*" genannt. Nur einmal fällt der Name Gruber, doch erst 1662, als es um Korrekturen am bestehenden Gemälde geht.[62] Auch müssen wir davon ausgehen, dass der Auftrag nicht am Stück und nicht von einer einzigen Hand ausgeführt wurde. Er wurde wohl in der herzoglichen Malerwerkstatt ausgeführt, wo es strenge Hierarchien und klare Arbeitsaufteilungen gab, vom Gehilfen bis zum offiziell ernannten Hofmaler. Johann Friedrich Gruber (um 1620–1681) war sicher einer der begabteren Maler am Hofe Eberhards III. Doch den Titel eines Hofmalers erhielt er nie, obwohl er sich darum bewarb.[63]

Detail des Engels, der über die Schulter des Evangelisten Matthäus schaut.

Das Innenbild könnte von seinen Fähigkeiten und vom Stil her wohl von ihm ausgeführt worden sein, auch wenn er die Arbeit daran immer wieder unterbrach.[64] Das lag zum einen am Status seiner Auftraggeberin, deren Aufträge am Hof hinter denen des Herzogs und seiner Gattin zurückstehen mussten, zum andern an der Komplexität des Sujets und an den immer wieder wechselnden Anweisungen zur Ausgestaltung von Details.

---

61 Schauer nimmt diesen Gedanken auf und verortet den Maler der Tafel im oberen Bereich links bei den Cherubim. Vgl. Schauer, Prinzessin Antonia, S.56. Es ist jedoch wahrscheinlicher, dass das Gesicht des Engels, der über die Schulter des Evangelisten Matthäus schaut, der Ort ist, an dem der Maler sich verewigen wollte, wenn man wie Schauer davon ausgeht, dass Matthäus die Züge des alten Leonardo Da Vinci trägt. Ebd., S. 144.

62 Vgl. Gruhl, Die kabbalistische Lehrtafel, S. 226, Anm. 185.

63 Fleischhauer, Barock, S. 81. Fleischhauer führt weiter aus, dass Joh. Fr. Gruber zu verschiedenen Zeichen- und Malerarbeiten herangezogen wurde und auch bei der Ausgestaltung von Schauspielen und Schauessen mitwirkte.

64 Gruhl stellt hier auch fest, dass die Innentafel insofern unvollendet geblieben ist, als bei Ruben der Elch als das für ihn festgelegte Emblemtier fehlt. Gruhl, Die Kabbalistische Lehrtafel, S. 226.

„Habe deine Lust am HERRN ..."!

Das Ergebnis dieser jahrelangen Gemeinschaftsarbeit ist bekannt. Bis heute steht der Gemäldeschrein in der Teinacher Kirche und wartet darauf, von den Neugierigen unter den Badegästen und Besuchern entdeckt und entschlüsselt zu werden. Die Vielfalt seiner Botschaften und die Liebe zum Detail wirken wie eine Einladung: Wir sollen eintreten in den Garten und es der Gestalt im grünen Gewand gleichtun, indem wir ihren Wahlspruch für uns in Anspruch nehmen und den Lerninhalten, die die Prinzessin so großzügig vor uns ausgebreitet hat, nachgehen, eintauchend in ihre Welt der Gottesschau.

Doch wie genau entstand das Bild? Wie kam es an seinen heutigen Platz in der Teinacher Dreifaltigkeitskirche? Der Weg dorthin verlief nicht geradlinig. Mit Hilfe der Archive, moderner Technik und etwas detektivischem Gespür können wir ihn jedoch rekonstruieren.

Aus einem Schreiben Philipp Speners (1635–1705) an seinen Hebräischlehrer Buxtorf vom Sommer 1662 geht hervor, dass die Innentafel zu jenem Zeitpunkt vollendet war, mehr noch, dass sie der Prinzessin im Stuttgarter Schloss für ihre tägliche Andacht zur Verfügung stand und ihr zum persönlichen Bibelstudium diente.[65] Gleichzeitig erfahren wir aus anderen Quellen, dass noch im Januar 1663 zwischen den Beratern des Antoniakreises über die genaue Ausführung der Außentafel diskutiert und korrespondiert wurde, obwohl der „Brautzug der →Sulamith" schon 1659 nach einem Entwurf Strölins begonnen worden war.[66] Die Außenflügel waren also Anfang 1663 noch in Arbeit, obwohl sie zum 50. Geburtstag der Prinzessin wenige Wochen später fertiggestellt sein sollten.

Doch dann verstarb Johann Jakob Strölin nach kurzer schwerer Krankheit vollkommen unerwartet am 31. Januar 1663 im Alter von nur 42 Jahren. Nach dem plötzlichen Tod des Freundes und engsten Beraters der Prinzessin wurde die Arbeit an den Außenflügeln unterbrochen und wohl erst Jahre später weitergeführt.[67] Strölin war nicht nur der Hauptautor des Bildnisses, sondern auch die Person, die Antonia in die Lehren der Kabbala eingeführt und ihr so ganz neue Erkenntniswelten eröffnet hatte. Wie hätte sie es übers Herz bringen sollen, die Fertigstellung zu forcieren und die Einweihung des Gemäldeschreins zu ihrem 50. Geburtstag feierlich in Szene zu setzen, nur wenige Monate nach dem Tod des Konzeptors? Es ist nicht abwegig anzunehmen, dass Antonia die Arbeit aus Trauer um den geschätzten Freund zunächst nicht weiterführte und ihr 50. Jubeljahr ohne die geplante Feier vorübergehen ließ.

---

65 Wallmann, Spener, S. 150.
66 WLB Stuttgart, Cod. hist. fol. 551, Bl. 103r – 104v.
67 Das scheint sich aus einem Brief Joh. Lorenz Schmidlins vom 29. Dezember 1669 zu ergeben, in dem er die Prinzessin seelsorgerlich und in Versen ermutigt, sich selbst als die wahre Braut Christi zu verstehen. Seinem Brief fügte er eine „Abtheilung der Sulamithin hailig FrawenZimmers in 10 . 7-fache glied" bei. Cod. hist. fol. 551, Bl. 46r–48r.

„… Er wird dir geben, was dein Herz begehrt"?

Nun wurde es still um die Prinzessin. Johann Lorenz Schmidlin wurde noch 1663 zum *Special* (Dekan) befördert und zog weit weg, nach Göppingen. Johann Ebermeier war nun *Special* in Calw und schon in fortgeschrittenem Alter. Die neue Schwägerin, Eberhards zweite Ehefrau Maria Dorothea Sophia von Oettingen-Oettingen (1639–1698), war 26 Jahre jünger als Antonia und, obwohl sehr fromm, mehr an Mode als an Kunst interessiert. Die ebenfalls ledig gebliebene Schwester Anna Johanna weilte oft am Hof des Bruders Friedrich (1615–1682) in Neuenstadt am Kocher. Die jüngste Schwester Sybilla war schon 1647 an ihren Cousin Leopold Friedrich (1624–1662) nach Mömpelgard verheiratet worden. Man hatte sich im Sommer 1662 bei einer großen Hochzeit in Stuttgart wiedergesehen, das war schon viel.

Antonia war nun nicht nur am Hof recht einsam. Auch von den vorher so stimulierenden Kontakten in die Gelehrtenwelt war sie nun abgeschnitten. Dass Antonia, anders als ihre Schwester Anna Johanna, kein Latein gelernt hatte, war bisher kein Problem gewesen. Schmidlin und Strölin hatten alles nötige Wissen für sie zusammengetragen und in der Gelehrtensprache mit den Fachkollegen korrespondiert. Nun musste sie sich selbst um ihre Korrespondenz kümmern. Die Hofkanzlei stand ihr offensichtlich für ihre persönlichen Belange nicht zur Verfügung. Nur noch sporadisch war sie mit Schmidlin in Briefkontakt, der ihr doch früher oft und viel geschrieben hatte. Sein Weihnachtsbrief von 1669 gibt einer gewissen, wenn auch ungewollten, Entfremdung Ausdruck.[68]

So muss sich der Gemäldeschrein über längere Zeit unvollendet im Stuttgarter Schloss befunden haben: Das Innenbild, noch ohne den großen Rahmen, hätte sehr gut in den Privatgemächern der Prinzessin unterkommen können, die Flügel, unvollendet, lagerten wahrscheinlich in irgendeinem Atelier.

Wann Antonia sich dazu entschloss, den Gemäldeschrein vollenden zu lassen und ihn für die inzwischen fertiggestellte Teinacher Kirche freizugeben, wissen wir nicht. Vielleicht gab ihr der schon genannte Weihnachtsbrief Schmidlins von 1669 neuen Mut, die Ausgestaltung der Figuren auf dem Außenbild endgültig festzulegen. Vielleicht war auch die Krankheit und der Tod ihres jüngeren Bruders Ulrich ausschlaggebend,[69] oder aber das Heranrücken des 60. Geburtstags, und damit eines für ihre Zeit sehr hohen Alters. Weiter könnte die Aussicht, dass Gruber Stuttgart bald verlassen würde, sie dazu bewegt haben, wieder für ihre Lerntafel aktiv zu werden.[70]

---

68 Dieser Brief ist der einzig erhaltene von vielen, die Fr. Christoph Oetinger 100 Jahre später noch erwähnt und welche heute unauffindbar sind. „Wo sind diese Briefe?" fragt Häußermann zurecht sehr eindringlich. Häußermann, Pictura Docens, 80, Anm. S.31. Es ist ein Desiderat erster Ordnung für die Antoniaforschung, zu diesen Briefen wieder Zugang zu bekommen, sofern sie nicht vernichtet wurden.

69 Er verstarb am 5. Dezember 1671 st.vet. nach schwerem Todeskampf im Beisein seiner Geschwister im Stuttgarter Schloss. Vgl. Wölfflin, Leichenpredigt, Herzog Ulrich, S. 61f.

70 Gruber verließ Stuttgart tatsächlich 1673, im Jahr der Vollendung der Lerntafel. Vgl. Fleischhauer, Barock, S. 81.

Warum für die Gestaltung der Innenflügel die Motive der Flucht nach Ägypten und der Auffindung des Kindes Mose gewählt wurden, wissen wir allerdings nicht. Es handelt sich hier um das biblisch-typologische Motiv des geretteten Retters, das in der barocken Malerei bekannt war, aber nicht sehr häufig vorkam.[71] Man könnte die Wahl dieses Motives auch im Sinne der von Reuchlin übernommenen Lehre einer philosophia perennis (einer ewigen, gültig bleibenden Philosophie) deuten, die besagt, dass schon vor der letztgültigen Offenbarung in Christus Spuren der göttlichen Wahrheit in anderen, uralten Kulturen, zum Beispiel in Ägypten, offenbart worden waren. Das verbindende Thema der beiden Flügel wäre dann nicht nur die Würdigung der beiden Offenbarungsträger Jesus und Moses, sondern auch Ägypten, die Heimat des Mose. In der Vorstellungswelt der Hermetiker des 17. Jahrhunderts hatten sowohl Pythagoras als auch die Kabbalisten ihre Wissen von Mose in Ägypten empfangen.[72] Der Bibelvers, der zum linken Innenflügel passt, weist in verschlüsselter Weise auf die Bedeutung dieser Offenbarungsquellen auch für den Neuen Bund in Christus hin: ¹⁴Da stand er [Joseph] auf und nahm das Kindlein und seine Mutter mit sich bei Nacht und entwich nach Ägypten ¹⁵und blieb dort bis nach dem Tod des Herodes, auf dass erfüllt würde, was der Herr durch den Propheten gesagt hat, der da spricht (Hos 11,1): „Aus Ägypten habe ich meinen Sohn gerufen." (Matthäus 2, 14 f.)

Wir wissen leider nicht, wer diese beiden Bilder gemalt hat. Auffallend ist, dass das Gesicht des Josef auf dem linken Innenflügel von anderer Machart ist als die Gesichter der Maria und der Frauengruppe am Nil.[73]

Ausschnitt mit Josefsgesicht, linker Innenflügel.

---

71 Schauer, Prinzessin Antonia, S. 172c, sieht in dieser Motivwahl eine zwingende Etappe für den Heilsweg der Prinzessin im Sinne eines Mysterienspiels. Diese Interpretation lässt sich aus den Archiven nicht erhärten. Die Motive der Innenflügel sind in keinem der Entwürfe zur Lehrtafel aufgeführt oder erwähnt.
72 Vgl. Hannes Amberger: Revelation and Progress, S. 4.
73 Schwägerl, Verklebt und zugenäht, S. 34. Für die fürstliche Frauengruppe auf der rechten Flügelinnenseite könnte vom Stil her sehr gut Gruber verantwortlich sein.

Kartografie der Nähte auf dem Innenbild.

Sicher ist nur, dass Antonia nach dem Tod ihres Lehrers auf den unteren Rahmen der beiden Flügel in goldenen Lettern den biblischen Wahlspruch und Namen Strölins und den dazugehörigen Zahlenwert anbringen ließ. Beide Schriftzüge ergeben die Zahl 2590, ganz so, wie für Antonias Namen und Wahlspruch der Zahlenwert 2005 auf dem Außenrahmen zu sehen ist. Für beide beträgt die Quersumme des Zahlenwertes →sieben. Durch diese Beschriftung wurde die Lerntafel nun auch zum Epitaph für Johann Jakob Strölin und deutet somit auf die tiefe Verbindung zweier Menschen hin, die zuerst durch Standes- und Altersunterschiede, dann durch den Tod getrennt waren.

Der kunsttechnologische Befund: „Verklebt und zugenäht"

Diesen Titel wählte die Restauratorin Ilona Schwägerl für ihre wissenschaftliche Arbeit über den Zustand der beiden Außenflügel. Sie gibt uns einige interessante Einblicke in die bewegte Geschichte des Schreins. Noch zwei weitere Befunduntersuchungen von Philipp Gräßle aus dem Jahre 2014 gewähren Blicke hinter die Kulissen und geben uns wertvolle Anhaltspunkte zu Entstehung und Geschichte der Lerntafel.[74]

Das sehr gut erhaltene Innenbild erscheint dem bloßen Auge makellos. Doch bei genauer Untersuchung entdeckt man senkrechte Nähte, die das Bild durchlaufen[75] und die von zu schmalen Leinwandbahnen für das große Format des Gemäldes herrühren. Dabei war es im 17. Jahrhundert bereits möglich, Gewebe mit einer Breite von mindestens 120 cm herzustellen. Überbreite Stoffbahnen konnten als Sonderanfertigung in bis zu 400 cm Breite hergestellt werden.[76] Besonders auffallend sind die schmalen, angeflickten Bahnen am linken Bildrand.

---

74 Vgl. Bibliografie am Ende des Textes. Die Arbeiten sind unveröffentlicht und liegen nur digital vor. Die Autoren haben jedoch großzügig ihr Einverständnis zur Auswertung ihrer Daten gegeben.
Philipp Gräßle, Dipl. Rest. für Gemälde und gefasste Holzobjekte aus Hirsau, verdanken wir wertvolle Informationen zur besseren Datierung der Lehrtafel und der Fürstenloge. Seine Arbeit enthält eine detaillierte Kartierung des ganzen Schreins und Fotos von den Renovierungsarbeiten des 20. Jahrhunderts.
75 Gräßle, Befunduntersuchung der kabbalistischen Lehrtafel, Abb. 25, S. 26.
76 Schwägerl, Verklebt und zugenäht, S. 31.

Wir müssen annehmen, dass die Ausführung auf zu schmalen Stoffbahnen die chronisch prekäre Finanzlage der Prinzessin widerspiegelt.[77] Den Maler bzw. die Malerwerkstatt am Hofe ihres Bruders musste sie vielleicht nicht aus der eigenen Schatulle bezahlen. Mit Erlaubnis des Bruders durfte sie Aufträge an Angestellte des Hofes erteilen, und wir dürfen annehmen, dass Eberhard III. dem Projekt der Lerntafel grundsätzlich geneigt war. Für das Material zum Gemälde scheinen jedoch wenig Mittel vorhanden gewesen zu sein.

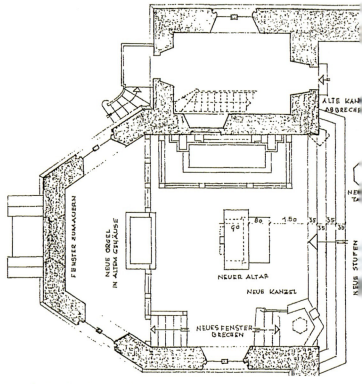

Ausschnitt des Gesamtplans zur Umgestaltung 1963.

Umso mehr sticht die solide, ja kostbare Ausführung des Bildergehäuses ins Auge. Es handelt sich von der Form her um einen barocken Retabel oberhalb der Mensa,[78] der in Stil und Ausführung auf die Mitte des 17. Jahrhunderts datiert werden kann. Dieser Sachverhalt lässt die Schlussfolgerung zu, dass der Rahmen *vor* dem Gemälde entstand, das von Anfang an dem Format des schon vorhandenen Rahmens angepasst werden musste.[79]

---

77 Auch kriegsbedingte Lieferengpässe wären ein denkbarer Grund, doch ist es fraglich, ob Antonia sich Leinwand aus Flandern hätte leisten können.
78 Gräßle, Befunduntersuchung der kabbalistischen Lehrtafel, S. 11.
79 Diese These würde das Vorhandensein der schmalen, gestückten Verbreiterungen des Bildträgers am linken Rand erklären. Sie müsste allerdings in einer genaueren Untersuchung der Schreinarchitektur überprüft werden. Historisch betrachtet ist es sehr wohl denkbar, dass der Rahmen nicht nur der Form nach einem Altarbild entspricht, sondern tatsächlich zuerst als solcher für eine katholischen Kirche angefertigt wurde. In den Jahren nach dem Friedensschluss von 1648 und nach der Restitution der Klöster und Kirchengüter an Herzog Eberhard III. muss so manches Möbel des katholischen Gottesdienstes aus den nun wieder evangelisch gewordenen Kirchen entfernt worden sein. Es genügte, das vorhandene Heiligenbild zu entfernen und den kunstvollen Rahmen für ein anderes Gemälde wiederzuverwenden. Gestützt wird die Annahme eines wiederverwendeten Rahmens durch die von Handwerkern beklagte Tatsache, dass Eberhard in den ersten Jahren nach dem großen Friedensschluss keine größeren Aufträge an Bildhauer oder Schreiner vergab. Er förderte vor allem ephemere Kunstwerke für Schauessen und andere Feste. Der Schrein mit seinen vergoldeten Weinlaubsäulen passt nicht zu den übrigen Aufträgen, die der Herzog vergab. Vgl. Fleischhauer, Barock in Württemberg, S. 74. Die Prinzessin

Erfreulicherweise ist das Gemälde bis heute so gut erhalten geblieben, dass es in jüngster Zeit nicht restauriert werden musste.[80] Es wurde zuletzt bei der Umgestaltung der Dreifaltigkeitskirche im Jahre 1963 abgenommen. Die damals entstandenen fotografischen Aufnahmen geben den Blick auf eine dahinterliegende Tür zur Sakristei frei. An dieser Stelle, zwischen Bildrücken und Kirchenwand, hätte ein urnenähnliches Gefäß mit dem Herzen der Prinzessin zum Vorschein kommen müssen. Doch dem war nicht so.

Bauarbeiten, Abnahme der Innentafel (Historisch wertvolle Aufnahme, Originalnegativ nicht mehr vorhanden). Auf dem rechten Bild ist die Tür zur Sakristei zu sehen, die sich hinter der Lerntafel befindet.

Dieser Befund führt zu dem Schluss, dass Antonias Lerntafel, die gleichzeitig mit der Dreifaltigkeitskirche[81] entstand und von ihr für diesen Ort gestiftet wurde, ursprünglich nicht für den aktuellen Standort vorgesehen war. An dieser Stelle war zunächst eine Verbindungstür zwischen Sakristei und Chor eingebaut worden, wie das Foto aus dem Umbaujahr 1963 deutlich zu erkennen gibt.

Es ist darum gut möglich, dass der Gemäldeschrein zuerst in der Chormitte an der Ostseite der Kirche hinter dem Altar zu stehen kam, wo heute die Fürstenloge steht. Diese wurde erst 1680, also ein Jahr nach Antonias Tod, dort eingerichtet.[82]

Das verlorene Herz

Die Prinzessin stiftete ihre Lerntafel zugleich als Epitaph. Nach ihrem Tod, so wünschte sie, sollte ihr Herz in Teinach bei ihrem geliebten Bild begraben sein, während der Leichnam im Chor der Stiftskirche zu Stuttgart seinen Platz hatte. Dem Bericht des Calwer Obervogts zufolge hatte die noch lebende jüngste Schwester, Sybilla von Württemberg-Mömpelgard, dafür gesorgt, dass dem – für orthodoxe Lutheraner nicht ganz

---

selbst hatte für einen Auftrag dieser Größe und in kostbarer Ausführung kaum die nötigen Mittel.
80   Im Jahre 2015 wurde das Innenbild lediglich einer Reinigung unterzogen.
81   Die Dreifaltigkeitskirche wurde 1662–1665 von Eberhard III. in Auftrag gegeben und erbaut.
82   Gräßle, Befunduntersuchung des barocken Orgelprospekts mit Balustrade und Schnitzereien im Chor der Dreifaltigkeitskirche in Bad Teinach, S. 4.

gewöhnlichen – Willen Antonias entsprochen wurde. Das Herz sei sofort nach dem Ableben entfernt und, vom Mömpelgarder Seelsorger begleitet, nach Teinach gebracht und dort bei dem Gemälde der Prinzessin begraben worden. Doch der Bericht des Obervogts bleibt vage über die genaue Verortung dieses „Grabes".[83] Eine Beisetzungsliturgie gab es nicht. Diese war in der Württembergischen Kirchenordnung für einen solchen Kasus auch nicht vorgesehen. Die getrennte Bestattung von Herz und Leib war eine kaiserliche und eine katholische Tradition, und es ist anzunehmen, dass dieser letzte Wille der Prinzessin am Stuttgarter Hof nicht auf viel Verständnis stieß.

Tatsächlich sind heute weder der Sarg der Prinzessin in der Stiftskirche Stuttgart noch die Urne mit ihrem Herzen in Bad Teinach genau zu verorten.

Der Brautzug der Sulamith

Die Außenflügel des Schreins machen im Vergleich zum leuchtenden Innenbild einen uneinheitlichen, fragilen und auch düsteren Eindruck. Die kunsttechnologischen Befunduntersuchungen der letzten Jahre bestätigen diesen Eindruck im Detail.

Bei Streiflicht fällt schon dem bloßen Auge auf, dass auch hier zu schmale Leinwand verwendet wurde und deshalb die Bildträger auf ihrer ganzen Höhe von Nähten durchlaufen sind. Der Bericht und die Kartografie des Außenbildes bringen außer dem Verlauf der Nähte und Überlappungen auch einige Pentimenti ans Tageslicht: Der linke Arm der Eva im oberen Glied, zum Beispiel, hielt zuerst einen Apfel in der herunterhängenden Hand. Erst in einem zweiten Schritt wurde er in die rechte Hand

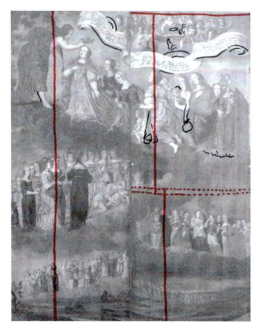

Kartografie des Außenbildes: Nähte rot, Pentimenti schwarz.

---

83 Der Bericht des Calwer Obervogts Jakob Friedrich von Bouwinghausen und Walmerode gibt an, dass das „Hertz auss Befelch Ihro Hochfürstl. Durchl. der Hertzogin von Mümppelgart in der Kirchen gleich Zue dem Von Höchstgedacht Ihro Hochfürstl. Durchl. Seeligen angedencknhens gestifften gemählt, begraben worden, welches zwar ganz in der Stille und ohne einige Ceremonien Zuegangen." Transkription von Gerhard Raff in: Hie gut Wirtemberg II, S. 352, Anm. 17. Das Manuskript ist im HStA Stuttgart, G 86 Bü 2 einsehbar.

Farbpalette im Vergleich: Farbproben der Inkarnate und Detail der Inkarnate des linken Innenflügels.

Wulst durchläuft das Bild gut sichtbar.

gesetzt und der linke Arm erhielt die jetzt sichtbare Form, so dass ein Totenkopf eingefügt werden konnte.[84]

Doch vor allem fällt eines auf: Der rechte Flügel wurde im unteren Drittel vollständig ersetzt.[85] Dies bemerkt man nicht nur am querlaufenden geklebten Wulst auf ca. 90 cm Höhe, sondern auch am Malstil und an der unterschiedlichen Farbpalette.[86] Die Bemalung des eingesetzten Stoffstückes zeigt deutlich eine andere „Handschrift", sie ist einfacher und weniger virtuos ausgeführt. Vom Stil her bleibt sie jedoch dem Barock verhaftet und muss in den Jahrzehnten nach der ersten Fertigstellung entstanden sein. Besonders auf der Flügelinnenseite fällt der mindere Ausführungsstil des Reparaturstücks ins Auge.[87] Die Übergänge sind jedoch geschickt gestaltet, trotz unterschiedlicher Farbpalette.[88]

---

[84] Zur Symbolik des Totenkopfes auf Porträtbildern, vgl. Linhart, Studien zur Ikonografie von Herrscherporträts, S. 89.

[85] Gräßle, Befunduntersuchung der kabbalistischen Lehrtafel, Abb. 23, S. 24.

[86] Hierzu wurden chemische Farbanalysen mit eindeutigem Ergebnis durchgeführt. Vgl. Schwägerl, Verklebt und zugenäht, S. 40.

[87] Gruhl, Die Kabbalistische Lehrtafel, S. 226 bemerkt dies, ohne den Grund für die augenscheinlich abfallende Qualität dieses Bereiches nennen zu können und fragt: „Wie konnte man angesichts des bescheidenen Ergebnisses darauf verzichten nachzubessern?".

[88] Auffälligkeiten im Aussehen der Malerei der Ergänzungen im rechten Flügel sind zum einen der rote Grund, der die Farbigkeit der Malschicht beeinflusst, zum anderen auch die Farbigkeit des Inkarnates selbst. Dieses besitzt einen deutlich höheren Rotanteil und wirkt stark rosafarben. Schwägerl, Verklebt und zugenäht, S. 40.

Bild des linken Innenflügels vor der Restaurierung.   *Bild des Flügels nach der Restaurierung.*

Die Berichte der Restauratoren weisen überdies zahlreiche Beschädigungen der Flügelbilder aus.[89] Diese wurden in mehr oder weniger geglückten Restaurierungsetappen über die Jahrhunderte hinweg zum Teil übermalt, zum Teil zuerst vernäht und dann übermalt.

In den 1950er-Jahren vollzog der Calwer Restaurator Walter Maschke eine recht invasive Restaurierung, indem er von seinen Vorgängern grob geflickte Stellen zurückbildete, mit Gewebeteilen überklebte und dann übermalte. Die Flügelbilder waren besonders an den Stellen beschädigt, wo die aufgeklappten Flügel auf die jeweilige Kante des Postaments im äußeren Rahmen stoßen. Hier schloss Maschke Löcher und Risse durch großflächig aufgeklebte Flicken und übermalte diese.

Sein Eingriff hat den Gesamteindruck erheblich verbessert, führt aber entlang der Klebenähte heute erneut zu Rissen im Bildträger.[90] Auch den Schließmechanismus versetzte Walter Maschke bei der Restaurierung auf dem rechten Flügelrahmen.[91]

---

89 Gräßle, Befunduntersuchung der kabbalistischen Lehrtafel, Abb. 27, S. 28.
90 Mit Kunstharz verklebte und neu übermalte Stellen provozieren auf die Dauer neue Risse in der Leinwand. Vgl. Schwägerl, Verklebt und zugenäht, Abbildung 72 und 73, S. 47. Das großflächige Überdecken originaler Oberfläche durch Flicken und Übermalungen wird aus gutem Grund als problematisch angesehen und würde heute nicht mehr so ausgeführt werden.
91 Ebd. S. 29.

Wie konnte das geschehen?

Über den technischen Befund hinaus stellt sich für uns die Frage, wie es zu all diesen kleineren und größeren, teils massiven Beschädigungen kommen konnte.

Manche Schädigungen und Risse können auf das unsachgemäße Öffnen und Schließen des Gemäldeschreins über die Jahrhunderte zurückgeführt werden.[92] Doch wie kam es zu schon früh entstandenen Schäden, die so massiv waren, dass am rechten Flügel der untere Teil vollständig ausgewechselt werden musste – und dies schon wenige Jahre nach Fertigstellung des Bildes?

Die Antwort findet sich in der historischen Situation, die für Württemberg auch nach dem Westfälischen Friedensschluss keineswegs befriedet war. Der Pfälzische Erbfolgekrieg bescherte dem Land häufige Einfälle französischer Truppen unter General Mélac, die nachweislich auch in Teinach vandalisierten. So wurde die erst 1680 von Jakob Fesenbeckh eingebaute kleine Orgel beim Durchzug der Truppen durch den Nordschwarzwald im September 1692 „durch die Frantzhosen sehr uebel ruiniert und verderbt." Die Orgel verlor laut Restaurierungsbericht bei diesem Überfall 25 ihrer Zinnpfeifen und musste von Grund auf repariert werden.[93]

So ist es gut denkbar, dass die Soldaten bei ihrem Überfall auch dem Gemälde der Prinzessin mit Hieben und Stichen zusetzten. Die Innentafel blieb dabei zum Glück unversehrt. Jedoch scheint der Schaden am rechten Flügel so groß gewesen zu sein, dass das untere Drittel ganz ersetzt und neu bemalt werden musste. Dadurch entstand der uneinheitliche Gesamteindruck, der das Außenbild bis heute charakterisiert.

Dass das Außenbild auch einen recht düsteren Eindruck macht, insbesondere im Vergleich zum Innenbild, liegt vor allem an den dunklen Wolken. Doch wir dürfen davon ausgehen, dass dem ursprünglich nicht so war. Das Blau der Wolken muss über die Jahrhunderte stark nachgedunkelt sein. Dies ist vor allem durch die altersbedingten Veränderungen der Pigmente zu erklären.[94] Welche Blautöne ursprünglich zu sehen waren, lässt sich heute leider nicht mehr feststellen. Doch, gehen wir vom Temperament der Stifterin aus, für die der Himmel keine triste Angelegenheit war, und folgen wir einem Hinweis der Quellen[95], so dürfen wir sicher sein, dass das Außenbild eher in Himmelblau erstrahlte als in Grau- oder Schwarztönen, wie wir es heute sehen.

---

92 Schwägerl, Verklebt und zugenäht, S. 45. Gräßle, Befunduntersuchung der kabbalistischen Lehrtafel, S. 16.

93 HSTA Stuttgart A 333 Bü 28, zitiert nach Schönthaler, Kleine Geschichte der Kirchenmusik, S. 14.

94 Der heute grau erscheinende Wolkenhimmel enthält Bleiweiß, das mit Kreide verschnitten wurde und Smalte (mit Cobalt gefärbtes Glas) als Blaupigment. Durch Bleiseifenbildung verringert sich die Deckkraft von Bleiweiß, und Kreide besitzt in Öl gebunden ohnehin nur Lasurcharakter. Hinzu kommt eine alterungsbedingte Vergrauung der Smaltepigmente. Dies kann die Farbverschiebung ins Dunkelgrau erklären. Schwägerl, Verklebt und zugenäht, S. 35–38.

95 WLB Stuttgart, Cod. hist. fol. 551 Bl. 112r gibt „Turkis" als Untergrund für die Skizze einer Brautszene an.

Das Außenbild – ein Werdegang mit Zwischenfällen

Wenn wir die Informationen der neueren kunsttechnologischen Untersuchungen in Betracht ziehen, können wir heute mindestens drei verschiedene künstlerische „Handschriften" am Außenbild der Lerntafel unterscheiden:

Die erste Entstehungsphase liegt in den zwei Jahren vor dem Tod Johann Jakob Strölins[96] am 31. Januar 1663. Das wissen wir aus den Quellen, denn er tauschte sich über das Entstehen des Brautzuges brieflich mit seinem Freund Schmidlin aus. Diese erste Phase ist vor allem noch auf der linken Hälfte des Bildes sichtbar und besteht nur aus ein bis zwei Malschichten. Sie zeichnet sich durch den schlichten Faltenwurf der Gewänder und das flache Relief der Gesichter aus. Sie darf als Werkstattarbeit gelten.[97]

Die zweite Phase betrifft das oberste Glied des Brautzuges, dessen Formen, Gesichter und Gewandfalten viel feiner ausgestaltet sind. Hier musste der Meister (wohl Johann Friedrich Gruber) selbst Hand anlegen, denn hier kommen die „Rollenporträts" ins Spiel.[98] Die dargestellten Figuren sind mit großer Wahrscheinlichkeit zugleich Porträts aus der höfischen Umgebung der Prinzessin. Nur Meister ihrer Kunst durften Porträts von herrschenden Personen und ihren Familien anfertigen.

Strölins frühe Entwürfe zum Brautzug bezeichnen jeweils nur die biblischen Figuren und die Kardinaltugenden, also die vorgesehenen Funktionen, aber nicht die Personen.[99] Mehr stand ihm als Bürgerlichem nicht zu. Wer aber zum Beispiel eine Eva oder eine Maria verkörpern sollte, wurde wohl von der Prinzessin selbst bestimmt. So hatte Antonia eine einmalige Gelegenheit, Menschen aus ihrer Familie und ihrer Umgebung ein Denkmal zu setzen und ihnen mehr oder weniger beliebte biblische Rollen zuzuweisen. Das war ein delikates Unterfangen und konnte leicht zu diplomatischen Verstimmungen führen. Wie dachten zum Beispiel die beiden Damen, die der Braut die Schleppe tragen, über die ihnen zugewiesene Position? Was hielt die Dame, die an vierter Stelle kommt, davon, dass sie kniend und als einzige mit nackten Füßen abgebildet ist?[100] Wer wollte schon die halb nackte Eva darstellen, unfrisiert in wildem Kleid und mit dem Totenkopf in der Hand …?

Solche Rollenporträts waren weit mehr als nur eine harmlose, vergnügliche Spielerei. Mit ihnen wurde Macht zugeschrieben, wurden hierarchische Positionen sichtbar

---

96 WLB Stuttgart, Cod. hist. fol. 551 Bl. 103–113 und Gruhl, Die Kabbalistische Lehrtafel, S. 463, Abb. 7.
97 Die „sehr effiziente" Ausführung der Malerei in nur ein bis zwei Schichten wird im kunsttechnologischen Befund eigens hervorgehoben. Auch die teils schlechte Qualität der Farben wird konstatiert. Schwägerl, Verklebt und zugenäht, S. 35.
98 Vgl. Gruhl, Die kabbalistische Lehrtafel, S. 2 Anm. 4. Gruhl bemerkt richtig, dass wir nicht in der Lage sind, die Rollenporträts mit Sicherheit zuzuordnen, weil uns meist die Bilder zum Vergleich fehlen. Doch die Damen des Hofes werden sich sehr wohl selbst erkannt haben.
99 WLB Stuttgart, Cod. hist. fol. 551, Bl. 103r–104v.
100 Es handelt sich wohl um die beiden Schwestern und die Schwägerin der Prinzessin. Vgl. Schauer, Die Teinacher Lehrtafel, S. 127.

Der Evangelist Markus mit dem Löwen. Unter ihm sitzt der Evangelist Lukas. Im Hintergrund schreitet eine Gruppe der Apostel: Matthias, Simon der Eiferer, Jakobus der Sohn des Zebedäus, Thomas, Philippus und Bartholomäus (von rechts nach links; vgl. dazu unten das Bild S. 256).

gemacht oder auch kritisch in Frage gestellt. Sich selbst hatte die Prinzessin bei diesem „Spiel" die Rolle der Braut zugedacht. Die Agraffe mit ihren Initialen am königlichen Mantel weist uns darauf hin. Das Brautkleid zeigt offensichtliche Anklänge an die Mode vor dem Dreißigjährigen Krieg und ähnelt, der Beschreibung nach, dem Kleid, das ihre Mutter Barabara Sophia von Brandenburg am 9. November 1609 bei der Deckenbeschlagung zu ihrer Hochzeit im Stuttgarter Lusthaus trug.[101]

Dass man noch andere Rollenporträts – auch auf der Innentafel – mit mehr oder weniger Gewissheit Personen des württembergischen Hofes zuweisen kann, ist heute Konsens.[102] Jedoch sind eindeutige Zuordnungen nur in seltenen Fällen möglich. Erschwert wird die Aufgabe dadurch, dass von den engsten Beratern Antonias zu Lebzeiten keine Porträts gestochen wurden. Dieses Privileg war zu jener Zeit nur Adeligen und führenden Persönlichkeiten des öffentlichen Lebens oder

---

101 Diesen Hinweis verdanke ich den kunsthistorischen Überlegungen des Restaurators Philipp Gräßle. Das Brautkleid der Mutter ist ausführlich beschrieben in: Oettinger, Warhaffte historische Beschreibung, S. 65.
102 Vgl. Schauer, Prinzessin Antonia, 126–135. Die Autorin weist z. B. dem herrschenden Herzog Eberhard III. die Rolle des Juda im Paradiesgarten zu. Auch übernimmt sie von Otto Betz die Zuordnungen der vier großen Propheten zu den Lehrern und Beratern der Prinzessin, die aber außer für J. V. Andreae keine durch Quellen gesicherte Grundlage haben. Schauer geht noch wesentlich weiter in der Zuordnung von Figuren aus der Lerntafel zu historischen Personen. Diese sind jedoch nicht in allen Fällen nachvollziehbar. Der Interpretationsspielraum ist enorm, was auch daran liegt, dass Herrscherporträts gewissen Anforderungen entsprechen mussten, die der bildlichen Ähnlichkeit nicht den höchsten Vorrang gaben, vielmehr dem Machtanspruch und dem gängigen Schönheitsideal verpflichtet waren. Vgl. dazu Nicole Linhart, Studien zur Ikonografie von Herrscherporträts, S. 46.

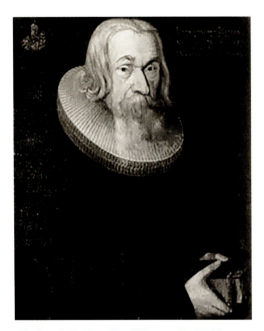

Christoph Zeller, Gemälde aus der Tübinger Professorengalerie.

reichen Bürgern vergönnt. Wichtige Personen aus dem Umkreis Antonias wie Strölin, Schmidlin oder Ebermaier lassen sich heute nicht mehr mit Sicherheit auf der Tafel verorten, weil wir, solange keine Porträts von ihnen aus den Archiven gehoben werden, schlicht nicht wissen, wie sie aussahen.

Eventuell können wir im Evangelisten Markus den Konsistorialratspräsidenten Christoph Zeller ausmachen. Er lehrt (oder bändigt?) den Löwen, Calws Wappentier, zugleich vielleicht aber auch den Löwen Juda, der auf der Lerntafel Eberhard III. zugeordnet ist.[103] In Calw war Zeller Dekan gewesen, bevor er 1645 als Nachfolger von Andreae an den Stuttgarter Hof kam und Seelsorger des Herzogs wurde. Sein Porträt ist in der Tübinger Professorengalerie erhalten und weist gewisse Ähnlichkeiten mit der Figur des Evangelisten auf.

Es müss ANTONIAH die Sulamithin bleiben

Dass Antonia sich selbst als →Sulamith und Christusbraut darstellen ließ, zeugt von einem gewissen Selbstbewusstsein der Prinzessin. Doch scheint sie sich diese Position nicht ohne wiederkehrende Selbstzweifel zugeschrieben zu haben. So klingt es jedenfalls in Schmidlins Brief vom 29. Dezember 1669 an, wo er durch gutes Zureden in gedichteter Form Töne des Zweifels über den eigenen Wert zu beseitigen sucht:

Es müss ANTONIAH die Sulamithin bleiben
undt durch des Freündes Krafft all feindes macht vertreiben.
Sie bleibe JESU Lust, u. JESUS ihre Chron,
der geb nach diesser Zeit den vollen frawden Lohn.[104]

---

103 Vgl. Anm. 98.
104 WLB Stuttgart, Cod. hist. fol. 551, Bl. 47v.

Christus: Auff, Seele, Vermaehle Dich evig mit mier,
nimmb, Schöne, die Crone, die Himmlische Zier.
Todt, Teuffel und Hellen-macht hab' ich Bezwungen
Ohnentliche Freuden Durch Leyden Errungen.

Braut: Nur, Werthister JESV, Du Warest Mein Lust
Auch Ausser Dier War Mir kein Freude Bewust
Ich Liebte Dich Hertzlich Im Glauben Ohn Sehen
Für Hoffen Steht Offen, In Himmel zu gehen.

Engel: Willkommen, Ihr Fromme, kompt alle Zugleich,
Zu Leben und Schweben Im Seeligen Reich
Helfft Preysen Den Dreymahl Hoch Heyligen Nahmen
Das A und-o. Singt Alleluja Mit Amen.

*Transkription des Liedes auf dem Spruchband
des Engelschores auf dem Außenbild*

Detail aus dem Posaunenchor der Engel über der Brautszene des Außenbildes. Das Spruchband trägt den Text und die Noten des „Brautliedes", hier die 2. Strophe.

Schmidlin stellt in der Beilage zu diesem Brief einen neuen Brautzug auf, aus 7x10 Gliedern,[105] ganz so, als wolle er die Prinzessin dazu bewegen, das stehengelassene Bild und die damit verbundene stehen gebliebene Hoffnung neu zum Leben zu erwecken.

So ist es gut möglich, dass die obere Bildhälfte mit den adeligen Rollenporträts erst jetzt, nach dem Jahre 1669, vollendet wurde. Auch das Spruch- und Notenband mit seiner sing- und spielbaren Melodie kann gut erst nach Strölins Tod vollendet worden sein.

Die dritte Entstehungsphase ist schließlich nach dem Zerstörungsakt der französischen Truppen 1692 zu datieren. Hier wurde, wie schon erwähnt, das ganze untere Drittel des rechten Flügels ersetzt und neu bemalt. Damit das Gemälde nach der Reparatur einen halbwegs einheitlichen Anblick bot, wurde es notwendig, die Wolkenbänder, die das Bild durchlaufen, in Teilen so zu übermalen, dass wieder ein homogener Eindruck entstand.[106]

Wir wissen also nicht, wie das Außenbild genau aussah, das Antonia 1673 vor Augen hatte. Weder Johann Ebermaier noch Johann Jakob Strölin haben es je vollendet gesehen. Dass Schmidlin den Weg ins abgelegene Teinachtal nach 1673 auf sich nahm, ist keineswegs sicher.

---

105 Otto Betz scheint in seiner sonst sehr sorgfältigen Arbeit zur Lehrtafel das Datum dieses Entwurfes nicht beachtet zu haben und wertet ihn fälschlicherweise als einen ersten Entwurf zum Brautzug. Vgl. Betz, Licht von unerschaffnem Lichte, S. 30. Dabei wurde er erst 1669, also zehn Jahre nach den anderen uns erhaltenen Entwürfen aufgezeichnet. WLB Stuttgart, Cod. hist. fol. 551, Bl. 47v+48r.
106 Vgl. Schwägerl, Verklebt und zugenäht, Kartierungen, S. 122 und S. 123.

Als Antonia den Gemäldeschrein erst zehn Jahre nach der Fertigstellung des Innenbildes in der Kirche von Bad Teinach aufstellen ließ, musste sie sich von ihrem geliebten Lernbild, der Innentafel, trennen. Spätestens jetzt wurde das Ganze als ein Epitaph zusammengefügt.

Leider wissen wir aber nicht, ob Antonia am 28. Mai 1673 bei dem feierlichen Festakt der Einweihung zugegen war. Balthasar Raith (1616–1683), der Tübinger Theologieprofessor, Dekan und mehrfache Universitätskanzler, begrüßt die Prinzessin entgegen jeder Gepflogenheit nicht in seiner Einweihungsschrift und erwähnt sie auch nicht als entschuldigt. Nur Herzog Eberhard III. wird ausdrücklich gegrüßt.

Ob dieses Schweigen ein weiteres Zeichen der schwindenden Bedeutung Antonias bei Hofe ist oder als Zeichen des Zerwürfnisses mit dem Festprediger gewertet werden muss, können wir nicht entscheiden. Fest steht, dass Raith ein offizieller Vertreter der reinen evangelisch-lutherischen Lehre war, der der Prinzessin und ihrem Anliegen mit einigem Befremden gegenüberstand.[107]

Antonia von Württemberg aber hatte sich, dynastisch unbedeutend, wie sie war, und als überzähliges Blatt am Stamme der Württemberger, selbstständig auf die Suche nach dem Sinn ihres Lebens und der Quelle ihres Glaubens gemacht. Das Ergebnis fiel nicht nach dem Geschmack der lutherischen Orthodoxie aus. Doch strahlend stand es da an jenem Sonntag Trinitatis 1673, vor aller Augen, als das Bekenntnis Christi zu seiner Braut und als Bestätigung ihres Wahlspruchs:

Habe deine Lust am HERRN.
Er wird dir geben,
was dein Herz begehrt. (Psalm 37,4)

Detail der herzförmigen Fackel der Dame in Grün am Eingang des Gartens mit dem dreimal wiederholten hebräischen Buchstaben Jod.

---

107 Vgl. Gruhl/ Morgenstern, Zwei hebräische Gebete, S. 98.

1. Wie sol ich dich empfangen? Vnd wie begegn ich dir/ O aller welt verlangen O meiner seelen zier? O Jesu/ Jesu/ setze Mir selbst die fackel bey/ Damit/ was dich ergötze/ Mir kund und wissend sey.

2. Dein Zion streut die palmen/ Vnd grüne zweige hin/ Vnd ich wil dir in psalmen Ermuntern meinen sin/ Mein hertze sol dir grünen In stetem lob und preis/Vnd deinem namen dienen/ So gut es kan und weiß.

3. Was hast du unterlassen Zu meinem trost und freud/ Als leib und seele sassen In jhrem größsten leid? Als mir das reich genommen/Da fried un freude lacht/Da bist du/ mein heyl/kommen/ Vnd hast mich fro gemacht.

4. Ich lag in schweren banden/ Du kompst und machst mich loß/ Ich stund in spott und schanden/ Du kompst und machst mich groß/Vnd hebst mich hoch zu ehren/Vn schenckst mir grosses gut/ Das sich nicht läßt verzehren/Wie jrdisch reichthumb thut.

5. Nichts / nichts hat dich getrieben Zu mir vom himmelszelt/ Als das geliebte lieben/Damit du alle welt In jhren tausent plagen/ Vnd grossem jammerlast/ Die kein mund kan außsagen/ So vest umbfangen hast.

6. Das schreib dir in dein hertze/ Du hochbetrübtes heer/ Bey denen gram und schmertze Sich häuft je mehr und mehr. Seyd unverzagt/ jhr habet Die hülfe für der thür/ Der eure hertzen labet/Vnd tröstet/steht allhier.

Das Lied von Paul Gerhard erschien 1653 zum ersten Mal im Gesangbuch Praxis Pietatis Melica von Johann Crüger, der die Melodie dazu schrieb, und das Antonia sicherlich bekannt war. Die poetischen Anklänge an die Anima, die in den Paradiesgarten eintretende Frauengestalt im grünen Gewand, sind vielfältig.

Quellen

[Arndt 1765] Des hocherleuchteten|Seel. Herren Johann Arndts|General.Superint. des Fürstenh. Lüneburg|Sechs Bücher| vom wahren| CHRISTENTHUM|welche handeln | von heilsamer Busse, herzlicher Reue I über die Sünde, und wahrem Glauben, | auch heiligen Leben und Wandel der rech- |ten wahren Christen. | Mit einer | Einleitung und kurtzen Gebätlein | aus der Giessischen Edition über alle Capitel [ ], BIEL | Bey Johann Christoph Heilmann, 1765.

Biblia hebraica, Liber Psalmorum, Bl. 3r, Stuttgart 1649, WLB, Cod. bibl.qt.41, a – c .

Die Bibel. Revidierte Übersetzung nach Martin Luther, Stuttgart 2016.

Evangelisches Gesangbuch. Ausgabe für die Evangelische Landeskirche in Württemberg, Stuttgart 1996.

[Ebermaier 1644] Untersuchung gegen den Pfarrer M. Johann Ebermaier zu Zavelstein wegen medizinischen Praktizierens und Medikamentenverkaufs, 1644, HStA Stuttgart, A 206 Bü 1374, Q1–10.

[Ebermaier 1650] Threnodia Würtembergica, oder Würtembergisch Klaglied vber dem zwar frühzeitigem aber doch seeligem Ableiben Dorotheae Amaliae Princessin vund Caroli Christophori Prinzen von Würtemberg: gestellet an die Frawen Anna Catharina Hertzogin zu würtemberg vnd Teck Stuttgart 1650. Württembergische Landesbibliothek Stuttgart R 17 Ebe 1.

[Ebermaier 1653] New Poetisch Hoffnungs-Gärtlein/ Das ist: CCC. und XXX. Sinnbilder von der Hoffnung/ : So zum theils auß der Heiligen Schrifft/ zum theils auß allerhand alten Kirchenvättern/ Geschichtschreibern/ Poeten/ Naturkündigern/ Vernunfft- und Zucht-Lehrern g.../ Ebermeier, Johann *1598–1666*. – Electronic ed. – Tübingen : Kerner, 1653 http://diglib.hab.de/drucke/80-4-eth/start.htm

[Ebermaier 1655] Kalver Newe Tempel-Bau : In VI. Grund-Säulen abgetheilet/ und durch kurtze Reim-Art beschrieben/ mit angefügter Geistlicher Deutung/ Welcher Den XXII. Tage des Häumonats ... eingeweyhet worden ... / Ebermeier, Johann *1598–1666*. – Online-Ausg. – Stuttgart : Rößlin, 1655. http://diglib.hab.de/drucke/280-33-theol-12s/start.htm

[Faber 1655] Einfältige LeüchSermon| über dem Seeligen Ableiben| Weylund |Der Dürchleuchtigten Hochgeborenen |Fürstine und Frawen |Frawen| Barbara Sophia| Gehalten |zu Stüetgarten in der SpitalKirchen…|Christi 1655.|Durch | M. Andream Fabrum, Speical-Superintendenten, |und Spitalpredigern daselbsten. WLB. Cod. Theol. et. phil. fol.29.

[Heerbrand 1630] Zwo Christliche Predigten| Gehalten Vber dem seeligen Ableiben der ... Frawen Agnes Hertzogin zu Sachsen, Engern vnd Westphalen, gebornen Hertzogin zu Württemberg vnd Teckh, ... Deß ... Herrn Francisci Julii, Hertzogen zu Sachsen, Engern vnd Westphalen, geweßnen ... Ehegemahls, Stuttgart 1630. Württembergische Landesbibliothek Stuttgart, Fam. Pr.oct.K.23484.

[Oettinger 1610] Warhaffte Historische Beschreibung Der Fürstlichen Hochzeit, vnd deß Hochansehnlichen Beylagers, So ... Johann Friderich Hertzog zu Württemberg vnd Teck ... Mit ... Barbara Sophia Marggrävin zu Brandenburg ... Jn der Fürstlichen Haubtstatt Stuttgardten, Anno 1609. den 6. Novembris vnd etliche hernach volgende Tag Celebriert vnd gehalten hat : Darinnen alle Fürsten, Fürstine vnd Frewlin: Graven, Herren vnd vom Adel: Auch der abwesende König ... so dieser Hochzeit beygewohnet, verzeichnet ... / Durch, M. Johann Oettingern, Fürstl. Würtembergischen Geographum vnd Renovatorem, Stuttgart 1610. VD17, 23:230948G

[Raith 1673] Turris Antonia oder Einweyhungs-Rede bey Auffrichtung Der Auss dem Cabalistischen GeheimnussBaum entsprossen und von der ..Gehalten durch Balthasar Raithen/S.S: Theol.D. und P.P. Academ. Tubing. Auch auff Gädigsten Befehl gedruckt. Durch Joachim Hein, tübinge 1673.

[Septuaginta 1823] H PALAIA DIAQHKH KATA TOIS EBDOMHKONTA. VETUS TESTAMENTUM GRAECUM…CURA ET STUDIO LEANDRI VAN ESS…LIPSIAE 1823.

[Wölfflin 1672] „Drey christliche Leichpredigten| über dem hochseligen ableiben | Weilund dess | Durchleuchtigen und Hochgebornen | Fürsten und Herrn/ Herrn Ulrichen | Hertzogen zu Württemberg und Teck sampt angehängter historischer Beschreibung I.H.Gn. hochansehlicher Leichprocession und Begräbnus...durch Christoph Wölfflin , Theologiae Doctorem, Hofprediger und Prälat zu Lorch, am 17. Dezember 1671 durch M. Johann Christoph Hingher, Stiftsprediger und am 17. Dezember 1671 durch M. Joseph Colb, Fürstl. Würtemb. Hofprediger Johann Weyrich Rößlin, Stuttgart 1672. HStA Stuttgart J 67 Bü 5 .

[Wölfflin 1679] Lebenslauf der Prinzessin Antonia von Württemberg, Manuskript von Christoph Wölfflin, Akten betr. den zu Liebenzell am 1. Oktober 1679 erfolgten Tod der Prinzessin Antonia von Württemberg, ihre Beisetzung, Verlassenschaftsangelegenheiten etc. HStA Stuttgart, G 86 Bü2, Fasz. I / 1679–1684.

[Zeller/Nicolai/Schuelin 1655] Drey Christliche Leich-Predigten, Gehalten Bey und vor der Beysetzung und Begräbnuß Deren ... Barbarae Sophiae, Hertzogin zu Würtemberg und Teck ... Gebornen Marggräfin auß dem ... Hauß Brandenburg ... : Dero Fürstl. Gn. ... den 13. Februarii, Anno 1636 ... in ... Straßburg ... entschlaffen, und ... im Jahr 1655 ... den 21. Augusti, in der Stiffts-Kirchen zu Stuttgarten ... beygesetzet worden / Christoph Zeller ; Melchior Nicolai ; Johann Joachim Schuelin; Barbara Sophie Verstorbene/r. Stuttgart 1655, HStA J 67 Bü 4 B.

Literatur

Amberger, Hannes: Revelation and progress.The concept of philosophia perennis from steuco to Leibniz, in : Lexicon philosophicum 7, 2019. https://lexicon.cnr.it/ojs/index.php/LP/article/view/655/492 (aufgerufen am 5.2.2023).

Andreae, Johann Valentin: Selbstbiographie, hg, von David Christoph Seybold, Winterthur 1799.

Betz, Otto: Licht vom unerschaffnen Lichte, Metzingen 1996 (dritte Auflage 2000).

Biedermann, Hans: Handlexikon der magischen Künste von der Spätantike bis zum 19. Jahrhundert, München/Zürich 1976.

Brecht, Martin: Johann Valentin Andreae 1586–1654. Eine Biographie, Göttingen 2008.

Brecht, Martin: Das Aufkommen der neuen Frömmigkeitsbewegung in Deutschland in: Geschichte des Pietismus, Bd.1, hg. von Martin BRECHT, Vandenhoek und Ruprecht, Göttingen 1993, S.113–240.

Fleischhauer, Werner: Barock in Württemberg, 2. Auflage Stuttgart 1981.

Friedewald, Boris: Maria Sibyllas Reise zu den Schmetterlingen, München 2015.

Fritz, Eberhard: Bündnispartner und Besatzungsmacht. Zur politischen Rolle Württembergs zwischen dem Restitutionsedikt und der Schlacht bei Nördlingen, in: Zeitschrift für württembergische Landesgeschichte 80 (2021), S. 221–254.

Gräßle, Philipp: Befunduntersuchung der Kabbalistischen Lehrtafel der Prinzessin Antonia von Württemberg im Chor der Dreifaltigkeitskirche in Bad Teinach, 2014.

Gräßle, Philipp: Befunduntersuchung des barocken Orgelprospekts mit Balustrade und Schnitzereien im Chor der Dreifaltigkeitskirche in Bad Teinach, 2014.

Gruhl, Reinhard/ Morgenstern, Matthias: Zwei hebräische Gebete der Prinzessin Antonia von Württemberg (1613–1679) im Kontext der Einweihung der kabbalistischen Lehrtafel in Bad Teinach, in: Judaica. Beiträge zum Verstehen des Judentums 62 (2006), S. 97–130 (vgl. den Neuabdruck in diesem Band S. 173–201).

Gruhl, Reinhard: Die kabbalistische Lehrtafel der Prinzessin Antonia von Württemberg. Studien und Dokumente zur protestantischen Rezeption jüdischer Mystik in einem frühneuzeitlichen Gelehrtenkreis, Berlin/Boston 2016.

Häußermann, Friedrich: Pictura Docens. Ein Vorspiel zu Fr. Chr. Oetingers Lehrtafel der Prinzessin Antonia von Württemberg, in: Blätter für württembergische Kirchengeschichte 66/67 (1966/67), S. 65–153.

Haye, Thomas: Europas Versöhnung im Triumphus Pais des Johann Ebermaier, in: Frieden durch Sprache? Studien zum kommunikativen Umgang mit Konflikten und Konfliktlösungen, (Veröffentlichungen des Instituts für Europäische Geschichte Mainz, Abteilung für Universalgeschichte, Beiheft 91) Göttingen 2021.

Henke, Arthur/Schöne, Albrecht: EMBLEMATA, Handbuch zur Sinnbildkunst des XVI: und XVII: Jahrhunderts, Sonderausgabe, Stuttgart 1978.

Herrschlein, Franz, Historischer Verein Leutenbach e.V , Typoskript, 1975.

Jensen, Jens: Die Ehescheidung des Bischofs Hans von Lübeck von Prinzessin Julia Felicitas von Württemberg-Weiltingen AD 1648–1653. Ein Beitrag zum protestantischen Ehescheidungsrecht im Zeitalter des beginnenden Absolutismus (Rechtshistorische Reihe, 35), Frankfurt am Main / Bern/New York/Nancy 1984.

Kägler, Britta: „Rückzugsort oder Anlaufstelle?" Das „Frauenzimmer" als Institution und Handlungsraum am Münchener Hof der Frühen Neuzeit in: https://perspectivia.net/publikationen/discussions/5-2010/kaegler_frauenzimmer, (aufgerufen am 07.01.2023).

Kircher-Kannemann, Anja: Heilsame auffsicht und verfassung. Hofordnungen vom Mittelalter bis zur Neuzeit. Inaugrual-dissertation zur Erlangung des Doktorgrades der Philosophie durch die Philosophische Fakultät der Heinrich-Heine-Universität Düsseldorf, Düsseldorf 2015.

Kohler, Marie-Louise: Schätze unserer Kirchen. Die Kanzel in der Jakobuskirche. Brackenheim 2018.

Krickl, Gudrun Maria: Brautfahrt ins Ungewisse, Lebenswege württembergischer Herzoginnen, Tübingen 2012.

Landesmuseum Württemberg (Hg.): Die Kunstkammer der Herzöge von Württemberg. Bestand, Geschichte, Kontext. Band 1, Stuttgart 2017. WLB Stuttgart: 69a/123-1.

Lenz, Rudolf: De mortuis nil nisi bene? : Leichenpredigten als multidisziplinäre Quelle unter besonderer Berücksichtigung der historischen Familienforschung, der Bildungsgeschichte und der Literaturgeschichte, Sigmaringen 1990.

Linhart, Nicole: Studien zur Ikonografie von Herrscherportraits in der Renaissance nördlich und südlich der Alpen, Graz, 2013, S.89. https://unipub.uni-graz.at/obvugrhs/content/titleinfo/232038/full.pdf (aufgerufen am 20. 01.2023).

Livet, Georges / Schang, Pierre: Histoire du Gymnase Jean Sturm, berceau de l'Université de Strasbourg, Strasbourg 1988.

Morgenstern, Matthias: Die kabbalistische Lehrtafel der Prinzessin Antonia in Bad Teinach, in : Jüdisches Leben im Nordschwarzwald, Neulingen 2021, S. 695 – 713.

Raff, Gerhard: Hie gut Wirtemberg allewege II. Das Haus Württemberg von Herzog Friedrich I. bis Herzog Eberhard III. 3. Auflage, Stuttgart/Leipzig 2003.

Rangström, Lena: Modelejon Manligt Mode, 1500-tal 1600-tal 1700-tal, Stockholm 2002.

Reichert, Dieter: Die Inschriften der Stadtkirche in Schorndorf, Manuskript, 1967.

Reuss, Rudolf: Straßburg im dreißigjährigen Kriege (1618–1648). Fragment aus der Straßburgischen Chronik des Malers Johann Jakob Walther nebst Einleitung und biographischer Notiz von Rudolf Reuss, Straßburg 1879.

Schauer, Eva Johanna: Prinzessin Antonia von Württemberg und ihr Heilsweg auf der Teinacher Lehrtafel, Stuttgart 2016.

Schiffer, Peter/Traub Andreas: Die Beschützung der Burg Zion – Ein Leich- und Ritterspiel von 1649, in: Zeitschrift für Württembergische Landesgeschichte 79 (2020), S. 273–302.

Schmidt, Rudolf: Deutsche Buchhändler, deutsche Buchdrucker: Beiträge zu einer Firmengeschichte des deutschen Buchgewerbes, Berlin 1902–1908.

Schmidlin, Johann Lorenz: Pictura docens. Unter Mitarbeit von Reinhard Gruhl, Inga Woolston, Anne Eusterschulte, Anja Knebusch, Lothar Mundt und Felix Mundt, zum ersten Mal hrsg. und übers. von Fritz Felgentreu und Widu-Wolfgang Ehlers (Clavis Pansophiae 4) Stuttgart 2007.

Schönthaler, Matthias: Kleine Geschichte der Kirchenmusik in der Ev. Dreifaltigkeitskirche Bad Teinach mit Fotografien von Daniel Schneider, hg. von der Ev. Kirchengemeinde Bad Teinach 2011.

Scholem, Gershom: Die jüdische Mystik in ihren Hauptströmungen, Frankfurt am Main 1980.

Schütt, Hans-Werner: Auf der Suche nach dem Stein der Weisen. Die Geschichte der Alchemie, München 2000.

Schüz, Martin: Die evang. Dreifaltigkeitskirche in Bad Teinach und die Lehrtafel der Prinzessin Antonia. 4. Auflage, Bad Teinach 1991.

Schurig, Roland: Zeiten und Wege, 750 Jahre Weiler zum Stein. Leutenbach, 1995.

Schwägerl, Ilona: „Verklebt und zugenäht – Die Flügel der Teinacher Lehrtafel und Möglichkeiten zur Rissschließung an beidseitig bemalten Leinwandgemälden", Masterarbeit eingereicht am Institut für Konservierungswissenschaften der Staatlichen Akademie der Bildenden Künste, Stuttgart 2015.

Trendel, Guy: Racontez-moi Strasbourg. Les très riches heures d'une ville libre, Strasbourg 2006.

Wallmann, Johannes: Philipp Jakob Spener und die Anfänge des Pietismus, Tübingen 1986.

Blick in das Innere der Dreifaltigkeitskirche vor der Renovierung im Jahr 1962/63. Die Lerntafel wurde von einem abgeschlossenen Vorgärtchen eingefasst. Die erhöhte Kanzel mit Himmel befand sich rechts neben der Lerntafel und war durch einen Durchgang über die Wandecke erreichbar.

תהל' לז

וְהִתְעַנַּג עַל יְהוָה וְיִתֶּן לְךָ מִשְׁאֲלוֹת לִבֶּךָ:

אֲנִי עַל הָאֵלִי מִתֵּץ — נֶגֶה
נִשְׁמָה לִי בּוֹ בַּד מִתָּה — לָלָה

תְּהִלָּתִי הַהוּא אָגִיל   אֲנִי
נְגִיד עַמִּי מַלְעִיגָם גִּ׳ — אֵלִי

לְדֹדִי הוּא נַפְשִׁי שָׂא — הָבָה
הָדָר רֹאשִׁי הִפְלִיבוֹ נִשְׂ — מְחָה:

Zwei hebräische Gebete der Prinzessin Antonia von Württemberg (1613–1679) im Kontext der Einweihung der kabbalistischen Lehrtafel in Bad Teinach

von Reinhard Gruhl und Matthias Morgenstern

Wie wollte Antonia den Akt der Stiftung ihrer Lehrtafel verstanden wissen? Dazu gibt es zwei bislang nicht erforschte Selbstzeugnisse: ein längeres Gebet, das Antonia im Vorfeld der Stiftung offenbar in eigener Person formuliert und niedergeschrieben hat, sowie ein kürzeres, das möglicherweise damit in einem engen Zusammenhang steht. Diese Texte sind zugleich die wichtigsten Quellen für die Beurteilung von Antonias Hebräischkenntnissen, zumindest was ihre aktive Beherrschung dieser Sprache betrifft. Beide sollen hier gewürdigt werden – durch ihre Übersetzung ins Deutsche, aber auch eine Skizzierung des Umfeldes.

Hebräischstudien christlicher Frauen im Barock

Wie das Hebräische an europäischen Universitäten im Barock gepflegt wurde, ist aus einer Vielzahl gedruckter und ungedruckter Quellen im Großen und Ganzen gut erkennbar.[1] Eine Geschichte der Pflege des Hebräischen außerhalb der Universitäten und der geistlichen Laufbahn ist hingegen in hohem Maße vom Finderglück abhängig und wird darum vielleicht nie

---

[1] Einige neuere Untersuchungen für Deutschland und die Niederlande seien genannt: P.T. VAN ROODEN, *Theology, Biblical Scholarship and Rabbinical Studies in the Seventeenth Century. Constantijn L'Empereur (1591–1648) [...] at Leiden,* Leiden et al. 1989; C. OTT, *Schickard als Orientalist – verkanntes Genie oder interessierter Laie?* in: F. SECK (ed.), *Zum 400. Geburtstag von Wilhelm Schickard [...],* Sigmaringen 1995, S. 117–130; S.G. BURNETT, *From Christian Hebraism to Jewish Studies. Johannes Buxtorf (1564–1629) and Hebrew Learning in the Seventeenth Century,* Leiden et al. 1996; A. STEIGER, *Die Rezeption der rabbinischen Tradition im Luthertum [...] und im Theologiestudium des 17. Jahrhunderts,* in: C. CAEMMERER et al. (edd.), *Das Berliner Modell der Mittleren Deutschen Literatur,* Amsterdam/Atlanta 2000 (CHLOE 33), S. 191–252; G. MILETTO/G. VELTRI, *Die Hebraistik in Wittenberg (1502–1813): von der „lingua sacra" zur Semitistik,* in: Henoch, Studi Storicofilologici sull' Hebraismo XXV,1 (4/2003), S. 93–111; R. GRUHL, *Jona wird Schulautor. Johannes Leusdens Textbuch für angehende Orientalisten (1656/1692),* in: J.A. STEIGER/W. KÜHLMANN (edd.), *Der problematische Prophet. Die biblische Jona-Figur in Exegese, Theologie, Literatur und Bildender Kunst,* Berlin/Boston 2011 (Arbeiten zur Kirchengeschichte 118), S. 273–299.

geschrieben werden können. Eine Anzahl von Männern, die unter je besonderen Umständen fernab der Universitäten und der einschlägigen Berufe das Hebräische pflegten, muss hier übergangen werden. Auf der Seite der Frauen ist neben der bekannten Anna van Schurman (1607–1678) aus Antonias Heimat Ursula Margarethe Schickard (1618–1634) zu nennen, eine Tochter des bekannten Tübinger Hebraisten, der von ihr erzählt:

> „Die Sprachen liebte sie ungemein und konnte das lateinische Wörterbuch zum großen Teil auswendig, konnte Wörter durch die Fälle deklinieren, so dass sie es wagen konnte, mir lateinische Briefe zu schreiben (wenngleich unbeholfen und nur aus dem Wörterbuch zusammengestoppelt), wenn sie um Geld bat. Hebräisch las sie geläufig und schrieb sie hübsch. Sie schmückte ihre Kleider nach Art der alten Juden mit selbstgestickten hebräischen Emblemen, so dass ich in jeder Hinsicht von ihr etwas Seltenes und Bedeutendes erhoffte."[2]

Dass Kinder von Hebraisten schon frühzeitig an der Leidenschaft des Vaters Anteil nahmen, ist für die Zeit nicht ungewöhnlich. Ähnliches wird über den Leidener Orientalisten Drusius (1550–1616)[3] sowie den älteren Buxtorf[4] und ihre – allerdings männlichen – Sprösslinge berichtet. Ursula Margarethe Schickard starb leider allzu früh – wie auch ihre Eltern – an der in Tübingen wütenden Pest und ist vielleicht so um den wohlverdienten Platz in Moritz Steinschneiders Liste von „Hebraistinnen" gekommen.[5] Übrigens war Steinschneider sich völlig im Klaren, dass nur sorgfältige Prüfung jedes Einzelfalles würde zeigen können, was von den Nachrichten zu halten war, die er

---

2 „Linguas impensè amavit, latinum nomenclatorem parte magnâ tenuit, vocabula per casus flectere gnara, adeo ut epistolas latinas ad me (quamvis ineptas, et è dictionario tantùm compilatas) scribere auderet, si quid nummorum posceret. Hebraea quoque legit expeditè, ac scripsit eleganter, vestes suas, more veterum Judaeorum, emblematis eiusmodj acu â se netis, exornans. *[sic]* ut omnino rarum aliquid et majus ab ea sperârim." (Brief Schickards an Besold, den Rektor der Universität, Tübingen nach dem 21.10.1634; Text nach: F. SECK [ed.], *Wilhelm Schickard, Briefwechsel,* 2 Bd.e, Stuttgart-Bad Cannstatt 2002, Bd. 2, S. 301, Nr. 699; Übersetzung nach: F. SECK, *Wilhelm Schickard in Briefen,* Nürtingen 1987, S. 42.)

3 „Zu vnseren Zeiten hat Dn. Ioh. Drusius, Professor Lugd. Bat. p.m. sein junges Söhnlein also angerichtet/ dass es schon in dem siebenden Jahr seines Alters/ neben der Latein. Griech. vnd Englischen/ auch die H. Sprach wol verstanden/ die Psalmen aus Davids Original, zu menniglichs Verwunderung/ fertig geteutschet hat." In der Vorrede von: Der Hebräische | Trichter/ | Die Sprach leicht einzugiessen/ | Das ist/ | Vnterweisung/ | Wie ein Teutscher Leser/ ohn | Lateinischen Behelff/ die H. | Sprach behend erlernen | möge/ | So klar vnd einfältig/ dass es auch | ein Knab kan fassen. | Durch | Wilhelm Schickardten/ | Professor zu Tübingen. | [...] | Leipzig/ In verlegung Gottfried | Grossens/ Buchh. Anno 1629. [WLB Phil. oct. 7500] Vgl. auch VAN SLEE, Art. *Drusius,* in: ADB, Bd. 5, Leipzig 1877, S. 439–440.

4 Schon mit vier Jahren soll Buxtorf d. J. neben seiner Muttersprache Latein, Griechisch und Hebräisch gesprochen und geschrieben haben. Vgl. BURNETT (Anm. 1), S. 21; SIEGFRIED, Art. *Buxtorff,* in: ADB, Bd. 3, Leipzig 1876, S. 673–676.

5 M. STEINSCHNEIDER, המזכיר. *Hebraeische Bibliographie, Blätter für neuere und ältere Literatur des Judenthums,* Bd. XX, Berlin 1880 (im Bd. IV der Reprintausgabe Hildesheim 1972), S. 65–69.

oft aus zweiter Hand bekam.⁶ Ähnlich wie bei Ursula Margarethe steht man bei der eben schon erwähnten Utrechterin Anna Maria van Schurman aber auf gesichertem Boden. Was man letzterer gerne nachrühmte, lässt sich unter anderem durch zwei eigenhändig verfasste hebräische Briefe verifizieren.⁷

Eine solche Abklärung mit Hilfe unanfechtbarer Quellen war auch für Antonia wünschenswert. Einiges dafür hat Meyer Kayserling bereits vor über hundert Jahren in einer kleinen Studie ausgearbeitet, an die Otto Betz noch einmal erinnert hat.⁸ Kayserling folgert aus brieflichen Nachrichten an Buxtorf den Jüngeren, dass die Lobsprüche auf Antonias Meisterschaft im Umgang mit sprachlich schwierigen rabbinischen und kabbalistischen Texten zwar wohl übertrieben seien, dass die besagten Briefe aber bewiesen, „that she had obtained a good knowledge of the Hebrew language and its grammar."⁹ Hebräisches von Antonias Hand hat Kayserling zwar nie in Augenschein genommen, von Rabbiner Dr. Stössel aus Stuttgart war ihm jedoch von einigen deutschen bzw. hebräischen kabbalistischen Sefirot-Tafeln von Antonias Hand berichtet worden.¹⁰ Dass es noch mehr einschlägiges Material in Stuttgart zu bestaunen gibt, zeigte 1965 die systematische Bestandsaufnahme durch Ernst Róth.¹¹

---

6 Zur von Steinschneider genannten Christina von Schweden vgl. H.-J. SCHOEPS, *Philosemitismus im Barock*, Tübingen 1952, S. 165ff. Sie wurde von dem Uppsalaer Theologen J.E. Terserus im Hebräischen unterrichtet, hatte in ihrer Bibliothek auch Hebraica und ließ ihre Sammlung von dem berühmten Rabbiner Manasseh ben Israel (1604–1657) vervollständigen. Eine weitere Gelehrte, Anne Conway, verzeichnet Steinschneider nicht. Ob sie, vielleicht motiviert von van Helmont und dem Interesse für Kabbala, auch Hebräisch lernte, lässt A.P. COUDERT in der Schwebe (*The Impact of the Cabbalah in the Seventeenth Century. The Life and Thought of Francis Mercury van Helmont [...]*, Leiden et al. 1999, S. 177). Zitate aus der Kabbala in einer Schrift Conways stammen nach Coudert (ibid., S. 204, Anm. 98) „probably" von van Helmont.

7 Siehe STEINSCHNEIDER (Anm. 5), S. 69; E. MARTIN, Art. *Schurman, Anna Maria van S.*, in: ADB, Bd. 33, Leipzig 1891, S. 90–94; B. BECKER-CANTARINO, Die ‚gelehrte Frau' und die Institutionen und Organisationsformen der Gelehrsamkeit am Beispiel der Anna Maria van Schurman (1607–1678), in: S. NEUMEISTER et al. (edd.), *Res Publica Litteraria*, Teil II, Wiesbaden 1987, S. 559–576; M. DE BAAR et al. (edd.), *Choosing the Better Part. Anna Maria van Schurman*, Dordrecht et al. 1996; A.M. van Schurmann, *Whether a Christian Woman should be educated and other writings from her intellectual circle*, ed. and trans. by J.L. IRWIN, Chicago 1998.

8 M. KAYSERLING, *A Princess as Hebraist*, in: The Jewish Quarterly Review 9 (1897), S. 509–514; O. BETZ, *Friedrich Christoph Oetinger als Theosoph und das hebräische Erbe im schwäbischen Pietismus*, in: G. SPINDLER (ed.), *Glauben und Erkennen. Die Heilige Philosophie von Friedrich Christoph Oetinger. Studien zum 300. Geburtstag*, Metzingen 2002, S. 94–130, bes. S. 108–112.

9 KAYSERLING (Anm. 8), S. 509.

10 Ibid., S. 511. Zu den Sefirot im Kontext der Lehrtafel vgl. O. BETZ/I. BETZ, *Licht vom unerschaffnen Lichte. Die kabbalistische Lehrtafel der Prinzessin Antonia in Bad Teinach*, Metzingen 1996 (3. Auflage 2013), S. 19ff.

11 E. RÓTH, *Hebräische Handschriften*. Teil 2, H. STRIEDL (ed.), Wiesbaden 1965 (= *Verzeichnis der orientalischen Handschriften in Deutschland*, W. VOIGT [ed.], Bd. VI, 2). Siehe jetzt R. GRUHL, Art. *Antonia von Württemberg*, in: S. AREND et al. (edd.), *Frühe Neuzeit in Deutschland, 1620–1720: Literaturwissenschaftliches Verfasserlexikon* (VL 17), Bd. 1, Berlin/Boston 2019, Sp. 258–263.

Für das Jahr 1649 bezeugt jedenfalls der erste von Kayserling zitierte Brief Esenweins, dass Antonia die erste Hürde, die Lektüre eines punktierten Textes des Alten Testaments, zu dieser Zeit mehr oder weniger genommen hatte.[12] Ein anderer Brief, den Kayserling nur kurz streift[13], ist das früheste Zeugnis dafür, dass Antonia mit dem Geistlichen Magister Johann Jakob Strölin (1620–1663) einen offenbar tüchtigen Lehrer an ihrer Seite hatte. In der Landesbibliothek in Stuttgart findet sich auch eine bemerkenswerte Teilabschrift des hebräischen Alten Testaments aus Antonias Nachlass.[14] Sie bezeugt auf besondere Weise die Art und Intensität des Unterrichts, den Antonia bei Strölin genoss, nachdem sie im Jahre 1649 bereits die Anfangsgründe hinter sich gelassen hatte und darauf brannte, sich an unpunktierten Texten zu versuchen. Zwischen dem Konsonantentext und der Punktierung dieser umfänglichen, in drei Bänden gebundenen Handschrift lässt sich eine merkwürdige Inkongruenz beobachten. Offenbar waren mehrere Hände am Werk. Der Vergleich mit Texten, die eindeutig Antonia oder Strölin als Schreibern zugeordnet werden können[15], zeigt alsbald, dass nicht sie selbst, sondern ihr Lehrer den Konsonantentext geschrieben hat. Die Punktierung stammt hingegen von einer weniger geübten Hand, der es oft (noch) nicht gelingt, die einzelnen Punkte und Striche der Vokale präzis zu lozieren und die immer wieder auch Korrekturen anbringen muss.[16] Diese Beobachtungen passen nun bestens zu einem Bericht des oben schon erwähnten Esenwein. In dem zweiten von Kayserling ausgewerteten Brief erzählt dieser im Jahr 1652 dem jüngeren Buxtorf, dass es die Prinzessin in ihrem Eifer bereits so weit gebracht habe,

> „dass sie einen grösseren Teil der Bücher der hebräischen Bibel, den sie von einem gewissen Abschreiber in besonders grosser hebräischer Schrift (aber noch) ohne Punkte habe schreiben lassen, eigenhändig (und) akkurat mit den zugehörigen Punkten versehen habe."[17]

---

12 Im Juli 1649 schreibt Esenwein an den jüngeren Buxtorf in Basel (zit. bei KAYSERLING [Anm. 8], S. 509, Anm. 2): „Antonia, fundamentis in Ebraea Lingua et lectione bibliorum hebraicorum haud perfunctorie factis, artem sine punctis legendi addiscere ardet."

13 WLB cod. or. 2° 4 <p. 1ʳ/ᵛ>.

14 Vgl. RÓTH (Anm. 11), S. 367ff. (Nr. 585–587). Zu Strölin vgl. Johann Lorenz Schmidlin, *Pictura docens*, zum ersten Mal herausgegeben und übersetzt von F. FELGENTREU und W. EHLERS, unter Mitarbeit von R. GRUHL et al. (Clavis pansophiae, Bd. 4), Stuttgart-Bad Cannstatt 2007, Einleitung, S. XIII–XIV, XVIII, XXI und XXV–XXVII.

15 Vgl. etwa WLB cod. or. 2° 4 <p. 2ʳ>, wo Antonia Kohelet 3,1–28 hebräisch und deutsch in Schönschrift wiedergibt. Die Materialien in WLB cod. hist. fol. 551 sind Strölin zuzuordnen.

16 Mehr Übung verrät hingegen Antonias Punktierung in WLB cod. or. 2° 4 <p. 2ᵛ>.

17 KAYSERLING (Anm. 8), S. 510, Anm.: „ut maiorem Bibliorum Ebraicorum partem a manuductore quodam literis Ebraeis maiusculis sine punctis scriptam punctis suis propria manu eleganter vestiverit [...]." Zur hier vorliegenden Bedeutung von „maiusculis" vgl. z. B. ATHANASII KIRCHERI | [...] | OEDIPI | AEGYPTIACI | Tomus Secundus. | [...] PARS PRIMA | [...] | ROMAE, | [...] Anno M DC LIII, S. 281 oben.

Es spricht also alles dafür, dass die Prinzessin diese Bibelabschrift punktierte. Mag sich mit Hilfe dieser Handschrift auch nicht bis ins Letzte aufklären lassen, wie Strölin die bereits fortgeschrittene Antonia im Hebräischen unterwies, so zeigt sich – im Zusammenhang mit den im folgenden dokumentierten Texten – doch in Umrissen der Weg, auf dem Antonia zur Vervollkommnung ihrer Hebräischkenntnisse strebte.[18]

Die Landesbibliothek Stuttgart hütet auch das Quartheft mit zwei hebräischen Gebeten, die die Prinzessin möglicherweise auf dem Höhepunkt ihres sprachlichen Könnens zeigen. Schon äußerlich zeigt dieses Heft eine eigene Note: Auf die als Umschlag dienende Papierlage ist noch eine Lage einseitig marmoriertes Papier geklebt (Kamm-Marmor in Gelb-, Rot- und Blautönen). Ab etwa 1600 kam die Herstellung dieses *Türkisch Papier* auch in Deutschland in Gebrauch. Wahrscheinlich handelt es sich also um einen zeitgenössischen Einband, den vielleicht die Prinzessin in eigener Person mit diesem edlen Buntpapier schmückte.[19] Das Heft ist nach hebräischer Manier eingerichtet, d. h. von rechts nach links zu lesen. Von den acht von späterer Hand paginierten Blättern sind die ersten drei leer, das vierte hat auf der *verso*-Seite das kleinere der beiden Gedichte; das größere füllt beidseitig die Blätter 5–7; auf der *recto*-Seite des achten ist ein Zettel von der Größe einer Handfläche aufgeklebt, die *verso*-Seite ist wiederum leer. Das Seitenformat beträgt 16:20 cm, das Schriftfeld etwa 11:16 cm bei durchschnittlich 12 Zeilen.[20] Es handelt sich offenbar um eine Reinschrift in sogenannter *Deutscher Quadratschrift* von der Hand Antonias,[21] mit Ausnahme besagten Zettels, der daneben auch von einer zweiten, unbekannten Hand beschrieben ist.[22] Die Reinschrift ist

---

18 Wie die Handschrift zeigt, hat Strölin nicht versäumt, Antonia wenigstens zuweilen auch mit gewissen Feinheiten der masoretischen Textanalyse bekanntzumachen, z. B. mit Kᵉtib und Qere, oder mit dem Phänomen, dass in bestimmten Versen alle Buchstaben des hebräischen Alphabets mindestens einmal vorkommen, und schließlich mit einer Anomalie wie dem *mem finale* in der Wortmitte in Jesaja 9, 6. Auch vermerkt er bei Jeremia 25, 26 über ששך in roter Tinte: „Per אתבש בבל", d. h. nach der Chiffriermethode *Atbasch* ist ששך mit Babel aufzulösen (WLB cod. bibl. 4° 41 c < p. 203ʳ>).

19 Für diese Informationen zum Einband danken wir den Mitarbeitern der WLB Stuttgart, vor allem Frau Popp-Grilli von der Handschriftenabteilung, die uns auch hingewiesen hat auf: A. HAEMMERLE, *Buntpapier. Herkommen, Geschichte, Techniken, Beziehungen zur Kunst,* München, 2. Auflage 1977, S. 41–58, bes. S. 48ff. und Tafel IV. In Württemberg findet sich *Türkisch Papier* übrigens schon in einem Stammbuch des Herzogshauses von 1608/12 (WLB cod. hist. 8° 11).

20 WLB cod. or. 4° 2; vgl. RÓTH (Anm. 11), Nr. 609, S. 380f.

21 Die aus heutiger Sicht auffällige Manier, zuweilen mitten in einem Wort die Zeile zu brechen, ist kein Indiz *gegen* eine Reinschrift, vielmehr eher *dafür,* dient es doch dazu, das Schriftbild möglichst gleichmäßig zu gestalten (ähnlich wie die bekannten gedehnten Formen am Zeilenende, z. B. des *tav*). Auch Strölin verwendet diesen Kunstgriff zuweilen. Übrigens dürfte das verwendete *Türkisch Papier* (siehe Anm. 19) seinerseits ein Indiz dafür sein, dass es sich bei diesem Heft um keine gewöhnliche Kladde handelt.

22 Der Zettel ist so aufgeklebt, dass auch seine Rückseite (*verso*-Seite) weitgehend lesbar ist. Auf der *recto*-Seite steht ein Text von unbekannter Hand, beginnend mit: … אל מלך יושב, davor zweimal ein Aleph mit einer Art § darüber (als *incipit*-Zeichen?); von späterer Hand ist in Bleistift eine Deutung festgehalten: „ein Bussgebet". In die Mitte der *verso*-Seite hat die unbekannte Hand das hebr. Alphabet (aber nur bis ע) offenbar zu Lehrzwecken vorgeschrieben; von einer ungelenken Hand, wohl der

möglicherweise nicht in einem Zug entstanden. Nach Antonias Tod kam dieses Heft zusammen mit weiteren Stücken aus ihrem literarischen Nachlass in die Bibliothek ihres Bruders, des Herzogs Friedrich von Württemberg-Neuenstadt (1615–1682), bei deren Auflösung einige Jahre später nach Stuttgart und schließlich in die Landesbibliothek.[23]

Blickt man auf Form und Inhalt beider Texte, kann zwar im strengen Sinn von keiner eigenständigen hebräischen Dichtung die Rede sein, da im Wesentlichen Versatzstücke aus biblischen Texten miteinander kombiniert werden. Dazu hat Otto Betz – in einem den Verfassern dieser Zeilen vor seinem Tod überlassenen handschriftlichen Interpretationsversuch – auf „viele grammatische Schnitzer" und einen etwas unbeholfenen Sprachstil hingewiesen.[24] Andererseits handelt es sich bei dem biblisierenden Stil um eine Sprachform, die, wenn der Vergleich gestattet ist, jedenfalls teilweise auch in der mittelalterlichen jüdischen *Pijjut*-Dichtung üblich war, so dass zu fragen ist, mit welchen sprachlichen Qualitätsmaßstäben ein solcher Text legitimerweise zu messen ist. Antonia geht mit dem Material, das sie im Hinblick auf das Genus der Verbformen und Suffixe (die Ersetzung der männlichen durch weibliche Formen!) für sich selbst anpassen muss, jedenfalls recht souverän, wenngleich nicht fehlerfrei um.[25]

Obwohl man rückblickend feststellen kann, dass die Komposition eines solchen Gebetes, natürlich unter Zuhilfenahme der Bibelübersetzung Martin Luthers und bei entsprechender Bibelfestigkeit, keine schlechthin herausragenden philologischen Kenntnisse und Fertigkeiten erforderte, bleibt es für eine Prinzessin des 17. Jahrhunderts doch bei einer außergewöhnlichen Leistung. Mit einigem Recht mag die Nachwelt neben dem Entwurf der christlichen Kabbala auf der Bad Teinacher Lehrtafel heute auch die Hebraistin Antonia bewundern, diese württembergische Prinzessin, die – wie Otto Betz das Weihegebet paraphrasiert – „die kleine Magd Gottes sein und alles tun will, woran Gott Wohlgefallen hat."

---

    der Prinzessin, ist es in anderer Tinte daneben nachgeschrieben. Der Zettel dokumentiert vermutlich Antonias Anfangszeiten im Hebräischen und wurde von der Prinzessin am Ende dieses Heftes als Erinnerungsstück eingefügt.

23 Vgl. R. RAPPMANN, *Die Bibliothek Herzog Friedrichs von Württemberg-Neuenstadt (1615–1682)*, Köln 1985 (Maschinenschr. Hausarbeit an der Fachhochschule für Bibliotheks- und Dokumentationswesen in Köln) [WLB Hss. Abt. C 350], S. 33 und 132, Anm. 87; vgl. auch J. MANGEI, *Manuscripta historica. Neuenstädter Handschriften in der Württembergischen Landesbibliothek*, in: H. KRIEG/A. ZETTLER (edd.), *In frumento et vino opima*, Ostfildern 2004 (FS Zotz), S. 317–329.

24 Betz nennt den verschwenderischen Umgang mit היא, אני, הוא und fährt fort: „Aber das stellt die Aufmerksamkeit sicher und mindert die Leistung der Antonia wenig …".

25 Um Antonias Leistung recht zu würdigen, müsste sie mit zeitgenössischen hebräischen Kasualgedichten verglichen werden, von denen sich eine Reihe in Württemberg finden lässt, zumal als Beigaben zu gedruckten Leichenpredigten – allesamt von Männern mit Universitätsausbildung verfasst und ähnlich stark dem biblischen Idiom verpflichtet wie Antonias Texte. Einer dieser Texte ist besprochen worden in: R. GRUHL, *Elias Entrückung in Schwaben. Motivgeschichtliches zu einigen Leichengedichten und -predigten des Barock,* in: Internationales Jahrbuch für Germanistik, Reihe A, Bd. 73, Bern et al. 2007, S. 201–230, bes. 218f.

Gattung und Sitz im Leben

Die Deutung der beiden Texte hat sich vor allem an zwei Schwierigkeiten zu bewähren:

(1) Der längere der beiden Texte lässt sich bereits aufgrund seiner Überschrift als „Einweihungsgebet" bezeichnen. Der Klärung bedarf zum einen die Frage, in welcher Beziehung dieses Gebet zu dem kleineren, in der Handschrift vorangestellten Text steht. Handelt es sich um ein mehr äußerliches Nebeneinander? In seinen handschriftlichen Aufzeichnungen hat Otto Betz einen engeren Konnex angenommen, den er durch den Aufweis inhaltlicher Beziehungen zu erhärten versucht:

> „Das Gebet hat auf Spalte 1 einen persönlich gehaltenen Vorspann mit dem auf der Lehrtafel zur Adresse Antonias in Einklang gebrachten Vers Ps 37, 4: ‚Habe deine Lust am Herrn, und er wird dir geben die Wünsche Deines Herzens.' Dieser Vers wird hier nicht wie auf der Lehrtafel gematrisch (2005) auf die Prinzessin bezogen, sondern im Gebet übernommen, indem die Prinzessin (אני [hebräisch „ani", „ich"]) den Imperativ des Psalms ‚Habe deine Lust am Herrn' für sich übernimmt: ‚Ich habe meine Lust an meinem Gott' (Zeile 1), und diese Lust ist in den folgenden Zeilen expliziert. Das Eingangsgebet bietet in den sechs Zeilen das Akrostichon ANTONIA und Endreim, angezeigt durch den Strich vor den zwei letzten Silben: Gott ist der Freund, den Antonias Seele liebt (Zeile 5). ‚Alle wollen wir uns an ihm freuen.' Vielleicht ist mit malki (Zeile 4) und kol bo (Zeile 6) an die zehnte →Sefira, das Eingangstor zu den Sefirot, gedacht."[26]

Andererseits ließe sich aber auch vertreten, dass beide Texte für sich allein stehen können und jeweils gedanklich und formal in sich geschlossen sind. Wie eine paläographische Analyse zeigt, ist das große Gebet zuerst geschrieben worden: S. 4^r–5^r sind in einer dunkleren Tinte, möglicherweise auch mit einer etwas schmaleren Feder geschrieben. Die Tintenfarbe des Textes auf S. 5^v–7^v ist etwas heller, der Schriftzug etwas breiter. Der Wechsel erfolgt abrupt mit Beginn der neuen Seite – ein sicheres Indiz für eine Reinschrift in zwei Etappen, in deren letzterer offenbar auch das kleinere Gebet auf S. 3^v hinzukam und, was besonders bemerkenswert ist, die beiden ersten Zeilen auf S. 4^r nachgetragen wurden. Diese beiden Zeilen geben dem längeren Gebet zugleich eine Überschrift und grenzen es vom kleineren ab. Dieser Befund verwehrt keineswegs eine Deutung, die das kleinere Gebet als „Vorspann" des größeren auffasst. Andererseits

---

26 Vgl. Joseph ben Abraham Gikatilla, *Scha`are Orah – Gates of Light,* transl. by A. WEINSTEIN, London/ New Delhi 1994, S. 21.

könnte das kleinere Gebet ursprünglich selbstständig entstanden[27] und von Antonia in dieser Reinschrift erst sekundär dem größeren Gebet und einem neuen Aussagekontext zugeordnet worden sein.

(2) Zum anderen kann man bei dem „Einweihungsgebet" eine Spannung zwischen Signalen von Privatheit und Öffentlichkeit, persönlicher Erbauung und dann doch Nähe zum Ritus und dem stellvertretenden Handeln eines Vorbeters oder Pfarrers wahrnehmen. Dass Antonia Gebete formuliert, ist an sich nichts Ungewöhnliches. Zwar gab es im 17. Jahrhundert in allen Konfessionen eine Tendenz zu rigider Kontrolle des geistlichen Lebens der Gläubigen. Daneben ist aber die Einräumung gewisser Freiräume beobachtbar, wozu unter anderem – natürlich in gewissen Grenzen – die Wahl des persönlichen Erbauungsbuches, aber auch die Formulierung von Gebeten und Liedern für den Privatgebrauch gehörte.[28] Bekannt ist, dass mancherorts gebildete Laien Gebete, geistliche Lieder, ja ganze Formulare für Privatandachten verfassten und dass derart Selbstformuliertes weitergereicht wurde und in bestimmten Fällen auch zum Druck gelangte, zumal wenn sich der Schöpfer als Dichter verstand.

Das Ungewöhnliche im vorliegenden Fall rührt aber daher, dass sich die Prinzessin als Stifterin ihrer Lehrtafel an die Formulierung eines Gebetes macht, das dem Inhalt nach nicht einfach im Freiraum privater *praxis pietatis* verbleibt. Zwar ist der Rahmen der Entstehung intim, sowohl was die Wahl der hebräischen Sprache als auch die Art der Aufzeichnung betrifft. Nach Gattung und Inhalt bezieht sich die Autorin mit ihrem Einweihungsgebet jedoch mehrfach auf eine öffentliche Szene und die Rolle dessen, der dem Akt der Weihung vorsteht. Dies kann natürlich einerseits auf das Sprachmaterial zurückgeführt werden, das Antonia verwendet: Psalmensprache als liturgische Rede mit einer performativen Funktion, die nicht nur beschreibt, sondern in die Wirklichkeit ruft. Doch blickt man auf die Gattung, findet sich nicht im Psalter das nächste biblische Vorbild, sondern in einem hochoffiziellen liturgischen Akt, dem Tempelweihgebet Salomos.

Im Unterschied zu Salomo kann Antonia, als Laie und Frau, natürlich nicht im Rahmen einer öffentlichen Liturgie vor die Gemeinde treten und ein Weihegebet sprechen. Aber sie formuliert einen entsprechenden Text, eröffnet ihn mit zwei Zeilen, die sonst ein Zelebrant zur Eröffnung spricht[29], und nimmt aus dem Gebet Salomos in ihren

---

27 Andere Dokumente aus Antonias Nachlass belegen eine besondere Vorliebe der Prinzessin für akrostichische Gebilde auf der Basis ihres Namens, sei es in deutscher oder hebräischer Schrift.
28 Die Gebetsliteratur des Barock ist längst nicht ausgeforscht. Vgl. J.A. STEIGER (ed.), *Das Gebet in den Konfessionen und Medien der Frühen Neuzeit,* Leipzig 2018; speziell zu Antonia: R. GRUHL, *Die kabbalistische Lehrtafel der Antonia von Württemberg. Studien und Dokumente zur protestantischen Rezeption jüdischer Mystik in einem frühneuzeitlichen Gelehrtenkreis* (Frühe Neuzeit, Bd. 172), Berlin/Boston 2016, S. 57–107; DERS. 2019 (Anm. 11), Sp. 259–261.
29 „Die Einweihung der Burg Antonia geschehe im Namen des Heiligen, gelobt sei Er!" (S. 4ʳ)

Formulierungen etwa die Rede von „deinem Knecht" (1. Könige 8, 28) auf, deutlicher noch das „ich habe gebaut" (1. Könige 8, 13) und die Fürbitte für sich und ihren Umkreis. Sie hebt ferner die Tatsache hervor, dass ihr von Gott Weisheit verliehen sei (1. Könige 5, 9 und öfter). Dass die beiden ersten Zeilen, nach dem Schriftbild zu urteilen, erst sekundär eingebracht sind, ist auffällig und könnte so gedeutet werden, als sei Antonia erst nach und nach deutlich geworden, dass ihr Text einen offiziellen und liturgischen Sprachgestus verlange.

Die Frage liegt also nahe, inwieweit sich Antonia, wenn vielleicht auch nur im Geheimen, mit der Rolle des Zelebranten identifizierte, der 1673 bei der Einweihung der Lehrtafel in Bad Teinach in Aktion trat, und inwieweit sie dabei den Weiheakt Salomos zum Vorbild nahm. Sie hätte ja durchaus privater oder meditativer formulieren können, etwa – nach dem Vorbild der Psalmen – in Gestalt eines Lob- oder Dankgebets eines Einzelnen. In der lutherischen Theologie ihrer Zeit trat die Unterscheidung zwischen Klerikern und Laien weit deutlicher in Erscheinung als im Protestantismus des 20. oder 21. Jahrhunderts. Im theologischen Kompendium von Matthias Hafenreffer, das im Württemberg ihrer Zeit als Standard-Lehrbuch eine quasi-offizielle Rolle spielte, wird der Terminus „laicus" ganz selbstverständlich verwendet, etwa anlässlich der Frage, in welchem Umfang es erlaubt bzw. geboten sei, dass der Laie die Bibel lese.[30] Dieses Kompendium übersetzte eine Schwester Antonias, Anna Johanna[31], just in den Jahren vor der Einweihung der Lehrtafel ins Deutsche und qualifizierte ihre Arbeit in signifikanter Weise als Dienst eines Laien für Laien – eine Übersetzungsarbeit, die man eher von einem Geistlichen erwartet hätte.[32]

---

30 Loci Theolo- | gici: | CERTA METHODO AC | RATIONE, IN TRES LI- | bros tributi. | QUI | ET RERUM | THEOLOGICA- | RUM SUMMAS, SUIS | SCRIPTURAE TESTIMONIIS | confirmatas, breviter continet: earumque Christia- | nam Praxin paucis commonstrat: ac nostri denique | seculi praecipuas ἑτεροδιδασκαλίας | fideliter exponunt. | PER | MATTHIAM HAFENREFFE- | rum, Theologiae D. & ejusdem in Schola Tubin- | gensi Professorem. | STUTGARDIAE, | Typis Iohannis Wyrichii Röslini, | ANNO M DC XXII. [UB Tübingen Gf 337] Die erste Auflage erschien 1600. Vgl. etwa im Kapitel zur Stellung der Bibel die klar verneinte Frage (S. 28f.): „Suntne Laici a Scripturarum lectione arcendi" (Sollen Laien von der Bibellektüre abgehalten werden)?

31 Anna Johanna (1619–1679) widmete sich vor allem der Mathematik und Theologie. Neben Antonia galt auch sie als Inbegriff von Gelehrsamkeit, Kunstsinn, Frömmigkeit und Güte sowie als freigebige Stifterin und Mäzenin, obwohl sie selbst nur über sehr bescheidene Mittel verfügte (vgl. G. RAFF, *Hie gut Wirtemberg allewege*. Bd. 2, Stuttgart-Degerloch 1993, S. 493–501; M. KLEIN, Art. *Anna Johanna*, in: S. LORENZ et al. (edd.), *Das Haus Württemberg. Ein biographisches Lexikon*, Stuttgart 1997, S. 159).

32 Theologische Lehrpunckten | Als gewisse weisse vndt wege, in drey | Büecher aussgetheilet: | Welche | Den inhalt vnndt Summ Theologischer Sachen, allent= | halben mit ihren deütlichen Zeügnussen Hayliger Schrifft | bestettiget, kürtzlich begreiffen: umb deroselben würk= | liche vndt Christliche handtlung mit wenigem anzeigen: | vndt zumahl vnsserer zeitt fürnembste widrige leh= | ren getrewlich erklären. | Anfangs | Durch den wohl Ehrwürdigen vnndt Hochgelehrten | Herren Matthiam Hafenreffern der Hayligen Schrifft | Doctorn vndt Professorn zu Tübingen in Lateini= | scher Sprache zusammen gelesen, | Anietzo aber | In Vnsser Teütsche Sprach übersetzet, Von | A[nna].J[ohanna].H[erzogin]. Z[u].W[ürttemberg]. [WLB cod. theol. 4° 70; eine Reinschrift wohl von Anna Johannas Hand] Auf

Erinnert sei auch daran, dass es sich bei den Schwestern um hohe Fürstlichkeiten handelte, die zwar kein Regierungsamt wahrnahmen, sich aber durchaus vom Bewusstsein einer besonderen Verantwortung für das leibliche und geistliche Wohl ihrer Landeskinder leiten ließen. Ihre Tätigkeit als Vermittlerinnen, Spenderinnen und Mäzeninnen, aber auch Antonias Einweihungsgebet und Johannas Übersetzung – Texte, die der zeitgenössisch üblichen Arbeitsteilung zwischen Geistlichen und Laien, aber auch der zwischen Männern und Frauen nicht gerade entsprachen – bringen das zum Ausdruck.[33]

So ist das Signum der im folgenden dokumentierten Texte im Hinblick auf ihren Umgang mit den mystischen Traditionen weniger eine besondere kabbalistische Kreativität – zu konstatieren sind eher die konventionellen Anspielungen, die bereits Otto Betz bemerkt hat und die im Überlieferungszusammenhang der christlichen Kabbala nicht eigentlich spektakulär sind. Im Mittelpunkt steht vor allem ein überragender Wille zur Aneignung und Identifikation, der in deutlicher Spannung steht zur Skepsis etwa des Tübinger Theologen und Orientalisten Raith. Diese Rezeption der Kabbala auf den Spuren Reuchlins verbindet sich bei Antonia mit der im Barock beliebten brautmystischen Auslegung des Hohelieds, in ihren Gebeten ebenso wie auf ihrer Lehrtafel. In den Gebeten fällt daneben als drittes Element eine bemerkenswerte Torafrömmigkeit ins Auge. Dies alles ist schon ungewöhnlich genug. Es auch noch in hebräische Worte gefasst zu haben, macht die Prinzessin nun vollends zu einer ganz besonderen Gestalt der württembergischen Kirchengeschichte.

Für die Genehmigung der faksimilierten Wiedergabe der beiden hebräischen Texte sei der Württembergischen Landesbibliothek in Stuttgart gedankt. (Dieser Beitrag erschien erstmals in der Zeitschrift JUDAICA Beiträge zum Verstehen des Judentums 62 [2006], S. 97–111. Er wurde für diesen Band durchgesehen und leicht gekürzt.)

---

der Rückseite des Titelblattes steht: „Der | Ewigen, vnendlichen, vnzertrennlichen, Hayligen Hochgelobten | DREYEINIGKEIT. | Gott dem vatter, meinem Allergütigsten, vnndt Allmächtigen | vatter, Erhalter, vnndt versorger, | Gott dem Sohn, Meinem liebreichesten, holdseeligsten, | vnndt höchst verdienten bruder, Immanuel vnndt Erlösser, | Gott dem Hayligen Geist, Meinem werthesten, Allertreuesten, | kräfftigsten lehrer, bekehrer, Erleuchter, Advocaten vnndt Tröstern *[sic]*. | Welche zu *[sic]* Aussbreitung Seines Heiligen Worts vnnd Göttlichen weissheit | nicht Viehlweisse nach dem fleisch, nicht Viehl gewaltige, nicht viel Edle, | sondern wass thöricht ist, für der welt, beruffen vnnd erwöhlet: vnndt | zu bereitet, auch mich arme, Vnmündige heydin mit der seeligma- | chenden Erkanntnuss seines Hayligen Göttlichen worts vnndt willens | reichlichen *[sic]* begnadiget, | Zu demüthigsten, herzlichen, schuldigsten dank, lob, vnd Ehre! | wie auch | dem [sic] Einfältigen Layen, Meinen in Christo vielgeliebten Mitbrü- | dern vnndt Mitschwestern | zu mehrerer Erkanntnus, wachssthumb vnd stärcke in der lautern | vnverfälschter *[sic]* Milch der Göttlichen warheit, | Vberreiche diese geringfügige arbeit im herrn geschehen, | Ich, der Christlichen, rechtglaubigen, Evangelischen Kirchen geringstes | vnndt vnwürdiges Mitgliedt."

33 Wenigstens entfernt vergleichbar dürften die interpretatorischen Probleme sein, die Herzog Augusts *Evangelische Kirchenharmonie* bereitet. Siehe J. WALLMANN, *Herzog August zu Braunschweig und Lüneburg als Gestalt der Kirchengeschichte* (jetzt in: DERS., *Theologie und Frömmigkeit im Zeitalter des Barock. Gesammelte Aufsätze,* Tübingen 1995, S. 22–45, bes. S. 25ff.).

תהל׳ לז

וְהִתְעַנַּג עַל יְהֹוָה וְיִתֶּן לְךָ מִשְׁאֲלוֹת לִבֶּךָ ׃

אָנִי עַל הָאֵלִי מֵתֵץ — נֶגְדָּהּ

נְשָׁמָה לִי בּוֹ בַּד מִתָּה — לַיְלָה

תְּהִלָּתִי הַהוּא אָגִיל אֲנִי

נָגִיד עַמִּי מַלְכִּינוּ גּ׳ — אֵלִי

לְדֹדִי הוּא כַּפְשִׁי שָׂא — הֲבָה

הֲדַר רֹאשִׁי הַפָּלְבּוֹ נְשׂ — מָחָה ׃

Übersetzung[34]

Ps 37:
Und habe deine Lust am Herrn; er wird dir geben, was
dein Herz wünscht.[35]

Ich will meine Lust an meinem Gott[36] haben.
Meine Seele soll ihn[37] preisen.
Er ist mein Preis – ich will jubeln.
Der Fürst meines Volkes, mein König – und auch mein Erlöser.[38]
Er ist der Freund[39] meiner Seele, den sie liebt.[40]
Der Glanz meines Hauptes, alle wollen wir uns an ihm freuen.[41]

---

34 Die Übersetzung orientiert sich im Hinblick auf die biblischen Anspielungen und Zitate an der unrevidierten Übersetzung M. Luthers, wie sie der Prinzessin vorlag.
35 Der gematrische Zahlenwert dieses Verses (Psalm 37, 4), wie er auf der Lehrtafel angegeben ist (= 2005), entspricht dem Zahlenwert des hebraisierten Titels der Prinzessin, wie er außen an der Lehrtafel zu finden ist (vgl. BETZ/BETZ 2013 [Anm. 10], S. 28). Am Ende ihres Weihegebets verwendet Antonia ebenfalls eine solche hebraisierte Form in der Unterschrift: „Antonia, Fürstin in Württemberg und Teck." Auffällig ist freilich, dass die Schreibung des Titels in unserer Handschrift (durch die Hinzufügung eines ע und eines ו) zu einer höheren Summe führt (2081) und mithin kein gematrischer Zusammenhang mit Psalm 37, 4 hergestellt wird. Aus dieser Beobachtung ergeben sich Fragen im Hinblick auf die Zusammengehörigkeit des kleineren Gebets auf S. 3ᵛ mit dem Weihegebet und die oben erwogene Ansicht eines erst sekundär in unserer Handschrift hergestellten Konnexes gewinnt damit an Boden.
36 Der Artikel ה ist überzählig.
37 Soll es heißen לבד (allein)?
38 Zu גאלי vgl. Hiob 19, 25.
39 Zu diesem Sprachgebrauch vgl. Jesaja 5, 1.
40 Diese Deutung bietet sich an, wodurch eine Anspielung auf das berühmte Lied *Yedid Nefesch* von Eleasar ben Moses Asikri (1533–1600, Safed) entsteht. Dieses Lied entstand vermutlich 1583 als Gebet der Einung und Gottesliebe und hielt sehr schnell Einzug auch in die aschkenasischen Gebetbücher (Venedig 1601), so dass es in Stuttgart bekannt gewesen sein könnte; vgl. M. NULMAN, *The Encyclopedia of Jewish Prayer,* London 1993, S. 365. Die Anfangsbuchstaben der vier Strophen des Liedes ergeben zusammen das Tetragramm, was an das Akrostichon der Prinzessin erinnert. Allerdings müsste es dann heißen: ידיד נפשי הוא; in der jetzigen Lesart passt freilich נפשי שאהבה nicht recht zusammen. Die Berührungspunkte mit dem Gedicht – vgl. unten die Anspielung auf Psalm 119, 72 (Anm. 56) sowie S. 4ᵛ, Z. 3 mit der 1. Strophe Asikris sowie das משוך עבדך אל רצונך in *Jedid Nefesch* mit der Schlusszeile Antonias – sind sonst freilich eher schwach.
41 Vielleicht ist mit „mein König" (Z. 4) und „kol bo" (Z. 6) an die 10. Sefira, das Eingangstor zu den Sefirot, gedacht; vgl. dazu Gikatilla, *Scha'are Ora,* S. 21 (siehe Anm. 61); nach S. 101–105 ist auch ein Verweis auf die 9. Sefira (Jesod) denkbar.

חֲנֻכַּת מִגְדַּל אַנְתּוֹנִיָּה נַעֲשָׂה הִיא
לְשֵׁם לְהַקָּדוֹשׁ בָּרוּךְ הוּא:
יְהֹוָה אֱלֹהַי אֱלֹהֵי אֲבוֹתַי בּוֹרֵא הַשָּׁמַיִם
וְהָאָרֶץ אֵל עֶלְיוֹן הֶחָכָם וְהַבּוֹנֵן יְהֹוָה
אֶחָד בִּשְׁלֹשָׁה וּשְׁלֹשָׁה בְּאֶחָד אֲשֶׁר אַתָּה
שֶׁהָיִיתָ וַאֲשֶׁר אַתָּה שֶׁהוּא עַכְשָׁיו וַאֲשֶׁר
אַתָּה שֶׁהוּא לֶעָתִיד לָבוֹא אֱלֹהִים גָּדוֹל
וְהַגִּבּוֹר חָסִיד וְהַצַּדִּ"ק אֵל הַכָּבוֹד שֶׁהוּא
לְפָנָיו הוֹד וְהָדָר עֹז וְתִפְאֶרֶת בְּמִקְדָּשׁוֹ:
אֱלֹהֵי צְבָאוֹת נֵצַח יִשְׂרָאֵל שֶׁאַתָּה לְפָנִים
הָאָרֶץ יָסַדְתָּ מַלְכוּתְךָ מַלְכוּת כָּל-עוֹלָמִים
וּמֶמְשַׁלְתְּךָ בְּכָל דֹּר וָדֹר: אַתָּה אֲדֹנָי
אֱלֹהֵי הָאֱלֹהִים וַאדֹנֵי הָאֲדֹנִים אַתָּה
בְּתוֹרָתְךָ צִוִּיתָ וְאָמַרְתָּ כִּי לֹא אִישׁ

Zwei hebräische Gebete der Prinzessin Antonia von Württemberg (1613–1679)

Die Einweihung[42] der Burg Antonia geschehe
im Namen des Heiligen,[43] gelobt sei Er![44]

Der HERR, mein Gott, der Gott meiner Väter, der Schöpfer des Himmels
und der Erde, der höchste, weise und verständige Gott[45] HERR.
Einer in drei und drei in einem – das bist du,
der du gewesen bist und der du jetzt bist und der
du in Zukunft kommst,[46] großer Gott,
du Held, Frommer[47] und Gerechter, Gott der Ehre,
vor dessen Angesicht Majestät und Glanz ist, Kraft und Pracht in seinem Heiligtum.
Herr der Heerscharen, der Held in Israel[48], der du vorzeiten
die Erde gegründet.[49] Dein Reich ist ein ewiges Reich,
und deine Herrschaft währet für und für.[50] Du bist der Herr,
ein Gott aller Götter und Herr über alle Herren.[51] Du
hast in deinem Gesetz geboten und gesagt, dass niemand

---

42 Vgl. Psalm 30, 1.
43 Korrekt hieße es: בשם הקדוש ברוך הוא.
44 Das Schriftbild spricht dafür, dass diese Zeile, die den Eindruck des „Offiziellen" verstärkt, erst im Nachhinein eingefügt wurde. Siehe dazu weiter oben.
45 Zur Formulierung אל עליון in Zusammenhang mit Schöpfungsterminologie vgl. Gen 14,19.
46 Vgl. Offenbarung 1, 8.
47 Irritierend ist hier – im Gegensatz zum vorausgegangenen und folgenden Substantiv – der fehlende Artikel.
48 Vgl. zu נצח ישראל 1. Sam 15,29 (Luther).
49 Vgl. Psalm 102, 26.
50 Vgl. Psalm 145, 13; dieser Vers wird im Synagogengottesdienst vor der wöchentlichen Toralesung zitiert.
51 Vgl. 5. Mose 10, 17.

יֵרָאֶה פָּנֶיךָ רֵיקָם : הִנֵּה נָא אֲנִי שִׁפְחָתְךָ
וּבְרִיאָתְךָ וְגַם סְגֻלָּתְךָ אָבוֹא אֶל פְּנֵי
קָדְשְׁךָ אָבוֹא וְאֶשְׁתַּחֲוֶה וָאֶכְרַע אֲבָרְכָה
לִפְנֵי כְּבוֹדֶךָ : וּמַה הוּא שֶׁאֲנִי אָבִיא
לְפָנֶיךָ וַתַּחְפֹּץ בּוֹ וְיִהְיֶה לִרְצוֹנְךָ מִיָּדָיי :
הִנֵּה נָא אֶשְׁפֹּךְ לִבְכִּי לְפָנֶיךָ יְהֹוָה
צוּרִי וְגוֹאֲלִי אַךְ יִהְיוּ לְרָצוֹן אִמְרֵי פִי
וְהֶגְיוֹן לִבִּי לְפָנֶיךָ : יָדַעְתָּ אֲדֹנָי כִּי
תּוֹרָתְךָ אֲנִי אָהַבְתִּי כִּי טוֹב לִי תּוֹרַת
פִּיךָ מֵאַלְפֵי זָהָב וָכָסֶף : וְאָמַרְתִּי תּוֹרָתְךָ
אֲנִי אֲלַמֵּד עִם לִבְבִי אֲשִׂיחָה וַיְחַפֵּשׂ
רוּחִי וְהָיָה בְחֶפְצִי וְהַבִּיטִי נִפְלָאוֹת

vor deinem Angesicht mit leeren Händen erscheine.[52] Und siehe, ich, deine Magd,[53]
und dein Geschöpf und dein erwähltes Eigentum, komme vor das Angesicht
deiner Heiligkeit, komme und falle nieder, beuge mich und preise mich selig
vor deiner Ehre. Aber was ist es, das ich bringe
vor dein Angesicht, an dem du Wohlgefallen haben magst und was deinem Willen
               entspräche aus meiner Hand?
Siehe, ich schütte mein Herz vor dir aus,[54] HERR,
mein Fels und mein Erlöser – doch sei die Rede meines Mundes wohlgefällig
und das Gespräch meines Herzens vor deinem Angesicht.[55] Du weißt, mein Herr,
dass ich dein Gesetz lieb habe, denn das Gesetz deines Mundes ist mir lieber
als tausend Stück Gold und Silber.[56] Und ich will sprechen: Dein Gesetz
will ich lernen,[57] mit meinem Herzen will ich darüber nachsinnen und forschen
soll mein Geist.[58] Und es wird geschehen, wenn ich suche, dass ich Wunder sehe
               an deinem

---

52 2. Mose 23, 15 (M. Luther: „Erscheint aber nicht leer für mir"). Antonia verwendet die biblische Nif'al-Form.
53 Vgl. 1. Samuel 1, 11 und Lukas 1, 48; dieselbe Formulierung auch in WLB Stuttgart cod. or. 4° 7 <p. 22ʳ>; vgl. E.J. SCHAUER, *Dramaturgia Pietatis im Württemberg des 17. Jahrhunderts. Prinzessin Antonia zu Württemberg und ihre kabbalistische Lehrtafel,* Diss. Hannover 2003, S. 42; Antonia schließt sich hier möglicherweise Salomos Bezeichnung seines Vaters David als Knecht (vgl. etwa 1. Könige 8, 25) an.
54 Vgl. 1. Samuel 1, 15.
55 Psalm 19, 15.
56 Vgl. Psalm 119, 72.
57 Vgl. Psalm 119, 73. Die Verbform ist im kausativ vokalisiert, so dass zu übersetzen wäre: „Deine Tora will ich lehren." Wahrscheinlich ist jedoch das eigene Lernen gemeint.
58 Vgl. Psalm 77, 7.

מִתּוֹרָתֶךָ וְסוֹד יְהוָה הִכַּרְתִּי כִּי סוֹד יְהוָה
לִירֵאָיו וּבְרִיתוֹ לְהוֹדִיעָם: וְדִבַּרְתִּי אֶל
לִבִּי וָאֹמַרְתִּי בָּנֹה אֶבְנֶה תַבְנִית לִכְבוֹד
הַשֵּׁם קָדְשֶׁךָ וַאֲשִׁיתָה הִיא בְּבֵיתְךָ בֵּית
מִשְׁכְּנוֹתֶיךָ וְהִנֵּה בָנִיתִי אֲנִי הַזֹּאת וְשַׁתִּי
אֶל מְקוֹם הֵיכָלֶךָ אֶל הֵיכַל שֶׁהוּא לְרֵעֶיךָ
מְקוֹם מִשְׁכַּן כְּבוֹדֶךָ וְעַל־כֵּן מָצְאָה שִׁפְחָתְךָ
אֶת לִבָּהּ לְהִתְפַּלֵּל אֵלֶיךָ אֶת הַתְּפִלָּה
הַזֹּאת: וְעַתָּה יְהוָה אֱלֹהַי אֶמְצָא חֵן
בְּעֵינֶיךָ כְּבוֹדֶךָ קַח נָא שֶׁאֲנִי מְבִיאָה
לְפָנֶיךָ שֶׁאֲנִי מְבִיאָה וּבְלֵב שָׁלֵם מִתְנַדְּבָה

Gesetz⁵⁹ und das Geheimnis des HERRN erkenne, denn das Geheimnis⁶⁰ des HERRN
ist unter denen, die ihn fürchten, und seinen Bund lässt er sie wissen.⁶¹ Ich aber sprach
zu meinem Herzen und sagte: Wohlan, ich will bauen ein Bild⁶² für die Ehre
des Namens⁶³ deiner Heiligkeit und will es setzen in dein Haus, das Haus
deiner Wohnung, und siehe ich habe gebaut⁶⁴ und setze es⁶⁵
in die Stätte deines Tempels, des Tempels⁶⁶ in Deinach,
den Ort der Wohnung deiner Ehre. Daher hat deine Magd
ihr Herz gefunden zu dir zu beten dieses Gebet.
Und nun, HERR, mein Gott, lass mich Gnade
finden in den Augen deiner Ehre. Nimm an, was⁶⁷ ich vor dein
Angesicht bringe, denn ich bringe es mit vollkommenem Herzen, freiwillig gebend.⁶⁸

---

59 Vgl. Psalm 119, 18.
60 Das Geheimnis Gottes (סוד) ist bei dem 1248 geborenen kastilisch-jüdischen Mystiker Joseph Ibn Abraham Gikatilla Terminus für die verborgene Bedeutung der Tora; Gikatillas Hauptwerk *Sha'are Ora* („Die Tore des Lichts") gab dem Kreis um Prinzessin Antonias die maßgeblichen Anregungen für die Lehrtafel; vgl. dazu Betz/Betz 2013 (Anm. 10), S. 22ff.
61 Vgl. Psalm 25, 14.
62 תבנית; vgl. 2. Mose 25, 9. 40; 2. Könige 16, 10; 1. Chronik 28, 11f. 18f.
63 Der Artikel (השם) steht fehlerhaft.
64 Vgl. 1. Könige 8, 13.
65 Die Stellung und Artikulierung des Demonstrativpronomens ist ungewöhnlich.
66 Zur Tilgung dieser Doppelung besteht kein Anlass.
67 Hier vermisst man im Hebräischen eine *nota accusativi*.
68 Zu dieser Wendung vgl. Jesaja 38, 3.

לְךָ הִנֵּה אֲדֹנִי מִמְּךָ הוּא הַכֹּל יְהוָה נָתַן

וּמִיָּדְךָ אֶתֵּן לָךְ קַח נָא יְהוָה וְקַבֵּל

שֶׁאֲנִי מִמְּךָ קִבַּלְתִּי מְלָאכָה הַוֹּאת הַקְּ

הַקְּדוֹשָׁה וְהַנְּעִימָה מְלָאכָה אֲשֶׁר דַּרְכֵּ׳

אֵל בָּהּ וְחָכְמָה בְּסִתְּם אֲשֶׁר בָּהּ כָּל

מִדּוֹתֶיךָ וּכְבוֹדְךָ: אָנָּא יְהוָה חֲסִ"ד

קַח נָא תּוֹדַת חֲסָדֶיךָ צַדִּיק אַתָּה קְחָה

תּוֹדַת צִדְקָתְךָ לְךָ גְּדֻלָּה וְהַגְּבוּרָה וְהַתִּ

וְהַתִּפְאֶרֶת וְהַנֵּצַח וְהַהוֹד וְהַמַּמְלָכָה קַח

נָא תּוֹדַת הַכֹּל הַוֹּאת מִשְׁפַּחְתֶּךָ: וְכִי

אֲדֹנִי לִי מְאֹד הֲסִיבּוֹת וְעָשִׂיתָ חֶסֶד

עִם שִׁפְחָתְךָ תְּקַדְּמֵנִי אַתָּה בִּרְכּוֹת

Siehe, Herr, von dir ist alles, Jehu-Natan[69].
Und aus deiner Hand gebe ich dir, nimm, HERR, und empfange,
was ich von dir empfangen[70] – diese Arbeit[71],
die heilige und angenehme Arbeit, die die Wege
Gottes in sich trägt und Weisheit im Verborgenen[72] und alle deine
Eigenschaften und deine Ehre.[73] Du, HERR, bist gnädig,
nimm doch den Dank für deine Huld; gerecht bist du, nimm
den Dank deiner Gerechtigkeit, dir ist die Majestät und die Gewalt
und die Herrlichkeit und der Sieg und das Lob und das Reich.[74]
Nimm den Dank für all dies[75] an von deiner Magd. Denn,
Herr, du hast mir gut getan und deiner Magd
Gnade erwiesen und hast mich mit guten Segnungen überschüttet[76]

---

69 Damit dürfte Antonia auf die anagrammatische Deutung ihres Namens anspielen („Antonia" = „Na-TaN-Ja" = „Gott hat gegeben"); dieselbe Anspielung findet sich im oberen Bereich der Lehrtafel wieder (vgl. die Buchstaben auf der großen Krone auf der Innentafel); sie wird auch in Raiths Einweihungspredigt erwähnt. Vgl. GRUHL 2016 (Anm. 28), S. 83, Anm. 226.
70 Diese Verbform „ich habe empfangen" (קבלתי) könnte auf die Kabbala (wörtlich „Tradition") anspielen.
71 Die Buchstaben הק sind zur nächsten Zeile zu ziehen. Mit der „Arbeit" ist die Bad Teinacher Lehrtafel gemeint.
72 Vgl. Psalm 51, 8.
73 Die jüdische Tradition findet die dreizehn Eigenschaften Gottes (Middot) in 2. Mose 34, 6–7 aufgezählt, ein Text, auf den Antonias Gedicht wenig später anspielt; natürlich stehen mit den Middot aber vor allem die zehn Sefirot im Blick.
74 1. Chronik 29, 11; dieser Vers, ein Dankgebet Davids, dem die Benennungen der vierten bis achten Sefirot (sowie der zehnten Sefira als Malchut) entnommen sind und der zugleich an die Doxologie im Vaterunser erinnert, wird im Synagogengottesdienst vor der wöchentlichen Toralesung zitiert.
75 Der Artikel ist hier irrtümlich gesetzt.
76 Vgl. Psalm 21, 4a.

טוֹב וְתָשִׂית לְרֹאשִׁי עֲטֶרֶת פָּז אַתָּה
תְחַכְּמֵנִי חָכְמָה וּבִינָה נְתַתָּנִי הוֹד וְהָדָר
תְּשַׁוֶּה עָלַי וְעַל כֵּן גַּם אֲנִי לְךָ מוֹדֶה
וּמְהַלְּלָה לְשֵׁם תִּפְאַרְתֶּךָ בָּרוּךְ אַתָּה אֲדֹ׳
אֲדֹנָי אֱלֹהֵי אֲבוֹתַי בָּרוּךְ אַתָּה מֵעוֹלָם
וְעַד עוֹלָם: אוֹדְךָ לְךָ יְהֹוָה בְּכָל לְבָבִי
כִּי חַסְדְּךָ גָּדוֹל עָלַי אֲבָרְכֵהוּ בְּכָל
עֵת תָּמִיד תְּהִלָּתוֹ כְּפִי בַּיהֹוָה תִּתְהַלֵּל
נַפְשִׁי גַּדְּלוּ לַיהֹוָה אִתִּי וּנְרוֹמְמָה שְׁמוֹ
יַחְדָּיו שִׁירוּ לַיהֹוָה שִׁיר חָדָשׁ שִׁירוּ לַיהֹוָה
כָּל הָאָרֶץ שִׁירוּ לַיהֹוָה בָּרְכוּ שְׁמוֹ
בַּשְּׂרוּ מִיּוֹם לְיוֹם יְשׁוּעָתוֹ סַפְּרוּ בַגּוֹיִם

und setzest[77] eine goldene Krone auf mein Haupt.[78]
Du verleihst mir Weisheit und Verstand[79] und hast mich mit Hoheit und Glanz
begnadet,[80] darum will ich dir auch danken
und den Namen deines Ruhmes preisen: Gelobt seiest du,
Herr, Gott meiner Väter, gelobt seiest du von Ewigkeit
zu Ewigkeit.[81] Ich danke dir, HERR, von ganzem Herzen,[82]
denn deine Güte ist groß über mir[83] und ich will ihn loben
zu jeder Zeit, sein Lob soll immerdar in meinem Munde sein,[84] des HERRN
soll sich meine Seele rühmen.[85] Preiset mit mir den HERRN und lasst uns seinen Namen
miteinander erhöhen.[86] Singt dem HERRN ein neues Lied, singt dem HERRN
alle Welt, singt dem HERRN, lobet seinem Namen.
Prediget einen Tag am andern sein Heil. Erzählt unter den Heiden

---

77   Die Verbform (Imperfekt) mag von der Prinzessin auch futurisch, im Sinne einer postmortalen, brautmystischen Krönung verstanden worden sein (siehe auch unten Anm. 113); entsprechende Bilder sind in der Brautmystik des Barock sehr beliebt. Vgl. besonders die Außenansicht der Lehrtafel in Bad Teinach, wo Antonia als Braut dargestellt wird, die von Christus als Bräutigam die himmlische Krone empfängt. Eine brautmystische Anspielung auf das Hld findet sich auch in einem der deutschen Gebete aus Antonias Nachlass (WLB cod. or. 4° 7 <p. 18ᵛ>).
78   Vgl. Psalm 21, 4b; Thema des Psalms ist das davidische Königtum; vgl. dazu die Krönungsszene auf der Außentafel der Lehrtafel in Bad Teinach und Betz/Betz 2013 (Anm. 10), S. 27.
79   Zur Form תחכמני vgl. Psalm 119, 98; inhaltlich vgl. das Gebet Salomos 1. Könige 3, 7–9.
80   Vgl. Psalm 21, 6b.
81   Vgl. 1. Chronik 29, 10 (ein Gebet Davids, bei dem Antonia die Anrede „Gott Israels" durch „Gott meiner Väter" ersetzt hat) und Psalm 90, 2 sowie 103, 17.
82   Vgl. Psalm 86, 12 und 138, 1.
83   Vgl. Psalm 86, 13.
84   Psalm 34, 1b.
85   Vgl. Psalm 34, 2a.
86   Vgl. Psalm 34, 3.

כְּבוֹדוֹ בְּכָל הָעַמִּים נִפְלְאוֹתָיו כִּי גָדוֹל
יְהֹוָה וּמְהֻלָּל מְאֹד נוֹרָא הוּא עַל כָּל
הָאֱלֹהִים: יְעַתָּה אֲדֹנָי אֵל רַחוּם
וְחַנּוּן אֵל חֶסֶד וֶאֱמֶת שֶׁעָשִׂיתָ
חֶסֶד לַאֲלָפִים לְאֹהֲבֶיךָ עוֹד גַּם
עֲשֵׂה חֶסֶד עִם שִׁפְחָתְךָ לְמוֹצָאָה
חֵן בְּעֵינֶיךָ חָנֵּנִי וְשָׁמְרֵנִי וְזָכְרֵנִי
וּנְטֵה אוֹנִי כָּל יְמֵי חַיַּי: חָנֵּנִי בִּי
אֵלֶיךָ אֶקְרָא כִּי אֵלֶיךָ אֲדֹנָי נַפְשִׁי
אֲנִי אֶשָּׂא הַאֲזִינָה תְּפִלָּתִי וְהַקְשִׁיבָה
בְּקוֹל תַּחֲנוּנוֹתַי הוֹרֵנִי עוֹד דַּרְכְּךָ וָא
וְאֶהַלֵּךְ בַּאֲמִתֶּךָ: שָׁמְרֵנִי וְאוֹתִי

seine Ehre, unter allen Völkern seine Wunder. Denn groß
ist der HERR und hoch zu loben, wunderbarlich über alle
Götter.[87] Und nun, Herr, barmherziger
und gnädiger Gott, Gott der Gnade und der Wahrheit, der du
ins tausendste Glied denen, die dich lieben, Gnade erwiesen hast,[88]
erweise auch deiner Magd Gnade, dass sie Erbarmen in
deinen Augen finde. Sei mir gnädig,[89] bewahre mich, gedenke meiner,[90]
und neige dein Ohr[91] alle Tage meines Lebens. Erbarme dich über mich,
denn zu dir rufe ich[92] und zu dir, Herr, geht meine Seele.
Höre mein Gebet[93] und vernimm
die Stimme meines Flehens.[94] Und lehre mich deinen Weg,
dass ich wandele in deiner Wahrheit.[95] Bewahre mich – mich und alle, die

---

87   Psalm 96, 1–4.
88   Vgl. 2. Mose 34, 6–7.
89   Vgl. Psalm 27, 7; 57, 2.
90   Vgl. Psalm 106, 4.
91   Lies אוזנך.
92   Psalm 86, 3.
93   Vgl. Psalm 17, 1; 55, 2; 86, 6.
94   Vgl. Psalm 140, 7; 143, 1.
95   Psalm 86, 11.

וְכָל אֲשֶׁר עָמִי אֶת אֲדוֹנָי אֶת אַחַי
וְאֶת אַחְוֹתַי וְאֶת כָּל בֵּיתִי וּמִשְׁפַּחְתִּי
תּוֹסִיף יָמִים עַל יָמֵינוּ שְׁנוֹתֵינוּ כְּמוֹ
דֹר וָדֹר נֵשְׁבָה עוֹלָם לִפְנֵי אֱלֹהֵינוּ
חֶסֶד וֶאֱמֶת יִנְצְרוּנוּ יְהִי שָׁלוֹם בְּחֵילֵנוּ
שַׁלְוָה בְּאַרְמְנוֹתֵינוּ שְׁמֹר אֶת אָחִי
אֶת הַבְּכוֹרִי אֶת נְשִׂיא הָאָרֶץ אב
אברהרד שְׁמוֹ כִּשְׁמוֹ וְכֵן גַּם תְּהִלָּתוֹ
תִּהְיֶה לּוֹ מִשְׁעָן וּמַשְׁעֵנָה בְּזָקְנוּ מִגְנֵי
אֶרֶץ מְאֹד הוּא יַעֲלֶה יְהִי שָׁמוּר
לְעוֹלָם לִפְנֵי שֶׁמֶשׁ יִנּוֹן שְׁמוֹ כְּרֹאֵם
תְּרוֹמֵם קַרְנוֹ וְיִפְרַח כַּתָּמָר אוֹ כְּאֶרֶז

bei mir sind, meine Herren und meine Brüder und
meine Schwestern und mein ganzes Haus und meine Familie.
Füge Tage und Jahre unserer Lebenszeit hinzu,[96]
die wir von Geschlecht zu Geschlecht auf Weltzeit vor unserem Gott verweilen.
Gnade und Wahrheit schütze uns,[97] es sei
Friede in unseren Mauern und Glück in unseren Palästen.[98] Behüte meinen Bruder,[99]
den Erstgeborenen,[100] den Fürsten des Landes[101]
des Namens Eberhard[102] – wie es sein Name besagt.[103]
Und sein Lobpreis[104] sei ihm Stütze und Stab im Alter,[105]
Schild des Landes[106] – er werde sehr erhoben, und sein Name
solle ewiglich bleiben, solange die Sonne währet,[107] wie ein Einhorn,[108]
erhoben werde sein Horn,[109] er grüne wie ein Palmbaum,[110] wie eine Zeder

---

96 Vgl. Sprüche 10, 27 und Jesaja 38, 5.
97 Vgl. Sprüche 20,28 und 16, 6.
98 Psalm 122, 7.
99 Hier kann man an das traditionelle jüdische Gebet für das „Wohl des Landesherrn" denken (וישמור... את אדוננו), das jedoch viel ausführlicher und auch anders formuliert ist.
100 Das Personalsuffix („mein Erstgeborener") ist fehl am Platze.
101 Die Buchstaben א und ב sind zur folgenden Zeile zu ziehen.
102 Gemeint ist Antonias Bruder, Herzog Eberhard III. (3.7.1614–3.7.1674), der von 1633 bis 1674 regierte; nach SCHAUER (Anm. 53), S. 165, ist er auf der Lehrtafel als Juda „in der Pose eines absolutistischen Herrschers" dargestellt. Zu Eberhard III. vgl. das historische Material bei RAFF (Anm. 31), S. 356–388.
103 Der unpunktierte Name wird im Hebräischen durch einen nicht deutlich gesetzten Akzent entweder „Avhard" (also mit dem Lexem „Vater") oder „Eber-hard" getrennt. Möchte Antonia an den „Stammvater" ihrer Familie, den württembergischen Grafen Eberhard im Barte, erinnern, der auf der Lehrtafel möglicherweise das Gesicht Gads trägt? (Vgl. dazu SCHAUER (Anm. 53), S. 164, sowie die Abbildungen des Grafen Eberhard bei I. GAMER-WALLERT, *Graf Eberhards Palme. Vom persönlichen Zeichen zum Universitätslogo*, Tübingen 2003, S. 68–72.) Wäre dann das שמו („sein Name") so zu verstehen, dass Antonia daran erinnern will, dass ihr Bruder den Namen dieses Stammvaters trägt? Möglicherweise wäre dann das אב in Z. 7 keine Verschreibung, sondern wäre mit dem folgenden als „Vater Eberhard" oder „Vater Eberhards" zu lesen. Sollte mit dieser Schreibung eine zahlenmystische Spekulation verbunden sein, so wäre etwa an das hebräische Wort בית („Haus" oder „Dynastie" bzw. „Familie") zu denken, das den gleichen Zahlenwert wie der hebräisch geschriebene „Eberhard" hat (412). Zur Bedeutung des „Hauses" (oikos) Württemberg für das Denken Antonias vgl. SCHAUER (Anm. 53), S. 160–168. Oder liegt mit dem „Eber" vielleicht eine Anspielung auf das wilde Tier („Einhorn") von Psalm 92, 11 vor? Gern würde man bei Antonia auch Anspielungen auf die berühmte Reise ihres Vorfahren ins Heilige Land finden (vgl. dazu G. FAIX/F. REICHERT, *Eberhard im Bart und die Wallfahrt nach Jerusalem im späten Mittelalter*, Stuttgart 1998), doch leider geben die bislang gefundenen Belege in dieser Hinsicht nichts her.
104 Wahrscheinlich ist gemeint, dass Eberhard im Alter eine Stütze darin finden soll, immer wieder Gott zu preisen.
105 Vgl. Jesaja 3, 1 und Psalm 23, 4.
106 Vgl. Psalm 18, 3; 28, 7.
107 Vgl. Psalm 72, 17.
108 Vgl. Psalm 92, 11; vgl. auch 5. Mose 33,17 (so die Übersetzung Luthers zu ראם im Jakobssegen zu Josef); auf der Lehrtafel ist neben Efraim (nach einer verbreiteten, aber sicher falschen Deutung: Josef) ein Stier zu sehen.
109 Vgl. 1. Samuel 2, 1.
110 Man mag in diesem Zusammenhang an die Palme des Grafen Eberhard im Bart und den Baum im württembergischen Wappen denken; ein Beleg für die Präsenz dieser Palme im württembergischen

בִּלְבָבוֹן זְכָר נָא יהוה וְלִי וְכָל עַמִּי
תְּשִׂימֵנִי כַּחוֹתָם עַל זְרוֹעֶךָ תֶּרְשׁוּם
אוֹתִי בְּלוּחַ לִבְּךָ לְטוֹבָה זָכְרָה
לִי אֱלֹהַי:

כֵּן חֲנֻכַּת וְכֵן תְּהִלַּת וְכֵן
תְּפִלַּת

שִׁפְחָתְךָ הַצְּעִירָה
נָכוֹן לִבָּהּ לַעֲשׂוֹת הַכֹּל חֶפְצֶיךָ

אַנְתּוֹנִיָּה
שָׂרָה בְּוִירְטֶּ״בֶּרְג וְתִקֵּן וְגוֹ׳:

auf dem Libanon.[111] Gedenke doch, HERR, meiner und all derer, die mit mir sind,
setze mich als Siegel auf deinen Arm,[112] schreibe mich ein
auf die Tafel deines Herzens,[113] zum Guten gedenke meiner
mein Gott.

So geschehe die Einweihung[114] (des Turms), so sei Lob und
Gebet

deiner geringsten[115] Magd.

Ihr Herz ist bereit,[116] alles zu tun, was du begehrst.[117]

Antonia,
Fürstin zu Württemberg und Teck etc.

Barock ist eine Silberstatuette, die den Universitätsgründer unter einem Palmbaum stehend zeigt und die Prinz Ludwig, ein Sohn Eberhards III., der Universität zu ihrer zweiten Säkularfeier 1677 vermachte; vgl. GAMER-WALLERT (Anm. 104), S. 71–75. Die Frage, ob der Baum des herzoglichen Wappens als Zeder durch den Tübinger Altphilologen Martin Crusius „falsch gedeutet" worden sei, weil der Graf den „zedernreichen Libanon" nie bereist habe (so dort, S. 67), relativiert sich, wenn man die Wahl des Baumes von Psalm 92 her deutet. Bedeutsam für die Prinzessin könnte gewesen sein, dass – der Legende nach – Graf Eberhard den Palmbaum während seiner Reise ins Heilige Land als persönliches Zeichen und Symbol seiner geistigen Umkehr gewählt haben soll (dort, S. 9f). In Bad Teinach ist die Palme auf der Außentafel in der dritten Reihe des Brautzugs neben der Richterin und Heerführerin Deborah zu sehen, die die Züge von Barbara Gonzaga, der Braut des Grafen Eberhard, tragen soll (so SCHAUER [Anm. 53], S. 161).

111 Ps 92, 13.
112 Hoheslied 8, 6. Siehe zur brautmystischen Deutung oben Anm. 78.
113 Vgl. Sprüche 3, 3 und 7, 3; man mag auch an die „Einschreibung" am jüdischen Versöhnungstag denken.
114 Es muss im *status absolutus* natürlich heißen חנכה (anstelle von חנוכת).
115 Natürlich handelt es sich hier nicht um eine Altersangabe, sondern um einen Niedrigkeitstopos; vgl. JOHANNIS BUXTORFII | MANUALE | HEBRAICUM ET | CHALDAICUM. | Quo | SIGNIFICATA OMNIUM | VOCUM, TAM PRIMARUM, QUAM | derivatarum, quotquot in Sacris | Bibliis, Hebraeâ & partim | Chaldaeâ linguâ scri- | ptis, extant, | Solide & succinctè explicantur. | [...] | Editio quarta castigatior. | BASILEAE, | Apud Ludovicum Köning [sic]. | M DC XIX. [UB Tübingen Ci VII 3 f] S. 283: „minima, minor natu puella".
116 Vgl. Psalm 57, 8; 108, 2 und 119, 112.
117 Vgl. Jesaja 58, 13.

Anhang I
Der Kanzeldeckel in der Jakobuskirche Brackenheim

von Monika Garruchet und Matthias Morgenstern

Die evangelische Stadtkirche von Brackenheim beherbergt ein weiteres Kleinod christlicher Kabbala in Württemberg: den Schalldeckel der Kanzel, die 1617 zum 100-jährigen Reformationsjubiläum in prächtigem Renaissance-Stil errichtet wurde.[1] Weder der Name des Bildhauers noch der des Malers sind überliefert. Die Kanzel ist traditionellerweise mit den vier Evangelisten und ihren Symbolen bemalt, die Schalldeckelhaube wird von einer Christus-Statue gekrönt, doch die Unterseite des Schalldeckels ist mit einzigartigen Bemalungen geschmückt, die man nur sieht, wenn man auf die Kanzel steigt, so als sollten die Schriftzüge und Bildnisse nur denjenigen zugänglich sein, die tatsächlich auf der Kanzel standen, um von dort Gottes Wort zu verkündigen, den Pfarrern und Dekanen der Jakobuskirche zu Brackenheim. Herzogin Barbara Sophia von Brandenburg (1584–1636), die Mutter der Prinzessin Antonia, war Schutzherrin der Brackenheimer Kirche, denn Amt und Schloss Brackenheim waren ihr 1609 bei ihrer Hochzeit mit dem regierenden Herzog Johann Friedrich von Württemberg (1582–1628) als Witwengut zugeschrieben worden.[2]

Barbara Sophie war eine strenggläubige Lutheranerin. Dazu war sie, wenn wir den Ausführungen verschiedener Leichenpredigten Glauben schenken, eine äußerst kultivierte Frau und großzügige Mäzenin, auch für die Brackenheimer Stadtkirche.[3] Wir dürfen

---

[1] Vgl. Marie-Luise Kohler, Die Kanzel in der Jakobuskirche (private Mitteilung).
[2] HStA Stuttgart, G67 Bü 16, Wittumsakten der Herzogin Barbara Sophie von Württemberg.
[3] „… mit sonderbaren Qualitäten und Tugenden waren Ihre Fürstl. Gnd. Begaabet, in ihrem Vermählten Stand, und führenden fürstl. Hofstaat; haben von Jugend auff zu allerhand Künsten, und Schöner Arbeit grossen Lust und Zuneigung getragen und in führender fürstlicher Oeconomiâ, auch darinnen sich löblich exercirt und geübet; wie Sie dan mit Seiden nähen, Stükhen, gesponnener und geschmeltzer Arbeit ihr meiste Zeit zugebracht; beineben in den Lustgärten an künstlichen picturen und gemälden, in der vocal- und Instrumental Music, in der Arithmetic und Rechenkunst, in der Architectonic und Bawkunst, in historischen und Genealogischen Sachen ihre Recreation und Ergötzlichkeit gesuchet, wovon Sie auch ob dero fürstl. Taffel grundtliche Discursus führen können." Einfältige LeüchSermon, Andreas Faber, Stuttgart 1655, Bl. 29r.

davon ausgehen, dass sie die künstlerische Ausführung der neuen Kanzel zum Reformationsjubiläum, wenn nicht initiierte, so doch mit Aufmerksamkeit verfolgte. Erhard Weinmann war in jenen Jahren (1608–1620) Dekan in Brackenheim. Danach finden wir ihn als Hofprediger und Konsitorialrat in Stuttgart. Weinmann beherrschte neben dem Lateinischen und Griechischen auch das Hebräische, wie es von einem Dekan und Hofprediger erwartet wurde. Doch weder diese Tatsache noch die Kunstbeflissenheit seiner Dienstherrin, der Herzogin, erklären die Anwesenheit syrischer und aramäischer Schriftzeichen auf dem Schalldeckel der Jubiläumskanzel. Es muss hier ein besonderer Geist geweht haben. Man kann sich bei der geographischen Nähe zu Pforzheim und Maulbronn gut vorstellen, dass in dieser Gegend Pfarrer lebten und wirkten, die das Erbe Reuchlins und seines Schülers Johann Albrecht Widmannstadt (ca. 1506–1557) weiter tradierten, der 1555 in Wien die erste Druckausgabe des syrischen Neuen Testaments publiziert hatte.

Leider ist die Forschung zum Kanzeldeckel, diesem einzigartigen Zeugnis philologischer Leidenschaft, bisher über Vermutungen nicht hinausgekommen. Die Aufgabe ist aber gestellt. Ob die Archive eines Tages Auskunft geben werden, können wir erst wissen, wenn diese erforscht sind.

Einstweilen nehmen wir mit Staunen über das weitläufige Wissen unserer Vorgänger die Übersetzung der fünf Kanzelsprüche entgegen, von denen vier den Bildnissen der „vier großen Propheten" des Alten Testaments zugeordnet sind.

Die mittlere Inschrift in lateinischer Sprache umgibt von vier Seiten eine Taube im Innenteil des Kanzeldeckels, die den Heiligen Geist symbolisiert. Der Text aus 2. Petrus 1, 21 („getrieben vom Heiligen Geist haben heilige Menschen geredet") ist offenbar als eine Art Überschrift gedacht, die die Botschaft aller zitierten Texte als geoffenbart kennzeichnet und den Prediger ermahnt, dem daraus folgenden Auftrag treu zu sein. Nimmt man den deutschen Text auf dem Kranz um den Kanzeldeckel hinzu, ergibt sich ein Ensemble aus sechs Bibelversen:

Anhang I – Der Kanzeldeckel in der Jakobuskirche Brackenheim

Zuordnung	Vers	Sprache	Text	Übersetzung
	Jes 51, 16	Deutsch	Ich lege mein Wort in deinen Mund und bedecke dich unter dem Schatten meiner Hände.	
Heiliger Geist	2. Petr 1, 21	Lateinisch	A Spiritu Sancto impulsi loquati sunt sancti Dei homines.	Getrieben vom Heiligen Geist haben heilige Menschen geredet.
Hesekiel	Hes 33, 8	Griechisch	τὸ δὲ αἷμα τοῦ ἀνόμου ἐκ τῆς χειρός σου ἐκζητήσω (To de haíma tu anómou ek täs cheirós su eksätäso)	Das Blut des Gesetzlosen werde ich von deiner Hand fordern.
Jesaja	Jes 45, 22	Aramäisch	אִתְפְּנוּ לְמֵימְרִי (itpenu le-mimri)	Wendet euch zu meinem Wort!
Daniel	Dan 12, 3	Hebräisch	הַמַּשְׂכִּלִים יַזְהִרוּ (Ha-Maskilim jas-hiru)	Die Lehrer werden glänzen.
Jeremia	1. Kor 1, 30	Syrisch	ܝܫܘܥ ܡܫܝܚܐ ܕܗܘܐ ܠܢ ܙܕܝܩܘܬܐ (Jeshuʿ Mshicha de-hwa lan zadiquta)	Jesus Christus ist geworden unsere Gerechtigkeit.

Wie lässt sich diese Zusammenstellung von Bibelversen aus sechs Sprachen deuten? In welcher Reihenfolge sind die Texte zu lesen?

Es bietet sich an, mit dem außen stehenden deutschsprachigen Vers zu beginnen, der als Verheißung an die auf der Kanzel stehenden Prediger gedacht ist. Im Anschluss lesen wir das in der Mitte des Deckels stehende Zitat aus dem Neuen Testament in lateinischer Sprache. Dieses entspricht interessanterweise nicht der üblichen lateinischen Übersetzung, der Vulgata, sondern ist offenbar der Textfassung in einem Kommentar Johannes Calvins entnommen.[4] Möglicherweise steht eine Offenbarungstheorie im Hintergrund, die reformierten Einflüssen unterliegt. Der Genfer Reformator schreibt zu 1. Petrus 1, 21: „Das ist der rechte Anfang der Einsicht (*rectae intelligentiae initium*), dass wir den Glauben, den wir Gott schulden, seinen heiligen Propheten zuwenden", da diese nicht „aus eigenem menschlichen Antrieb" (*proprio hominum motu*) geredet hätten, sondern dem Heiligen Geist gefolgt seien.[5]

---

[4] Ioannis Calvini in Omnes Novi Testamenti Epistolas commentarii, Band 3, Halle 1834, S. 87.
[5] A.a.O., S. 90.

Auf dem Kranz der Kanzeldecke steht auf Deutsch:

Ich lege mein Wort in deinen Mund und bedecke dich unter dem Schatten meiner Hände.

(Jes 51, 16)

Die Lesung der Bibeltexte am äußeren Rand der Bemalung der Kanzeldeckel beginnt mit dem Propheten Hesekiel. Warum Hesekiel 33, 8 in griechischer Sprache (nicht mit dem exakten Wortlaut des Septuaginta-Textes, sondern in einer Kurzfassung) dargeboten wird, ist nicht leicht einsehbar. Da wir für die folgenden Verse jeweils Gründe für die Wahl der Sprache erraten können (s. dazu unten), könnte es sein, dass dieser Text hier auf Griechisch steht, um den Zyklus der fünf „biblischen Sprachen" voll zu machen. Inhaltlich kommt dieser Vers einer Warnung an die Prediger gleich, nicht an ihren Zuhörern schuldig zu werden und ihnen Gottes Wort und die Gelegenheit zur Buße nicht vorzuenthalten.

Der (im Uhrzeigersinn) anschließende Jesajatext, der in aramäischer Übersetzung dargeboten wird, fordert seine Leser – die auf der Kanzel stehenden Prediger und dann auch die Predigthörer – zu Umkehr und Buße auf. Die Übersetzung, genannt *Targum Jonathan,* entstand wahrscheinlich im 2. Jahrhundert n. Chr. in Palästina. Im Synagogengottesdienst in Babylonien wurde das *Targum Jonathan* jeweils im Anschluss an die Verlesung dreier hebräischer Verse vorgetragen, damit die Zuhörer, die nicht mehr hebrä-

In der Mitte der Kanzeldecke ist das Bild einer Taube mit Bezug zum Heiligen Geist in lateinischer Sprache angeordnet:

A Spiritu Sancto impulsi loquati sunt sancti Dei homines.

Getrieben vom Heiligen Geist haben heilige Menschen geredet. (2. Petr 1, 21)

isch sprachen, die Botschaft verstanden; aus Anhänglichkeit an diese Tradition ist diese Übersetzung, die 1494 in Leira und 1518 in Venedig erstmals gedruckt wurde, in jemenitischen Synagogen in Israel auch heute noch in Gebrauch. Mit Fragen der aramäischen Fassung des Jesajabuches konnten Schüler Reuchlins auch durch den *Codex Reuchlinianus* in Berührung gekommen sein, eine 1105 entstandene Handschrift, die im Besitz des Pforzheimer Humanisten war.[6] In Reuchlins *De arte cabalistica* wird aus dieser Handschrift ausführlich zitiert.[7] Im →Talmud (Traktat Megilla 3a) wird erzählt, dass die Propheten Haggai, Sacharja und Maleachi das Targum einem gewissen Jonathan ben Usiel in die Feder diktiert hätten. Im Anschluss an die Niederschrift sei das ganze Land Israel erschüttert worden, und eine Stimme vom Himmel fragte: „Wer hat dem Menschen meine Geheimnisse offenbart?" Später habe Jonathan noch die aramäische Übersetzung

---

6   Vgl. Wilhelm Bacher, Kritische Untersuchungen zum Prophetentargum, Zeitschrift der deutschen morgenländischen Gesellschaft 28 (1874), S. 1–58.
7   Vgl. Otto Betz, Kabbala Baptizata. Die jüdisch-christliche Kabbala und der Pietismus in Württemberg, in: Beiträge zur Geschichte des Württembergischen Pietismus. Festschrift für Gerhard Schäfer und Martin Brecht, Göttingen 1998, 130–159 (hier: 143).

Beim Propheten Hesekiel steht auf Griechisch:

τὸ δὲ αἷμα τοῦ ἀνόμου ἐκ τῆς χειρός σου ἐκζητήσω

(To de haíma tu anómou ek täs cheirós su eksätäso)
Das Blut des Gesetzlosen werde ich von deiner Hand fordern.
(Hes 33, 8)

Beim Propheten Daniel steht auf Hebräisch:

הַמַּשְׂכִּלִים יַזְהִרוּ

(Ha-Masmilim jas-hiru)
Die Lehrer werden glänzen.
(Dan 12, 3)

Beim Propheten Jesaja steht
auf Aramäisch:

אִתְפְּנוּ לְמֵימְרִי

(itpenu le-mimri). –
Wendet euch zu meinem Wort!
(Jes 45, 22)

Beim Propheten Jeremia steht
auf Syrisch:

(Jeshuʿ Mshicha de-hwa lan zadiquta)
Jesus Christus ist geworden unsere
Gerechtigkeit.
(1. Kor 1, 30)

der „Schriften", des dritten Kanonteils der Hebräischen Bibel, erreichen wollen, die himmlische Stimme habe ihn aber davon abgehalten. Von Jonathan heißt es an anderer Stelle, er sei auch Autor eines kabbalistischen Textes, des geheimnisvollen *Sefer Migdanim* (des „Buches süßer Geschenke"), in dem es u. a. um das Werfen von Losen geht.

Im hebräischen Ursprungstext von Jesaja 45, 22 heißt es: „Wendet euch zu mir, aller Welt Enden. Denn ich bin Gott, und es gibt keinen Anderen!" Zu den Eigenheiten des *Targum Jonathan* gehört, dass es *Anthropomorphismen* (Vermenschlichungen) Gottes meidet. Im Visionsbericht des Propheten Jesaja (Kapitel 6, 1) heißt es in dieser Übersetzung zum Beispiel nicht (wie im Hebräischen), dass Gott selbst „auf dem Thron saß" – stattdessen lesen wir, dass „die Herrlichkeit des Herrn auf dem Thron saß". Weil eine zu große Gottesnähe unschicklich erscheint, hält der Übersetzer eine direkte Umkehr zu „ihm selbst" – kabbalistisch gesprochen zur ersten Sefira, die im Innenbild der Lerntafel mit dem hebräischen Pronomen *hu,* „er" (הוא), als „abwesend" bezeichnet wird – als schwer vorstellbar. Aus dem Imperativ des ersten Versteils wird daher die Aufforderung: „Kehrt um zu meinem *Memra*" – „kehrt um zu meinem Wort!" Diese Deutung ließ sich in christlicher Perspektive leicht übernehmen und modifizieren: Das aramäische *Memra* wird hier mit dem christlichen *Logos,* der zehnten →Sefira auf Antonias Lernbild, identifiziert. Auf der Brackenheimer Kanzel wird das Evangelium Jesu Christi verkündigt, wird zur Umkehr zu ihm aufgerufen.

Der gegenüberliegende Vers aus dem Danielbuch, der einzige Text in seiner Ursprungssprache, lässt sich als Verheißung an die Lehrer und Prediger des Evangeliums verstehen. Diese werden als „maskilim", „Gebildete" bezeichnet, womit gewiss auch gemeint ist, dass sie die kabbalistischen Anspielungen verstehen. Von ihnen heißt es, dass sie glänzen werden „wie der Glanz des Himmels". Von der Kabbala herkommend, liegt es nahe, im hebräischen Wortlaut auch einen Anklang an die Semantik des →*Sohar,* des „Buches des Glanzes" zu vermuten. Die gebildeten Prediger sind nicht nur sprachkundig; sie erforschen auch Gottes Geheimnisse und lassen ihre Gemeindeglieder und Predigthörer daran teilhaben.

Folgen wir dieser Interpretationslinie, ist es kein Wunder, dass das Zitat, das die Reihe der Bibelzitate abrundet und zum Höhepunkt bringt, besonders geheimnisvoll ist.[8] Um es zu enträtseln, bedarf es besonderer Kenntnisse. Es ist, obwohl dem Neuen Testament

---

8   Wir danken Dr. Doru Doroftei, Erlangen, für seine Hilfe bei der Entzifferung des syrischen Textes.

entnommen, nicht in griechischer, sondern in syrischer Sprache verfasst. Auch lässt es sich nur indirekt mit dem Propheten Jeremia verbinden, dessen Bild die Worte zugeordnet sind. Immerhin zitiert der Apostel Paulus, der hier in seinem ersten Brief an die Korinther zu Wort kommt (1. Korinther 1, 30), gleich im anschließenden Vers 31 („wer sich rühmt, der rühme sich des Herrn") das Buch dieses Propheten: „Wer sich rühmen will, der rühme sich dessen, dass er klug sei und mich kenne, dass ich JHWH bin, der Barmherzigkeit, Recht und Gerechtigkeit übt auf Erden" (Jeremia 9, 23). Der Inhalt des Verses „Christus ist uns gemacht zur Gerechtigkeit" zielt auf die Mitte der reformatorischen Rechtfertigungsbotschaft: Wer zu Christus umkehrt, wird von ihm gerecht gesprochen, weil er – stellvertretend – unsere Gerechtigkeit bewirkt. Unter der Brackenheimer Predigtkuppel lässt sich dieser Vers auch kabbalistisch lesen: Christus, mit Antonias Lerntafel gesprochen, die zehnte →Sefira, stellt die Verbindung mit der die fünfte Sefira verkörpernden „strengen" Seite Gottes her. Die Spannung zwischen dem zornigen Gott (kabbalistisch gesehen, der linken Seite des →Sefirotbaumes) und dem barmherzigen Gott (der rechten Seite des Sefirotbaumes) wird aufgelöst, Versöhnung entsteht. Diese Botschaft wird hier auf →Syrisch verkündigt. Diese Sprache erscheint hier wie das Hebräische, Griechische und Aramäische als Offenbarungssprache. Für die in ihr weitergegebenen Worte gilt in gleicher Weise nach 2. Petrus 1, 21 die Zusicherung, dass sie vom Geist Gottes inspiriert sind. Die Sprache der christlichen Syrer ist ja sozusagen das „christliche Aramäisch", die Muttersprache Jesu. In der Abgar-Legende über die Entstehung des →syrischen Neuen Testaments gilt sie zugleich als Ursprache des Evangeliums.

Antonias Mutter war der Jakobuskirche eng verbunden. Sie stiftete nach dem Tod ihres Mannes Herzog Johann Friedrich, noch bevor sie ins Exil nach Straßburg ging, zwei kunstvolle Epitaphe. Wir dürfen daher davon ausgehen, dass Antonia öfter unter dieser Kanzel saß und der Predigt lauschte, obwohl sie – auch nach ihrer Rückkehr aus Straßburg – nie längere Zeit in Brackenheim wohnte. Das Andenken an ihre Mutter brachte aber eine besondere Beziehung zu diesem Ort mit sich. Davon zeugt auch die von ihr und ihren Schwestern 1655 gestiftete Brackenheimer Taufschale. 1655 war das Jahr, in dem nach fast 20 Jahren der Sarg der Mutter aus der Straßburger Thomaskirche in die Stuttgarter Stiftskirche überführt wurde und so in der Heimaterde zu ruhen kam. So hat die Taufschale auch einen symbolischen Wert: Anstelle eines Epitaphs, das dem Andenken der Toten dient, schenkte Antonia den Brackenheimern mit dieser Taufschale ein Zeichen der Wiedergeburt durch die Taufe.

Anhang II: „Mein geringes scherblin auch dem Herrn zue brüngen ..." – Die Stiftungen der Prinzessin Antonia von Württemberg

Einleitung

von Monika Garruchet

Stiftungen durch Personen höheren Standes waren zu Antonias Zeit häufig. Besonders nach den Verwüstungen des Dreißigjährigen Krieges waren sie eine geeignete Hilfe, gottesdienstliches Leben wieder zu ermöglichen. Die auffallend häufige Stiftung von Taufgeräten zeigt den zuversichtlichen Willen zu Wiederaufbau und Neuanfang.[1]

Prinzessin Antonias Mäzenatentum reicht jedoch weit über das übliche Maß hinaus. Neun Kirchen haben nachweislich Stiftungen von ihr erhalten, darunter allein acht Taufgeräte. Auch von Stipendien und Gaben an das Tübinger Stift wissen wir.[2] Doch dürfte die Zahl ursprünglich noch größer gewesen sein.

Der einzigartige kunst- und kulturgeschichtliche Wert ihrer Stiftungen ist unbestritten. Sie sind wichtige Zeugnisse des württembergischen Frühbarock und geben darüber hinaus tiefen Einblick in die originelle Frömmigkeits- und Geisteswelt ihrer Stifterin.

Aus Antonias eigenen Äußerungen geht hervor, dass diese Tätigkeit ein Ausdruck ihres Glaubens war: „Was durch die verliehene Gnade Gottes mir gegeben, das in mein geliebtes Vatterlandt vnd Herzogthum Württemberg, jn Etliche Kirchen vnd Gottes Häusser, bey meinen leb Zeiten vber geben, vund gestifftet habe, mein geringes scherblin auch dem Herrn zue brüngen, die mülde gütte Gottes, wohle ferner Alle Zeit mit seinem Reichen seegen bey mir vnd ob mir Reichlich walten, vnd Regieren, das noch mehr zur Zihret vnd Ehren Gottes wolgefälig Kirchen vnd Gottes Häusser, bekleiden, vnd mir dardurch desto mehr Ergötzung vnd völige vergnügen schöpffe. Amen."[3]

Die Beschriftungen und Bildprogramme ihrer Stiftungen bestätigen dies. Ihre Botschaft ist es, die Güte und die gute Ordnung Gottes, die trotz allem hinter einer chaotischen Welt am Werk sind, zur Anschauung zu bringen. Angesichts der äusseren Umstände von Zerstörung und Desolation werden sie zum Glaubensbekenntnis.

---

1   Typoskript, Historischer Verein Leutenbach e.V., S. 2
2   Vgl. Johann Lorenz Schmidlin, Pictura docens, Einleitung S. XIf.
3   Handschrift Herzogin Antonia von Württemberg, Württembergische Landesbibliothek, Cod. Hist. Fol. 45.5, Transkription bei Raff, Hie gut Wirtemberg II, S. 332.

Prinzessin Antonia als Stifterin

von Monika Garruchet

Das Mäzenatentum Antonias ist vielfältig motiviert. Nicht nur weil sie es ihrem Stand schuldete, stiftete sie an vielen Orten, die nach dem Kriege einen Neuanfang brauchten. Sie bedachte auch Orte, weil sie eine enge persönliche Beziehung zu deren Geschichte oder den dortigen Pfarrern hatte:

Bad Teinach war ihr von Kindheit an ein lieber Erholungsort. Hier lernte sie schon jung Andreae, später Johann Ebermaier als Kurseelsorger kennen und schätzen.

Brackenheim war der Witwensitz der Mutter, die selbst eine große Mäzenatin und darin Vorbild für für Antonia und ihre Schwestern gewesen war. Barbara Sophia hatte dort ihre Kunstsammlung angelegt, auch Schule und Kirche mit großzügigen Stiftungen bedacht. Vom Straßburger Exil aus hatte sie sich bemüht, ihren Brackenheimer Besitz als

Erbe für die unverheirateten Töchter zu sichern.

In **Calw** hatte Antonia 1655 zur Einweihung der wiedererbauten Kirche das Taufgerät und gemeinsam mit ihrer Schwester Anna Johanna eine Kirchenuhr gestiftet[4], die aber 1692 den Truppen General Mélacs zum Opfer fielen. Dort hatten Andreae, Zeller und zuletzt Ebermaier die Dekanatsstelle versehen.

In **Cannstatt** war seit 1650 der Freund und Hebräischleher Antonias, Johann Jakob Strölin, als Diaconus tätig. Für die dortige Kirche stiftete sie 1656 ein neues Taufgerät als Ersatz für das im Kriege verlorengegange. Das Gleiche tat sie 1661 in **Münster** bei Cannstatt, als Strölin dort die erste Pfarrstelle übernahm. Das Taufgerät von Münster fiel 1796 den französischen Truppen zum Opfer.[5]

Mit **Herrenberg** verband sie, einmal mehr, der Name Andreae (siehe unten S. 223).

Für das unweit von Teinach gelegene **Neubulach** und **Schorndorf** sind uns persönliche Beziehungen Antonias nicht bekannt.

Nach **Weiler zum Stein**, einem Dorf in der Nähe von Winnenden, das eine halbe Tagesreise von Stuttgart entfernt lag, wäre Antonia wohl nie gekommen, hätte nicht ihr Bruder, der regierende Herzog, die extravagante Idee gehabt, Antonia zur Aufbesserung ihrer bescheidenen Apanage ein kleines Hofgut dort zu vermachen, das Steinächle, ohne ihr jedoch den Gebrauch einer eigenen Kutsche zu gewähren. Sowohl das Dorf als auch der Hof waren vom Kriege vollständig zerstört.[6] Antonia ließ es sich dennoch nicht nehmen, zu Gottes Ehren und ihrer eigenen „Ergötzung und völligen Vergnügen", die beschädigte und ausgeraubte Kirche mit insgesamt 33 Einzelstücken neu auszustatten.[7]

---

4 Ebermaier, Kalver New Tempelbau, Einleitung II und III.
5 Vgl. Typoskript, Historischer Verein Leutenbach e.V., S. 2.
6 Roland Schurig, Zeiten und Wege, S. 61.
7 Ihre Schwester Anna Johanna stiftete eine neue Glocke, die jedoch 1693 mit etlichen anderen Stücken von den französischen Truppen geraubt wurde. Ebd. S. 63.

Die Stiftungen von Brackenheim

von Monika Garruchet

Das reich mit Blumenblüten gezierte Taufgeschirr wurde von den drei herzoglichen Schwestern Antonia, Anna Johanna und Sibylla im Jahre 1655 für die Stadtkirche von Brackenheim gestiftet. Hier war schon ihre verstorbene Mutter als Stifterin tätig gewesen. Im Jahre 1632 hatte sie zwei große, kunstvoll geschnitzte Evangelientafeln für die Stadtkirche anfertigen lassen. Die Leichenpredigt Christoph Zellers nennt als weitere Stiftungen für alle Taufsteine und Altäre des Amtes Brackenheim von der Herzogin selbst gestickte Decken sowie Kirchenröcke und Barette für Kirchendiener, die jedoch im Krieg „durch den unglückhafften Einfall und Kirchenrauberische Hände wider verloren" gingen[8]. Weiter erwähnt er „ein silbern vergulten Kelch und Paten /sampt einer silbern vergulten Capsel für die Hostien / und zwo vergulte silberne Kannten / bey Aussspendung des hochwürdigen Sacraments des Abendmals zu gebrauchen/ (darzu Ihr Fürstl. Gn. Fraw und Fräwlein Töchtern diser Tagen ein silbern Becken und Kändlein zur Administration der h. Tauff auss gleichem Eiffer und miltreichem Fürstlichem Gemüt gegen Fürderung und Zierung dess reinen Gottesdiensts / adjungiert) auch zur Promotion der studierenden Jugend auss 4000 Gulden Capital das Jährliche interesse gestifftet"[9].

Die Töchter traten also in die Fußstapfen ihrer Mutter und ergänzten deren Stiftung sinnreich. Das Datum, das sie wählten, hat nichts Zufälliges, denn im Jahre 1655 wurde endlich der Leichnam der im Exil verstorbenen Herzogin Barbara Sophia von Württemberg (1584–1636) in die württembergische Heimat

---

8   Zeller, Leichenpredigt Barbara Sophia, 1655, S. 51
9   Zeller, Leichenpredigt Barbara Sophia, 1655, S. 51f.

zurückgebracht und mit großem Pomp in der Stuttgarter Stiftskirche beigesetzt. Für die drei Schwestern sowie für das Haus Württemberg konnte nach 19 Jahren endlich ein schmerzlicher Missstand behoben und ein dunkles Kapitel der eigenen Geschichte abgeschlossen werden. Denn Barbara Sophia war 1634 vor der Niederlage des protestantischen Lagers nach Straßburg geflüchtet und dort nach anderthalb Jahren unglücklich verstorben. Vom Kaiser hatte sie von dort aus für sich und ihre drei Töchter einen Reisepass erbeten, und wenige Monate vor ihrem Tod auch erhalten, der ihnen freies Geleit nach Brackenheim gab und ihnen erlauben sollte, dort in Sicherheit zu leben.[10] Diese Reise konnte sie nicht mehr antreten. Sie verstarb am 13. Februar 1636 in Straßburg und wurde dort in der St. Thomaskirche beigesetzt. Die Töchter blieben bis 1639 in der Freien Stadt, bis sie mit dem ganzen württembergischen Hof nach Stuttgart zurückkehren konnten. Keine von ihnen hat je in Brackenheim gewohnt. Doch die Verbindung zum mütterlichen Witwensitz war so lebendig, dass sie nun zu dritt ein Taufgeschirr von seltener Kunstfertigkeit stifteten, das die Stiftungen der Mutter ergänzen sollte. Eine der beiden von Herzogin Barbara Sophia gestifteten Abendmahlskannen

---

10   HStA Stuttgart G 67 Bü 20.

wurde zur Verwahrung ins Landesmuseum Stuttgart gegeben. Die andere dient noch heute mit Kelch und Hostiendose bei Abendmahlsfeiern an hohen Feiertagen in der Stadtkirche zu Brackenheim.

Das Taufgeschirr ist reich mit Blumen verziert. In der Mitte der Schale ist das württembergische Wappen eingraviert. Rechts steht Johannes der Täufer mit Lamm und Siegesfahne, links Christus mit der kreuzgekrönten Erdkugel in der Hand. Über dem Wappen sieht man die Heiliggeisttaube vom Himmel herabschweben, von wo Gott-Vater herabschaut.

Die Taufkanne weist ebenfalls reiche Blumenornamentik auf. Der Deckelgriff ist in Form eines Lammes gestaltet. Die Taufkanne wurde im Jahre 1975 aufwändig restauriert.

Im Boden der Taufschale haben sich die drei Schwestern mit ihren Wahlsprüchen verewigt.

Sibylla GEBOHRENE VND VERMAEHLTE .H.Z.W *
Symbolum
IN GOTT MEIN HOFNUNG*
Symbolum
W*G*V*H*W*G*
„Wer Gott Vertraut Hat Wohl Gebaut."
(so auch auf dem Taufgeschirr in Cannstatt)
ANTONIA. H.Z.W.
Symbolum
R.M.H.D.D.H.G.
„Regiere Mich Herr Durch Deinen Heiligen Geist."
ANNA IOHANNA H.Z.W.
Anno 1655

Das Taufgeschirr von Cannstatt

von Eckart Schultz-Berg

Prinzessin Antonia von Württemberg hat es sich zur Aufgabe gemacht, nach dem Dreißigjährigen Krieg verschiedene Kirchen wieder mit Tauf- und Abendmahlsgeschirr als Ersatz für den im Krieg verloren gegangenen Kirchenschatz zu versehen. Der Stadtkirche Bad Cannstatt stiftete Prinzessin Antonia im Jahr 1656 ein Taufgeschirr, bestehend aus Taufschale und Taufkanne, fein gehämmert. Der Cannstatter Pfarrer Johann Jakob Strölin (1620–1663) zählte zu ihrem Freundeskreis. Cannstatt war vom Dreißigjährigen Krieg stark getroffen und seines Kirchenschatzes beraubt worden. Dort befand sich einer der wenigen Übergänge über den Neckar, ein strategisch wichtiger Ort für das Militär. Entsprechend zogen Truppen durch und es wurde geplündert. Cannstatt hatte die höchsten Kriegsschäden im ganzen Land, 10.491.050 Gulden allein von 1634–1638 (im Vergleich Schorndorf mit 4.307.712 Gulden). „Viele Ländereien lagen wüst – auch in Cannstatt" (Jürgen Hagel, Cannstatt und seine Geschichte, Stuttgart 2007, S. 40).

Das Taufgeschirr von Herrenberg

von Monika Garruchet

Dieses Taufgeschirr wurde 1656 anlässlich des Wiederaufbaues der im Kriege zerstörten Spitalkirche gestiftet. Es trägt keine biblischen, sondern, neben einer barocken Kinderszene, fein gearbeitete pflanzliche Motive.

Herrenberg war nicht nur die Geburtsstadt Johann Valentin Andreaes, sondern auch von dessen Mutter, Maria Andreae geb. Moser (1550–1632).[11] Andreae war in den schweren ersten Jahren nach dem Straßburger Exil als erster Hofprediger auch Antonias Beichtvater. Seine Mutter hatte einst als eine der wenigen schriftkundigen Frauen ihrer Zeit die renommierte Stuttgarter Hofapotheke aufgebaut. Ihre Arzneien und Rezepte konnte die pharmazeutisch interessierte Antonia auch Jahrzehnte später noch anwenden.

---

11   Zu Person und Leben der Maria Andreae, vgl. Brecht, Andreae, S. 22–24.

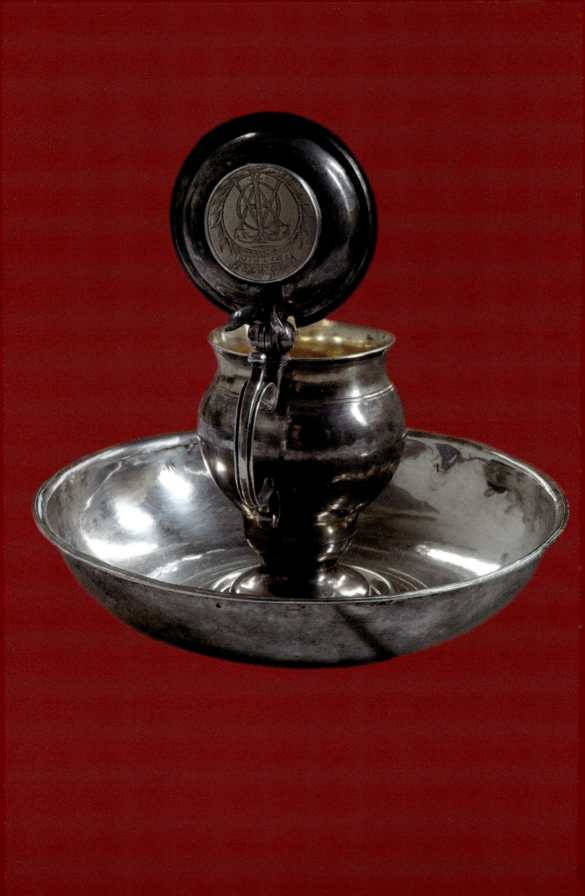

Das Taufgeschirr von Neubulach

von Ewald Freiburger und Monika Garruchet

Die Baugeschichte des Romanischen Turms der evangelischen Stadtkirche Neubulach kann bis in das 13. Jahrhundert zurückverfolgt werden. Neubulach war ein Lieblingsaufenthalt des bedeutenden württembergischen Reformators Johannes Brenz, der hier Grundbesitz hatte.

Ob es die Verbindung zu Brenz war, die Antonia dazu bewog, auch der Evangelischen Kirche in Neubulach ein Taufgeschirr zu schenken, bleibt ungewiss, doch den Brenz'schen Katechismus kannte sie und seine Bemühungen um die christliche Erziehung der württembergischen Jugend machte sie sich selbst zu eigen. So erhielt die Evangelische Kirche in Neubulach 1657 ein reich verziertes Taufgeschirr bestehend aus Taufschale und Taufkanne als Geschenk.[12] Das Jahr der Stiftung ist auf der Unterseite der Taufschale im herzoglichen Wappen vermerkt.

Unter der Sakristei befand sich eine geheime Gruft, in der in Kriegszeiten das Kirchengerät und die Kostbarkeiten der Bewohner der Stadt versteckt werden konnten. Den französischen Truppen, die 1692 Neubulach plünderten, entging diese Gruft.

Das Taufgeschirr konnte gerettet werden und wird bis heute für die Taufe benutzt.

Wappen Antonias auf dem Deckel der Taufkanne mit der hebräischen Inschrift „hu we natan" – wörtlich: „Er und Er hat gegeben".

„Er" (hu) bezieht sich auf der Lerntafel auf die oberste (erste) Sefira; „natan" heißt „er hat gegeben"; Antonia liest diese aus den Wurzelbuchstaben NTN gebildete Verbform vermutlich als Anspielung auf ihren Namen „ANToNia" mit der Endung „ia" (= Jah, hebräisch: „Gott"), also „Gott hat gegeben". Das Personalpronomen steht im Hebräischen bei Verben der Vergangenheit in der Regel nicht, da es in der Verbform bereits enthalten ist. Hier ist es, verbunden mit der Konjunktion „und" vorangestellt – offenbar um durch die Betonung des „Er" auf die kabbalistische Deutung anzuspielen. Sollte der mittlere Buchstabe als (vielleicht etwas verschriebenes) Jod (י) zu lesen sein, wäre als Übersetzung auch möglich: „Er J (JHWH/Jesus) hat gegeben." (Unser Dank an Reinhard Gruhl für diesen Vorschlag.)

---

12 Private Mitteilung von Agnes Schnabel.

Relief im Kannenboden.

Dieses Taufgeschirr ist verhältnismäßig klein und leicht, es hält aber eine große Überraschung bereit. Nur wenn man die innen vergoldete Taufkanne anhebt und kippt, wird ein feines, in Silber gearbeitetes, Motiv sichtbar. Dies deutet darauf hin, dass der Krug umgewidmet wurde und ursprünglich (um ca. 1600) als Prunkkrug gedient hat. Das Motiv im Kannenboden stellt keine biblische Szene dar. Es dürfte sich um eine allegorische Darstellung der Weisheit handeln. Eine Königin mit Krone und Szepter sitzt unter einem Baldachin, auf einem Thron von Löwen gestützt und geschützt. Von aller Welt Enden (Straußenvogel in der linken Bildhälfte oben) kommen Menschen mit kostbaren Geschenken, um ihr zu huldigen. Der kleine, zahme Affe im Bildvordergrund, der in der christlichen Ikonographie oft in Paradiesgärten vorkommt, symbolisiert nach den Vorstellungen jener Zeit, dass unter dieser Königin Torheit und Schamlosigkeit gezähmt sind.

Taufe Christi, Silberner Taufteller, ziseliert.

Herzogliches Wappen mit der Jahreszahl 1657.

In der Taufschale entdecken wir, fein ziseliert, das klassische biblische Motiv der Taufe Christi durch Johannes den Täufer im Jordan in seiner trinitarischen Ausformung: Gott Vater sendet vom sich auftuenden Himmel herab seinen Heiligen Geist in Gestalt einer Taube. Weniger geläufig in der nachreformatorischen Kunst ist die Darstellung eines Engels am anderen Ufer des Jordans. In altkirchlichen Darstellungen sieht man dieses Motiv oft, manchmal auch mit drei Engeln, die den Getauften mit weißen Tüchern empfangen, bevor er seine erste große Prüfung bestehen muss: Die Versuchung in der Wüste.

Das Taufgeschirr von Schorndorf

von Monika Garruchet

Schorndorf wurde mit einem Taufgeschirr des Stuttgarter Silberschmieds Jeremias Pfefferhäuser bedacht. Das Wappen Schorndorfs mit der Jahreszahl 1665 befindet sich auf der Unterseite der Schale. Die Innenseite der Schale ist mit Antonias Monogramm geschmückt. Es ähnelt dem, welches wir von der Neubulacher Taufkanne und von der Lehrtafel kennen. Hier jedoch trägt die Krone als hebräischen Schriftzug das Trishagion „qadosch, qadosch, qadosch" (Heilig, heilig, heilig) aus Jesaja 6. Der senkrechte Arm des Ankers bildet mit dem Querbalken des A ein Kreuz. Darauf ist ein hebräisches „J" zu erkennen. Es steht für den →Gottesnamen „Jah".

Die silberne Taufkanne trägt ein gegossenes Ovalmedaillon mit der Taufe Jesu. Das trinitarische Motiv ist hier verändert durchgeführt: Auf die Darstellung Gottes des Vaters wurde verzichtet, über der Taube steht stattdessen der hebräische Gottesname JHWH. Auf dem Deckel der Kanne sitzt ein fein gearbeitetes Lamm.

Das Taufbuch vermerkt die erste Taufe mit dem neuen Taufgeschirr am 3. November 1665 in Gegenwart der Taufpatin Herzogin Maria Dorothea Sophia, der Frau Eberhards III. Als Stifterinnen werden Antonia und ihre Schwester Anna Johanna genannt.[13]

---

13 Reichert, Die Inschriften der Stadtkirche in Schorndorf, Manuskript, 1967, S. 48 f.

Die Stiftungen von Weiler zum Stein

von Ewald Freiburger und Monika Garruchet

Als Gutsherrin des Steinächle kümmerte sich Antonia auch um die dortige Dorfkirche. So hatte sie 1652 die Neubesetzung der seit 14 Jahren vakant gebliebenen Pfarrstelle erreicht und stattete nun die Kirche neu aus. Der Stiftungsbrief von 1652 nennt 33 Einzelstücke[14], von denen die heute noch Erhaltenen hier abgebildet sind. Von großem Seltenheitswert ist das bis heute erhalten gebliebene Altartuch, mit Abendmahlsmotiven reich bestickt. Die Aufzählung enthält erstaunlicherweise auch Gegenstände, die gewöhnlich dem katholischen Kultus zugerechnet werden: Altargitter, Chorhemd, Beichtstuhl und eine Rauchpfanne „mit seinem runden Weyrauchschächtelin".[15]

1 Taufkanne *(Silber, Gravur vergoldet)*
Inschrift und Zeichnungen
Auf dem Deckel: Württembergisches Wappen
Im Deckel: Monogramm der Antonia.
Auf der Leibung: Trinitätssymbol

Trinitätssymbol auf der Taufkanne
Die Taufkanne trägt eine Gravur mit dem Trinitätssymbol: Im oberen Medaillon ist die Geisttaube abgebildet, rechts der Vater, links der Sohn. Dies ist keine gewöhnliche Anordnung. Fast immer ist der Vater zuoberst platziert. Im mittleren Medaillon steht hier bemerkenswerterweise das Glaubensbekenntnis Israels, das so mit dem christlichen Glaubensbekenntnis verbunden wird. Inschrift: 5. Buch Mose 6: Höre Israel, der Herr, unser Gott ist ein einiger Herr.
Inschriften der Aussenbänder: „Es ist nun ein Gott und seind doch nicht Drey Götter sondern …"
Inschriften, die auf die Mitte zulaufen: „Der h. geist ist – der Vater ist – der Sohn ist."

Abbildung gegenüberliegende Seite: Abendmahlsszene fein ziseliert auf dem Innendeckel des Hostiendöschens (Abb. S. 232 Nr. 6)

---

14 Das Schriftstück ist in der Pfarreiregistratur von Weiler zum Stein verwahrt, Roland Schurig, Zeiten und Wege, S. 62.
15 Ebd.; vielleicht ist an den Weihrauchkessel zu denken, den Aaron im Zentrum des Tempels auf dem Innenbild des Teinacher Schreins schwenkt. Im Buch Sohar diente das Rauchopfer dazu, die verschiedenen Sefirot miteinander in Verbindung zu bringen (Diesen Hinweis verdanken wir Herrn Prof. M. Morgenstern).

2 **Taufschale** *(Silber)*
Gravur in der Schale: Taufe Jesu im Jordan.
Umschrift auf dem Rand: ICH WILL MEINE GELÜBDE DEM HERRN BEZAHLEN FÜR ALLE SEINEM VOLCK (Ps. 116, 14).

3 **Abendmahlskanne** *(Silber)*
Auf dem Deckel: Lamm (plastisch),
Inschriften und Zeichnungen
Im Deckel: Württembergisches und brandenburgisches Wappen
Am Griff: Einfaches Monogramm der Antonia und (auf hebräisch) „JHWH"
Im Fuß: ANTONIA
GEBORENE HERZOGIN ZU WIRTEMBERG 1652

4 **Abendmahlskelch** *(Silber)*
Inschrift auf dem Fuß (auf hebräisch): Psalm CXVI V. 13

5 **Patene** = Hostienteller, zur Darreichung des Abendmahlbrots *(Silber)*

6 **Hostiendöschen** mit reich verziertem Deckel: Außen Württembergisches Wappen. Innen Abendmahlsszene.

Anhang II – Die Stiftungen der Prinzessin Antonia von Württemberg

Altartuch *(Leinen, bestickt)*
Reiche, rankenartige Ornamentik, Darstellung der vier Evangelisten. In der Mitte Darstellung des Lammes mit Umschrift: SIEHE DAS IST GOTTES LAMM WELCHES DER WELT SÜNDE TREG (Joh. 1, 29). Nach der Darstellung in der Mitte ist das Altartuch für das Abendmahl gedacht. Die Stickerin war vermutlich Antonia selbst (ihre Mutter, Barbara Sophia, stiftete allen Kirchen des Amtes Brackenheim Altartücher, „die sie selbsten gearbeitet" hatte).

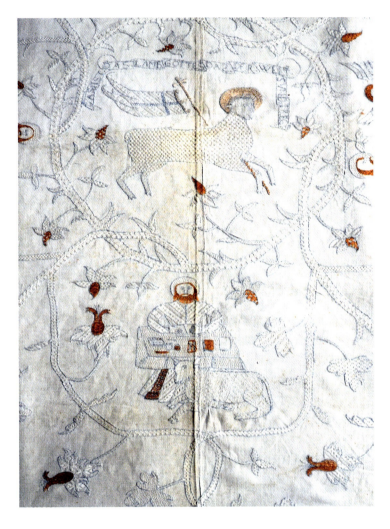

Zu 1.–5.: Beschau und Meisterzeichen auf allen Geräten: Stuttgart, C HE = Christoph Helder, Gold- und Silberschmied in Stuttgart, erwähnt 1640–1670, ab 1665 Münzmeister; weitere Abendmahlskannen von ihm in Stuttgart (Leonhards- und Hospitalkirche), Esslingen (Stadtkirche), Kirchheim/Teck (Martinskirche).

Inschrifts- und Bildprogramm

Stifterin (mit Monogramm und Wappen) und Jahreszahl der Stiftung wie üblich. Ebenso üblich Darstellung im Taufteller eine Taufe Jesu) und auf der Abendmahlskanne (Lamm) als Hinweis auf die Bestimmung.

Sakristeischrank

Zweitürige Kredenz, innen Schließfach und Schubladen

Auf dem Aufsatz
Wappen
links:	Württemberg (Herzog Joh. Friedrich, Vater Antonias)
rechts:	Brandenburg (Barbara Sophia v. Brandenburg, Mutter Antonias)

Inschrift in 2 Spruchbändern
links:	V. G. G. (= von Gottes Gnaden) ANTONIA GEBORNE HERZOGIN VON WIRTEMBERG
rechts:	1. und 2. Zeile nicht mehr zu entziffern
	3. Zeile, verstümmelt: SP. MEA CERT DEUM
	(soll heißen: SPES MEA CERTA DEUS, Wahlspruch Antonias: Gott ist meine gewisse Hoffnung)
In der Mitte:	Unter Engel die Jahreszahl: 1652

Ornamente
Auf den Türen außen
rechts oben:	Salomo begegnet Sulamith.
	Inschrift: „Der Frühling, Aus dem Hohenlied Salomonis am 2. Cap. V. 11 und 12"
links oben:	Die ährenlesende Ruth begegnet Boas.
	Inschrift: „Der Sommer, Aus dem Buch Ruth am 2. Cap. V. 2"
links unten:	Rückkehr der Kundschafter mit der Traube aus Kanaan.
	Inschrift: „Der Herbst, Im 4. Buch Mosis am 13. Cap. V. 24"
rechts unten:	Jojakim verbrennt im Kaminfeuer Baruchs Schriftrolle.
	Inschrift: „Der Wentter, Auss dem Propheten Jeremia am 36. Cap. V am 22."
	darunter: „Im 2. Buch Samuel am 23. Cap. am 20. Vers"

Auf den Türen innen

links oben:	Taufe Jesu im Jordan (Lk. 3, 21-22)
links unten:	Himmelfahrt Jesu (Apg. 1, 4-11)
rechts oben:	Die Büßerin (Joh. 8,1-11)
rechts unten:	Pfingsten (Apg. 1, 13 und 14 und 2, 1-4)

Im Schrank auf der Tür des Schließfaches: Monogramm der Antonia (noch in sehr einfacher Form: ohne O, ohne Anker, Krone ohne Inschrift). Darüber: S M C D (Wahlspruch Antonias), im Monogramm (auf hebräisch): Jesus = ישוע.

Zu den Bildern: Maler unbekannt, vermutlich württembergischer Hofmaler. Als Vorlage diente weithin die Merianbibel: Für Frühling, Sommer und Herbst (die Winterszene kommt bei Merian nicht vor) und für die Pfingstdarstellung (mit Maria).

Bildprogramm

außen:	Die vier Jahreszeiten, ein übliches Motiv für die Schrankbemalung, originell jedoch die Darstellung durch biblische Szenen. Bemerkenswert die Reihenfolge der Darstellungen: Von rechts nach links, vermutlich in Anlehnung an die hebräische Schreibweise.
innen:	Hinweis auf den Zweck des Schrankes zur Aufbewahrung der Tauf- und Abendmahlsgeräte.
links:	Taufe (Taufe Jesu; Geisttaufe, bei der Himmelfahrt zugesagt).
rechts:	Abendmahl (Büßerin: Vergebung der Sünden); Pfingsten: (Neue Gemeinschaft).

Die Stiftungen von Weiler zum Stein

Notenpult

Zweiseitiges Pult auf gedrehter Säule mit Kreuzfuß

Auf den Pultflächen
Vorne: Mose betet bei der Amalekiterschlacht (2. Mose 17,8-16) [1]. Hinten: Vision des Johannes (Offenbarung 4): Die 24 Ältesten singen vereint mit den himmlischen Chören das Lob des Lammes vor dem Thron Gottes. Sie spielen dazu Musikinstrumente. Auch eine Orgel ist abgebildet. In den Ecken sind die Symbole der vier Evangelisten Mensch, Löwe, Stier und Adler zu sehen, die nach Hesekiel Kap. 1 und 10 sowie Offenbarung 4 den Thronwagen Gottes umgeben [2].

Auf den Zwickeln
David betet in der Stiftshütte (2. Samuel 7, 17-29; 22, 1-51) [3].
Salomo betet im Tempel („Tempelweihgebet", 1. Könige 8, 22-61) [4].

Zu den Bildern
Maler: Vermutlich wie beim Sakristeischrank. Die Vorbilder für die Abbildungen sind meist an die von Matthäus Merian illustrierte Lutherbibel angelehnt. Bei der Mosedarstellung wurde, um die Hauptsache hervorzuheben, die Schlacht in die Ferne verlegt.

Bildprogramm
Biblische Darstellungen der Musik (Lobgesang der Ältesten, David und Salomo als Psalmsänger) und des Gebets (Mose, David und Salomo beim Gebet) beschreiben den Zweck des Pultes.

2

3   4

Die Stiftungen von Weiler zum Stein

Glossar[1]

Akrostichon	Als A. wird eine literarische Technik bezeichnet, bei der die Anfangsbuchstaben eines Wortes oder Verses, wenn man sie zusammensetzt, eine neue Botschaft zum Ausdruck bringen. Das Stilmittel des A. verwenden einige Psalmen, die jeden Vers oder Abschnitt mit einem Buchstaben des hebräischen Alphabets beginnen lassen (vgl. Psalm 9, 25, 34, 111, 112, 119 und 145). Im Deutschen wird dieses Stilmittel auch Leistenvers genannt. Verwandt mit dem A. sind Akronyme, bei denen jeder Buchstabe einer Wendung zum Anfangsbuchstaben eines neuen Wortes wird. Beide Stilmittel, die in der →Kabbala häufig gebraucht werden, waren auch der Prinzessin Antonia bekannt und wurden von ihr eingesetzt.
Alchemie, alchemistisch	Das griechisch-arabische Mischwort A. bezeichnet mehr als die zweifelhafte Kunst, aus minderwertigem Metall Gold zu machen – ein Versprechen, das nie eingelöst wurde, das die Adepten, die Labore einrichten und die nötigen Materien beschaffen mussten, aber beträchtliche Summen kostete. Parallel zum Streben, sich durch Transmutation der Metalle unbegrenzten Reichtum zu verschaffen, wollte man den *lapis philosophorum* („Stein der Weisen") oder das *aurum nostrum* („unser Gold") finden und mit dessen Hilfe einen neuen, geläuterten Menschen hervorbringen. Im 17. Jahrhundert wurden komplexe Prozeduren zur Gewinnung des *lapis philosophorum* als frommes Werk beschreiben. Auch Theologen beteiligten sich an dieser Forschung. Antonias Großeltern mütterlicher- und väterlicherseits unterhielten A.-Labore, sie selbst interessierte sich auch für diese Wissenschaft. Es ist jedoch nicht sicher, dass sie selbst Gelegenheit hatte, aktiv an solchen Experimenten teilzunehmen. Das Bild Christi im Pardiesgarten der Lerntafel legt aber nahe, dass ihr das Konzept der *Lapis-Christus*-Parallele, nach dem Christus der wahre Stein der Weisen ist, nicht unbekannt war. Seit dem Aufkommen der naturwissenschaftlichen Chemie ist die A. ganz in die Esoterik abgewandert.
Antijudaismus, antijudaistisch, antijüdisch	Als A. wird die Judenfeindschaft von der Antike bis in die Gegenwart in ihren zunächst paganen, dann kirchlichen Formen bezeichnet. Martin Luther, der sich 1523 in seiner Schrift *Dass Jesus Christus ein geborener Jude sei* vergleichsweise judenfreundlich äußerte, veröffentlichte 1543 antijüdische Schriften, in denen er sich aggressiv und polemisch mit der Kabbala auseinandersetzte: *Von den Juden und ihren Lügen* und *Vom Schem Ha-Mephoras und vom Geschlecht Christi*. Antijüdische Stereotype verwendete 1673 auch der Tübinger Theologieprofessor Balthasar Raith in seiner Predigt zur Einweihung der Bad Teinacher Lerntafel.

---

[1] Das Glossar wurde zusammengestellt von Matthias Morgenstern; die Autorin der Stichwörter „Alchemie", „Astrologie", „Emblem" und „Hermetik" ist Monika Garruchet; unser Dank für wertvolle Hinweise gilt Ewald Freiburger.

Anti-semitismus	Der Begriff A., 1879 im Deutschen Kaiserreich von dem Journalisten Wilhelm Marr (1819–1904) geprägt, bezeichnet die neuzeitliche Form der Judenfeindschaft, wie sie im 19. Jahrhundert vom Berliner Hofprediger Adolf Stoecker (1835–1909) und im „Dritten Reich" unter nationalistisch-rassistischen Vorzeichen vertreten wurde. In der Gegenwart tritt der „neue A." häufig im Zusammenhang mit dem Nahostkonflikt als aggressive Ablehnung des Staates Israel auf.
Astrologie	Die A., griechisch „Lehre von den Sternen", galt bis zu ihrer Ablösung durch die Astronomie als seriöse Wissenschaft. Allgemein wurde angenommen, dass die Konstellationen der Sterne die Ereignisse auf der Erde mitbestimmen. Vor Kopernikus trug zu dieser Vorstellung schon die Tatsache bei, dass die Wochentage →sieben Planeten und die →zwölf Sternkreiszeichen den zwölf Monaten zugeordnet waren. Als Wissenschaft wurde die A. bis ins 18. Jahrhundert hinein gelehrt und praktiziert; sie wurde nicht zwingend mit →Magie in Verbindung gebracht. Fürstliche Personen waren es sich und ihren Untertanen schuldig, die Planetenkonstellation ihrer Geburtsstunde zu ermitteln und daraus Schlüsse für Regierung, Heirats- und Kriegspolitik und andere Entscheidungen zu ziehen. Auch für Antonia wurde ein solches Horoskop erstellt. Der als rechtgläubiger Lutheraner bekannte Johannes Kepler (1571–1630) entsprach als Mathematiker und Astrologe dem Wunsch des kaiserlichen Generals Wallenstein (1583–1634), von ihm gegen Bezahlung ein Horoskop erstellt zu bekommen.
Bet Midrasch	Hebr. „Lehrhaus", der Ort, an dem Juden gemeinsam die schriftliche und mündliche →Tora (Bibel und Talmud) studieren und beten. Ziel des Lernens im B. ist nicht die Aneignung bereits feststehender religiöser Wahrheiten, sondern die gemeinsame Beschäftigung von Lehrern und Schülern mit der Tora.
Bina	Hebr. „Einsicht", die dritte →Sefira, in der →Kabbala auch als →Schechina oder „obere Mutter" bezeichnet. Dieser Sefira ist der Gottesname JHWH (gelesen „Elohim") zugeordnet. Im Innenbild der Lerntafel ist sie als Heiliger Geist dargestellt.
Boas	B. (hebräisch „mit Kraft" oder „mit Macht") hieß nach 1. Könige 7, 21 eine der beiden Bronzesäulen, die vor der Vorhalle des salomonischen Tempels aufgerichtet waren – auf dem Innenbild von Antonias Lerntafel als linke Säule dargestellt; ihr Gegenstück trug den Namen →Jachin. Die Säulen waren mit Granatäpfeln und Lilienmotiven geschmückt – dies wurde als Anspielung auf den Baum des Lebens (1. Mose 2, 9) verstanden. Die Namen der Säulen thematisieren die Schöpfung, die Gott „mit Kraft" gründet und hält. Vielleicht spielen die auf der Lerntafel abgebildeten Säulen auch auf die Säulen des Herkules an, an denen, dem griechischen Dichter Pindar zufolge, die Inschrift *non plus ultra* („nicht mehr weiter") angebracht war, da hier das Ende der Welt vermutet wurde. Kaiser Karl V. verwendete nach der Entdeckung Amerikas die Devise *plus ultra* („noch weiter"). In dieser Perspektive sind die Säulen, kabbalistisch gesehen, ein Symbol für die ultimative Grenzüberschreitung.

Buchstaben, Buchstabenmystik, Buchstabenspekulation	Die rabbinische Literatur und die Kabbala heben die besondere Bedeutung der hebräischen B. hervor, die Gott als Werkzeuge der Schöpfung dienten. Vor diesem Hintergrund entstanden Auslegungsmethoden, mit deren Hilfe hebräische Texte auf in ihnen verborgene Geheimnisse befragt wurden: Die →*Gematrie* erhebt den Zahlenwert eines Wortes oder Satzes; die Technik des *Notarikons* versteht einzelne Buchstaben als Abkürzungen für weitere (im Bibeltext nicht enthaltene) Begriffe; die Lehre der *Permutation* der Buchstaben (*Temura*) stellt Techniken zur Vertauschung von B. bereit. Der Mystiker Josef ben Abraham →Gikatilla gab der Tatsache, dass das hebräische Alphabet aus 22 B. gebildet wird, einen kosmologischen Sinn und stellte die Anfangs-B. der drei hebräischen Bezeichnungen der genannten Methoden zu dem Wort *Ginat* (Garten – Erläuterung: Garten heißt im Hebräischen eigentlich „gina" und nicht „ginat"; „ginat" ist eine abgeleitete grammatische Form, die normalerweise so nie allein steht) zusammen, eine Anspielung auf den „Nussgarten" (Hebräisch *Ginat Egos*) in Hoheslied 6, 11. In seinem gleichnamigen Werk (1274) führt er diese Techniken ausführlich vor und deutet sie als Merkmale des im Paradiesgarten wiederzufindenden Reichtums und Überflusses. Antonia übertrug die Vorstellungen der B.-Mystik auch auf lateinische B. Nach ihrer Zählung ergab der Name „Antonia" den Zahlenwert 70, was dem gematrischen Wert des Namens „Jesus" entsprach.
Chochma	Ch. (hebräisch „Weisheit") heißt die zweite →Sefira (→Emanation), die in der christlichen →Kabbala mit Christus, der zweiten Person der →Trinität, identifiziert wird. Auf dem Innenbild der Lerntafel ist die Ch. rechts oben weiblich dargestellt, wie bereits die Weisheit im biblischen Proverbienbuch (Sprüche 8) eine Frau ist. Im Johannesevangelium ist diese Weisheit (Sophia, das lateinische Äquivalent ist „Sapientia", das aramäische „Memra") Vorbild für den göttlichen Logos, mit dem Jesus Christus gleichgesetzt wird. Auf der Lerntafel ist sie bekränzt von →sieben Sternen, die auf die sieben Sterne verweisen, die der himmlische Christus in seiner Hand hält (Offenbarung 1, 16; 2, 1; 3, 1). In ihrer linken Hand hält sie eine Taufschale mit einer Wasserkanne, in ihrer Rechten einen Abendmahlskelch, über dem eine Hostie schwebt. Die Sinnbilder beider Sakramente verweisen auf Christus. Die Taufschale und der Abendmahlskelch ähneln dem Taufgeschirr, das Antonia nach dem Dreißigjährigen Krieg der Kirchengemeinde Bad Cannstatt schenkte (vgl. die Abbildungen in Anhang II in diesem Band).

Christliche Kabbala	Im südwestdeutschen Raum begann die christliche Auseinandersetzung mit der →Kabbala mit Vorlesungen, die der aus Sizilien stammende getaufte Jude Flavius Mithridates (ca. 1450–1490) 1484 an der Universität Tübingen hielt. Wahrscheinlich kam Johannes Reuchlin zu diesem Zeitpunkt erstmals mit kabbalistischem Gedankengut in Berührung. 1490 lernte Reuchlin in Italien den Grafen Giovanni Pico della Mirandola (1463–1494) kennen, der die These aufstellte, dass die Wahrheit des Christentums mit Hilfe der →Kabbala bewiesen werden kann. In seiner Schrift *De arte cabalistica* (Von der Kunst der Kabbala, Hagenau 1517), nahm Reuchlin diesen Gedanken auf. Im 17. Jahrhundert wurde die christliche K. vom Kreis um Antonia und dem Dichter des Kirchenliedes „Morgenglanz der Ewigkeit" Christian Knorr von Rosenroth (1636–1689) weiterentwickelt, der in Sulzbach/Oberpfalz tätig war.
Emanation, Emanationen	E. sind Entäußerungen Gottes, →Sefirot, „Abglänzungen" oder „Ausflüsse" seines Wesens, die er von sich selbst in die Welt ausströmen lässt. Die Theorie der E. Gottes entstand in der neoplatonischen Philosophie der Spätantike; mit ihrer Hilfe soll es möglich sein, bestimmte Phänomene des Kosmos von direkten oder indirekten Einwirkungen Gottes her zu deuten.
Emblem, Emblematik	Die E. ist eine Kunstform, die in der italienischen Renaissance aufkam, ihre Wurzeln in der hieroglyphischen Bildschrift sah und in Deutschland im Barock eine Blüte erlebte. Formal besteht ein E. aus drei Teilen: *Inscriptio* (Motto, Lemma), *Pictura* (Icon, Imago oder Symbolon) und *Subscriptio* (Auslegung, Interpretation). Das Verfahren der E. gründet auf der Vorstellung, dass die Welt in allen ihren Erscheinungen von heimlichen Verweisungen, verborgenen Bedeutungen und verdeckten, aber entdeckbaren Sinnbezügen erfüllt ist. Darin unterscheidet sich das E. vom bloßen Exempel und bleibt der Hieroglyphe verwandt. Die E. von Antonias Lerntafel ist vom Emblembuch des Zavelsteiner Pfarrers Johann Ebermeier geprägt.
Gedula	Hebräisch „Größe" (vgl. 1. Chronik 29, 11), im →Sefirotsystem die (von oben gezählt) vierte Sefira, der der Erzvater Abraham zugeordnet ist. Auf Antonias Tafel wird diese Sefira, die in der →Kabbala ursprünglich als männlich gilt und auch den Namen Chesed („Gnade") trägt, als weiblich dargestellt. Der ihr zugeordnete hebräische Gottesname lautet „El". Über diese →Sefira fließen göttliche Segensströme nach unten, bis sie über die Sefira →*Malchut* (bzw. →*Schechina*) an die Menschen weitervermittelt werden.

Gematria, Gematrie, gematrisch	Als G. (גימטריה/Gematria, hebräisches Lehnwort aus dem Griechischen) wird eine Methode der Textinterpretation bezeichnet, die Beziehungen und Bedeutungen hebräischer Wörter, Wendungen oder ganzer Sätze zahlenmäßig wiedergibt. In der →Kabbala wird das Ergebnis dieser Berechnungen oft mystisch interpretiert. Voraussetzung dieser Methode ist die Tatsache, dass das Hebräische keine eigenen Zahlzeichen kennt, sondern Konsonanten (Vokale bleiben unberücksichtigt) als Zahlen verwendet. Die Zuordnung der Zahlen und →Buchstaben lässt sich wie folgt darstellen:				

Alef	א	1	Lamed	ל	30
Bet	ב	2	Mem	מ	40
Gimel	ג	3	Nun	נ	50
Dalet	ד	4	Samech	ס	60
He	ה	5	Ajin	ע	70
Waw	ו	6	Pe	פ	80
Zajin	ז	7	Zade	צ	90
Chet	ח	8	Quf	ק	100
Tet	ט	9	Resch	ר	200
Jod	י	10	Sin/Schin	ש	300
Kaf	כ	20	Taw	ת	400

Weitere Zahlen ergeben sich durch die Kombination mehrerer Buchstaben: יא=11, יב=12, טו=15 (die Kombination יה, „Jah" gesprochen, wird vermieden, weil sie an den →Gottesnamen erinnert), תק=500 usw. Diese Auslegungsmethode hängt mit Spekulationen über den Gebrauch der Zahlen in der Bibel zusammen. Als Beispiel dient die Notiz in Genesis 14, 14, Abraham habe 318 Knechte ausgeschickt, um seinen in Gefangenschaft geratenen Neffen Lot zu befreien. Dieser Zahlenwert wird mit dem Namen von Abrahams Diener Elieser (אליעזר) in Verbindung gebracht, der 318 ergibt. Dieser Name heißt übersetzt: „Mein Gott ist Hilfe". – Antonia übertrug das gematrische System auch auf lateinische Buchstaben – mit dem Ziel, die Äquivalenz ihres Namens mit dem Namen Jesus sichtbar zu machen und sich selbst mit ihrem „Seelenbräutigam" zusammenzudenken. Sie verwendete dabei folgende Buchstabenwerte:

A	1	I/J	9	R	17
B	2	K	10	S	18
C	3	L	11	T	19
D	4	M	12	U/V	20
E	5	N	13	W	21
F	6	O	14	X	22
G	7	P	15	Y	23
H	8	Q	16	Z	24

Es ergibt sich folgende Rechnung: Jesus=9+5+18+20+18=70; Antonia=1+13+19+14+13+9+1=70.

Gevura	Hebräisch „Stärke", „Manneskraft". Als G. wird die fünfte →Sefira bezeichnet, die mit dem Erzvater Isaak in Verbindung gebracht wird und auch *Din* („Gericht") heißt. Durch diese Sefira wendet sich Gott den Menschen mit den Eigenschaften der Strenge und des Gerichts zu, woran auch der Gottesname „Furcht Isaaks" (1. Mose 31, 42) erinnert.
Gikatilla, Josef ben Abraham	Josef ben Abraham G. (1248–1325) wurde von christlichen Kabbalisten häufig zitiert und beeinflusste über Johannes Reuchlin auch Antonias Beraterkreis. Sein wichtigstes Werk, die *Tore des Lichts* (שערי אורה/Scha'are Ora), wurde 1561 gedruckt. Durch die lateinische Übersetzung des getauften Juden Paolo Ricci (*Portae Lucis,* Augsburg 1516) und durch Zitate in Reuchlins *De arte cabalistica* (1517) war Gikatillas Gedankenwelt aber bereits früher zugänglich. Paolo Ricci (Paulus Ricius) machte in G.s Lehre von den göttlichen Emanationen (→Sefirot) ein verborgenes Wissen über die christliche →Trinitätslehre ausfindig. Auf der ersten Seite der *Tore des Lichts* wird Psalm 37, 4 zitiert. Darauf spielt die Bad Teinacher Lerntafel an, indem sie diesen Vers durch die Methode der →Gematria mit Antonias Namen in Verbindung bringt.
Gnosis, gnostisch	G. werden Vorstellungen genannt, die gegen das biblische Zeugnis (1. Mose 1, 31) bestreiten, dass die Schöpfung „sehr gut" geschaffen ist. Oft wird dabei der Schöpfer (als bloßer „Demiurg") abgewertet, dem ein „höherwertiger" Erlösergott gegenübersteht. In der →Kabbala werden solche Ideen durch die Vorstellung wirksam, dass bereits bei der Schöpfung ein Unglück passierte, eine Art „kosmischer Sündenfall". Antonias Lerntafel zeigt die Unordnung in der Schöpfung, indem sie die Gewalt im Kreis der zwölf Jakobsöhne auf die Situation im Paradiesgarten projiziert und durch die unklare Reihenfolge der Sternzeichen auf eine chaotische Situation hinweist, die am Sternenhimmel zu beobachten ist. In der jüdischen Geschichte trat Gedankengut mit g.en Zügen im Anschluss an katastrophale Erfahrungen wie die Vertreibung der Juden aus Spanien (1492) und die antijüdischen Chmelnyckyj-Pogrome in der Ukraine (1648–1657) und im Zusammenhang mit der Frage auf, wie Gott diese Katastrophen zulassen konnte. Die Situation nach dem Dreißigjährigen Krieg in Deutschland machte das kabbalistische, der Gnosis ähnliche Gedankengut für Antonia und ihren Kreis attraktiv.

Gottesname, Gottesnamen

Das Alte Testament kennt neben dem vierbuchstabigen G. JHWH (rekonstruierte und wahrscheinliche Aussprache: „Jahwe") verschiedene G.: *El Schaddai* (2. Mose 6, 3; oft übersetzt mit „der allmächtige Gott"), der *Gott, der mich sieht* (1. Mose 16, 13) und *Schrecken Isaaks* (1. Mose 25, 28), der *Höchste* (Psalm 46, 5) usw. Daneben gibt es Gottesbezeichnungen, die in kabbalistischer Betrachtung ebenfalls zu Gottesnamen werden. Die Vielzahl wird schon in 5. Mose 6, 4 sichtbar, dem „Glaubensbekenntnis" Israels. „Höre, Israel, JHWH, unser Gott, ist ein einer JHWH!" Oft wird übersetzt: „Der Ewige, unser Gott, ist ein einiger Gott", wobei jüdischen Religionsphilosophen aufgefallen ist, das dort nicht „einzig" (hebräisch *jachid*) steht, sondern „eins" (hebräisch *echad*). Als weiteres Problem gilt, dass das hebräische Wort *Gott* (אלהים – Elohim) im Plural steht. Im →Talmud diskutieren die jüdischen Weisen mit ihren anonymen Gegnern, hinter denen sich vielleicht Judenchristen verbergen, über diese Frage. Aus Variationen dieses Pluralwortes und des →Tetragramms *JHWH* ergeben sich unterschiedliche G., die in der theosophischen →Kabbala den zehn →Sefirot zugeordnet werden.

Sefira	Gottesname	Sefira	
I	EHJE („ich werde sein"; 2. Mose 3, 14)	VI	JHWH (→Tetragramm)
II	Jah	VII	JHWH Zebaoth
III	JHWH (gelesen: Elohim)	VIII	Elohim Zebaoth
IV	El	IX	El Chai/El Schaddai
V	Elohim	X	→Malchut →Schechina

Als heiligster G. gilt das →Tetragramm JHWH (יהוה), der Schem ha-Mephorasch. Juden sprechen diesen G. nicht aus, sondern umschreiben ihn mit *ha-Maqom* („der Ort"), *Adonai* („meine Herren") oder *ha-Schem* („der Name"). Mit diesem G. wird die jüdische Hoffnung verbunden, dass am Ende der Zeit „JHWH der einzige sein wird und sein Name ein einziger" (Sacharja 14, 9). Der G. JHWH gilt in der →Kabbala als besonders wirkmächtig; kabbalistische Virtuosen, die ihn im Sinne der →Theurgie oder →Magie handhaben, um zu heilen und Wunder zu tun, werden *Ba'ale Schem* („Herren des Namens") genannt.

Hermetik, hermetische Schriften,	H. wird als Überbegriff für verschiedene Geheimwissenschaften benutzt, die auf den sagenumwobenen *Hermes Trismegistos* (griechisch „der dreimalgrößte H.") zurückgehen. Dieser Name aus dem hellenistischen Alexandrien (2. Jahrhundert v. Chr.) soll auf Thoth, den ägyptischen Gott der Weisheit, verweisen. Ihm werden geheimwissenschaftliche Schriften zugeordnet, das *corpus hermeticum* (hermetische Schriften), von denen sich u. a. Paracelsus, Agrippa von Nettesheim, viele →Alchemisten und auch noch Gelehrte im 17. Jahrhundert inspirieren ließen. Auch die sagenhafte *tabula smaragdina* soll auf diese Quelle zurückgehen. Sie hält formelhaft das Denken in Entsprechungen (Analogie z. B. von Makrokosmos und Mikrokosmos) als Schlüssel der Weisheit und der Erkenntnis fest: „*Was oben ist, gleicht dem, was unten ist; was unten ist, gleicht dem, was oben ist*". Für das Erkenntnisstreben vor dem Aufkommen der rationalistischen Naturwissenschaften ist das Denken in Entsprechungen ohne Zuhilfenahme kausaler Zusammenhänge grundlegend. Die verschiedenen Bedeutungsebenen der Teinacher Lerntafel können ohne Berücksichtigung des uns ungewohnten Denkens in Analogien kaum gewürdigt werden.
Hieros Gamos (heilige Hochzeit)	H. heißt die im Alten Orient und in der griechischen Mythologie verbreitete Vorstellung der sexuellen Verbindung eines Gottes mit seiner Göttin. In ähnlicher Weise sprechen mittelalterliche Texte der →Kabbala von der geschlechtlichen Vereinigung der oberen und unteren →Emanationen Gottes, wenn der „göttliche König" den H. „mit seiner Matrone" vollzieht (Eliot Wolfson). Auf dem Innenbild von Antonias Lerntafel spielt diese Vorstellung, die von rationalistischen jüdischen Philosophen auch als gotteslästerlich bezeichnet und abgelehnt wird, aber keine Rolle.
Hod	H. (hebräisch „Lob", „Lobpreis" oder auch „Majestät"; vgl. 1. Chronik 29, 11) heißt die achte →Sefira, auf dem Innenbild links neben der Säule →Boas. Der ihr zugeordnete →Gottesname lautet „Elohe Zebaoth". In der klassischen →Kabbala gilt diese Sefira als männlich, auf der Lerntafel ist sie weiblich dargestellt.
Jachin	J. (hebräisch „er gründet") hieß nach 1. Könige 7, 21 eine der beiden Säulen, die vor der Vorhalle des salomonischen Tempels standen – auf dem Innenbild der Lehrtafel die rechts dargestellte Säule; die zweite Säule hieß →Boas.
Jesod	J. (hebräisch „Fundament") heißt die neunte und vorletzte →Sefira, der die →Gottesnamen *El chai* (der „lebendige Gott") und *El Schaddai* zugeordnet sind. Auf der Lerntafel ist die in der klassischen →Kabbala männlich gedachte Sefira als Schwangere dargestellt, die von einer grünen Stola umhüllt ist und ihre Hände betend faltet. Nach Otto Betz stellt sie die Frau dar, die einst unfruchtbar war, dann aber ein Kind bekommen kann (Jesaja 54, 1–7).

Jesus Der Apostel Paulus spricht im Neuen Testament von dem Namen J., „der über alle Namen ist" (Philipper 2, 9). Damit verbindet er die Vorstellung von der J. übertragenen Vollmacht und Würde. In der christlichen →Kabbala geht es darüber hinaus um die konkrete hebräische Namensform in Schrift und Aussprache. Johannes Reuchlin knüpft dazu an die Spekulationen über den vierbuchstabigen →Gottesnamen an, das →Tetragramm (JHWH). Er meint, dass dieser Name, der Juden als unaussprechbar gilt, durch die Einsetzung eines fünften Buchstabens, des Schin (ש), aussprechbar geworden sei. Aus dem →Tetragramm (יהוה) wird das Pentagramm JHSWH (יהשוה), Jehoschua=Jesus. Auf Antonias Lerntafel ist dieser zusätzliche Buchstabe, der in der →Gematrie den Zahlenwert 300 hat (dies entspricht dem gematrischen Wert der hebräischen Wendung ברחמים, be-rachamim, „mit Erbarmen"), auf der Krone oberhalb des Aufsatzes des Tempelkuppel abgebildet. Dieser →Buchstabe steht hier nicht wie bei Reuchlin in der Mitte des Tetragramms, sondern inmitten des hebräischen Satzes הוא נתן (*hu natan* – „er hat gegeben"). Aus den hebräischen Lettern dieses Satzes kann durch Vertauschung (→*Temura*) der →Buchstaben der Name der Prinzessin gebildet werden. Das bedeutet: „Er (d. h. Gott) hat Antonia ‚mit Erbarmen' das *Schin* (ש) gegeben": Für Antonia wurde der →Gottesname so aussprechbar. Wenn christliche Kabbalisten den Namen J. mit dem Tetragramm verbinden, folgen sie dem Neuen Testament, in dem Jesus Christus der *Kyrios* (Herr) genannt wird. Sie wählen den Titel, der in der griechischen Übersetzung des Alten Testaments (Septuaginta) das →Tetragramm ersetzt. In der Lutherbibel wird diese Übersetzung des alttestamentlichen Tetragramms in Kapitälchen wiedergegeben (HERR).

Judenbücherstreit Der J. zwischen Johannes Reuchlin und den Kölner Dominikanern brach 1511 aus, als der Konvertit Johannes Pfefferkorn vom Kaiser die Genehmigung erwirkte, das nachbiblische jüdische Schrifttum beschlagnahmen und vernichten zu dürfen. Reuchlin stellte sich dem in einem Gutachten („Augenspiegel") entgegen, in dem er das Recht der Juden betonte, über ihre eigene Literatur zu verfügen. Zusätzlich machte er geltend, dass die jüdischen Texte Wahrheiten enthielten, mit deren Hilfe auch das Christentum besser zu begründen und zu verstehen sei. Der Antoniakreis entnahm seine wichtigsten kabbalistischen Ideen den Schriften Reuchlins.

Judenfeindschaft S. Antijudaismus, Antisemitismus

Juden- mission	In seiner „Judenschrift" *Dass Jesus Christus ein geborener Jude sei* (1523) äußerte Martin Luther die Erwartung, das in der Reformation neu ans Licht getretene Evangelium werde viele Juden zu Jesus Christus führen. In seinen judenfeindlichen Spätschriften (1543) gab der Reformator aber jede Hoffnung auf, Juden überzeugen zu können. Das wachsende Interesse am Judentum im frühen →Pietismus führte im 17. Jahrhundert zu erneuten Bemühungen um die J. im Protestantismus. Es ist umstritten, inwieweit man dabei versuchte, die christliche →Kabbala als Instrument der J. einzusetzen. Im 20. Jahrhundert wurde das Thema J. in Deutschland im Zusammenhang mit den politischen Ereignissen diskutiert: Zur Zeit des „Dritten Reiches" hielt die „Bekennende Kirche" an der J. fest, während die „Deutschen Christen" sie meist ablehnten, weil Juden „artfremd" seien und nichts in von Deutschen besuchten Gottesdiensten zu suchen hätten. Seit dem späten 20. Jahrhundert setzte sich in fast allen deutschsprachigen evangelischen Kirchen die Überzeugung durch, dass die J. aus Gründen des Respekts und der Toleranz abzulehnen und durch einen Dialog „auf Augenhöhe" zu ersetzen ist. Grundlegend ist hierfür die seither gewachsene theologische Überzeugung, dass Gott sein „altes Bundesvolk Israel" nicht verstoßen hat, sondern in Treue zu ihm steht.
Kabbala	Die Bezeichnung K. geht auf den hebräischen Wortstamm qbl (קבל) zurück und bedeutet „Überlieferung", „Übernahme", „Weiterleitung". Ursprünglich bezeichnet das Wort jede Überlieferung, insbesondere die Offenbarung der Tora am Berg Sinai. Ab dem Mittelalter nennt man K. eine bestimmte spekulative Richtung und die mit ihr verbundene Frömmigkeitsform des Suchens von Menschen nach der Erfahrung des Göttlichen. Die Träger dieser Überlieferung heißen „Mekubbalim".
Keter, Krone	Als K. wird die oberste →Sefira (→Emanation) bezeichnet. Im Innenbild der Lerntafel stellt sie „Gott-Vater" dar, der hier – da weiblich dargestellt – eigentlich „Gott-Mutter" ist. Das K.-Motiv begegnet uns auf dem Innenbild der Tafel auch als Aufsatz über der Kuppel des Tempels sowie auf dem Außenbild als „Krone des Lebens" (Offenbarung 2, 10), die Christus seiner „Braut" Antonia aufsetzt.
Lurianische Kabbala, Luria, Isaak (1534–1572)	Nach der Verfolgung und Vertreibung der Juden aus Spanien (1492) wurde Safed in Galiläa zum Zentrum kabbalistischer Lehre. Hier entstand Isaak Lurias Vorstellung von der Schöpfung der Welt: die Lehre von einem „Sich-Zurückziehen" des Schöpfergottes, um der entstehenden Welt Platz zu schaffen (*Zimzum*), von einem „Zerbrechen der Gefäße", einem kosmischen Unglück bei der Schöpfung (*Schevirat ha-Kelim*), Spekulationen über das Unendliche (*En Sof*) und eine Seelenwanderungslehre (*Gilgul*). Ziel aller Bemühungen des Menschen ist es nach L., in einem Prozess der Reform (*Tikkun*) den ursprünglichen heilen Weltzustand wiederherzustellen. Friedrich Christoph Oetinger (1702–1782) wollte Antonias Lerntafel von der l. Kabbala her deuten; der Tübinger Judaist Hans-Peter Rüger (1933–1990) hat aber gezeigt, dass der Antoniakreis nicht die l. Kabbala, sondern Josef ben Abraham →Gikatilla vor Augen hatte.

Magie, magisch	In der Vorstellungswelt des Antoniakreises wird zwischen weißer und schwarzer M. unterschieden. Letztere gilt als illegitime, nach biblischer Vorschrift verbotene →Zauberei (vgl. 2. Mose 22, 17). „Weiße M." folgt aus dem Glauben an die wundertätige und heilsame Wirksamkeit des →Gottesnamens, des Namens Jesu und hebräischer →Buchstaben, wenn sie in frommer Absicht aus der Bibel geschöpft werden. Johannes Reuchlin, dessen erstes kabbalistisches Buch aus dem Jahr 1494 den Titel *De verbo mirifico* („Vom wundertätigen Wort") trug, soll deshalb ein Amulett mit Buchstaben aus der Hebräischen Bibel mit sich getragen haben.
Malchut	M. (hebräisch „Königsherrschaft", „Königreich") heißt in der →Kabbala die zehnte und letzte →Sefira, der der →Gottesname „Adonai" zugeordnet ist. Auf dem Innenbild der Lerntafel wird „Königsherrschaft" im Sinne des „Reiches Gottes" verstanden, das Jesu verkündigte (Markus 1, 15) und um das Christen im „Vaterunser" beten. Die Sefira M. trägt auch den Namen →Schechina.
Midrasch (Einzahl), Midraschim (Mehrzahl)	Der Begriff M. (hebräisch „Erforschung" der Heiligen Schrift) bezeichnet eine freie (assoziative, allegorische, an der hebräischen Lautung oder an den hebräischen →Buchstaben orientierte) Methode der Auslegung einzelner Verse oder ganzer biblischer Bücher. Nach dem amerikanischen Judaisten Jacob Neusner gleichen →M. weniger „Kommentaren" als Gemälden, die biblische Motive nach bestimmten künstlerischen Gesichtspunkten zusammenstellen und damit eine theologische Intention verbinden.
Midrasch Genesis Rabba	Genesis Rabba (hebräisch Bereschit Rabba) wird seit dem Mittelalter der „große" (hebr. „rabba") M. zum Buch Genesis genannt. Dieser Text, formal ein Kommentar, inhaltlich aber einem Kunstwerk vergleichbar, entstand im 4. oder frühen 5. Jahrhundert n. Chr. 1512 erstmals in Konstantinopel gedruckt, wird der M. von Reuchlin zitiert und war auch den Ratgebern der Prinzessin Antonia bekannt.
Mischna	Mit M. (hebräisch „Wiederholung") wird die Zusammenfassung des jüdischen Gesetzes bezeichnet, die am Ende des 2. Jahrhunderts n. Chr. von Rabbi Juda ha-Nasi (Juda der Fürst) in Galiläa in sechs Teilen (Ordnungen) zusammengestellt wurde. Teil der M. sind Traktate, die Vorschriften enthalten, die Juden während ihrer Feiertage zu beachten haben, z. B. der Traktat Chagiga („Feiertag"). Im →Talmud werden die 63 Traktate der M. ausführlich kommentiert.

Mystik, jüdische	Die jüdische M. wird umgangssprachlich und auch in der Wissenschaft oft mit der →Kabbala identifiziert. Die Anfänge der jüdischen M. werden entweder in der Hebräischen Bibel (z. B. in der Thronwagenvision in Hesekiel 1–3), in der Antike (z. B. bei dem Philosophen Philo von Alexandrien) oder in der Spätantike (im Talmud oder in Texten des →Midrasch) gesucht. Die Suche nach den Anfängen der jüdischen M. wird durch die Tatsache erschwert, dass viele der frühen Belege für „jüdische M." auch Elemente der →Gnosis, des Neuplatonismus oder Christentums enthalten. Dennoch versuchte Gershom Scholem, eine Verbindungslinie von frühen Texten bis zur mittelalterlichen →Kabbala nachzuzeichnen. Neuere Untersuchungen stellen heraus, dass die unter dem Begriff der jüdischen M. zusammengefassten Phänomene so unterschiedlich sind, dass von ihrer Zusammengehörigkeit schwer gesprochen werden kann. Zudem ist das Konzept der M. christlich geprägt. Der Begriff der M. hat keine Entsprechung im Hebräischen oder Aramäischen. In der Forschung wird heute häufig nur mit Vorsicht von einer jüdischen M. gesprochen.
Nezach	N. (hebräisch „Sieg", „Ewigkeit"; vgl. 1. Chronik 29, 11) heißt die siebte →Sefira. Ihr ist der hebräische Gottesname „JHWH Zebaoth" zugeordnet. Die im Innenbild der Lerntafel rechts an die Säule →Jachin angelehnte →Sefira N. ist eine Frau, die einen Palmzweig und einen Siegeskranz trägt. Traditionell-kabbalistisch wird sie als männlich vorgestellt.
Pansophie	Im 17. Jahrhundert gilt die P. als Konzept eines Wissens, das alle Wissenschaftsbereiche, auch die in der frühen Neuzeit entstehende Naturwissenschaft, auf christlicher Grundlage vereinen will.
Pietismus, pietistisch	Der P. ist eine Erneuerungsbewegung innerhalb der evangelischen Kirche in Deutschland, die 1675 mit Philipp Jakob Speners Schrift *Pia Desideria oder herzliches Verlangen nach gottgefälliger Besserung der wahren evangelischen Kirche* eingeleitet wurde. Speners „fromme Wünsche" (lateinisch „Pia Desideria") richteten sich darauf, dass die ganze Bibel, nicht nur die vorgeschriebenen Predigttexte und der Katechismus, gelesen und studiert werden sollte. Antonias Lerntafel nahm dieses Programm gewissermaßen vorweg. Merkmal des P. ist auch ein neues Interesse am zeitgenössischen Judentum, eine Offenheit jüdischen Themen und Texten gegenüber sowie die Überzeugung, dass das Evangelium persönlich angeeignet werden muss und in der individuellen Lebensführung des Einzelnen (*praxis pietatis*) sichtbar zum Ausdruck kommt.

Raschi	Akronym von (hebräisch) „Rabbi Schelomo ben Isaak" (1040–1105). R. gründete in Troyes (Champagne) die bedeutendste Jeschiwa (Talmudhochschule) seiner Zeit. In seinen Bibelkommentaren verarbeitete er Traditionen und Motive aus dem Talmud und den wichtigsten →Midraschim; zugleich trat er für die Orientierung des Textverständnisses am Literalsinn (פשט/ peschat) ein und beeinflusste so indirekt die Entwicklung der Exegese im christlichen Bereich. Martin Luther lernte R. in den Bibelkommentaren des mittelalterlichen Exegeten Nikolaus von Lyra (1270/75–1349) kennen, der R. ausführlich zitiert.
Rosenkreuzer, Rosenkreuzer-Schriften	Unter der Bezeichnung R. werden Gruppen zusammengefasst, die zu Beginn des 17. Jahrhunderts erstmals im Umkreis der Universität Tübingen auftraten. Inspiriert vom Gedankengut der neuplatonischen Philosophie, der →Kabbala, der →Alchemie und des Paracelsismus strebten sie eine Erneuerung der Spiritualität innerhalb der evangelischen Kirche an. Gemeinsam ist diesen Gruppen, dass sie sich auf die (wohl von J. V. Andreae geschaffene) legendarische Figur des Christian Rosencreutz berufen, der nach verschiedenen Reisen in den Orient einen Geheimbund gründete. Als eine der Grundschriften der R., die sich als Oppositionsbewegung innerhalb der evangelischen Kirche verstanden und von der herrschenden lutherischen Orthodoxie abgelehnt wurden, gilt das von Andreae 1616 in Straßburg veröffentlichte Werk *Chymische Hochzeit des Christian Rosencreutz.* In späteren Jahren als württembergischer Geistlicher distanzierte sich Andreae von den R. Auf der Lerntafel ist auf der Kuppel oberhalb des Tempels zwischen den drei obersten →Emanationen ein Symbol der R. abgebildet. Ein Tagungshaus und Zentrum der „Internationalen Schule des goldenen Rosenkreuzes" befindet sich in Calw, unweit von Bad Teinach (https://www.rosenkreuz.de/ort/calw).
Sanhedrin	Der S. (das Wort ist eine Hebraisierung des griechischen *synhedrion,* „Versammlung") war zur Zeit des zweiten Jerusalemer Tempels (bis zur Zerstörung der Stadt im Jahre 70 n. Chr.) das oberste jüdische Entscheidungsgremium für politische und religiöse Fragen. Dem S., in deutschen Bibelübersetzungen „Hoher Rat" genannt, gehörten 72 Mitglieder an. Die Handlungsweise des S. wird im gleichnamigen Traktat des →Talmuds erklärt. Da dieser Traktat legendarische (nach heutiger Kenntnis völlig unhistorische) Berichte von dem Prozess enthält, der gegen Jesus geführt wurde, wurde er von christlichen Gelehrten, unter ihnen Reuchlin und wohl auch der Antoniakreis, mit besonderem Interesse gelesen. Zusätzlich enthält der Traktat Vorschriften für das Schreiben hebräischer Texte, die für die Prinzessin von Interesse waren.

Schechina	Nach biblischer Vorstellung „wohnte" Gott zunächst im Zeltheiligtum, das die Israeliten auf der Wüstenwanderung begleitete (2. Mose 40), und nahm dann Besitz vom salomonischen Tempel (1. Könige 8). Das Neue Testament nimmt diesen Gedanken auf: Es spricht davon, dass Christus als das Wort Gottes unter den Menschen „zeltete" (Johannes 1, 14). In der →Kabbala entstand aus dieser Vorstellung der substantivierte Begriff der „Einwohnung" (Schechina) Gottes. Obwohl ursprünglich weiblich vorgestellt, wird die →Sch. auf der Bad Teinacher Tafel mit der männlichen Figur Christi identifiziert.
Sefer Jezira	Das S. (hebräisch „Buch der Schöpfung") ist ein jüdischer Traktat der Spätantike (oder des frühen Mittelalters) zu Fragen der Kosmologie und Kosmogonie (Weltentstehung), der pseudepigraphisch dem Erzvater Abraham zugeschrieben wird. Der (unbekannte) Autor findet die Grundelemente der Schöpfung in den 22 →Buchstaben des hebräischen Alphabets und den zehn Urziffern (1–10). Die Gesamtzahl der hebräischen Buchstaben (22) ist die Summe der Urziffern (→Zehn) und der Anzahl der Stämme Israels (→Zwölf).
Sefira (Einzahl), Sefirot (Mehrzahl), Sefirotsystem	Die S. sind ursprünglich die (→Zehn) Urzahlen, auf denen nach antiker (pythagoreischer) Lehre alles Seiende gründet. Die →Kabbala ordnet die S. unterschiedlichen →Gottesnamen zu und verwandelt sie in Potenzen, in denen die nach außen wirkende und sich offenbarende Gottheit sichtbar wird: Gott entäußert sich auf zehn Stufen in →Emanationen, die nach außen strömen und die Schöpfung beleben. Durch das Zusammenwirken der S. entsteht eine Struktur mit oberen und unteren Gliedern und „Kanälen" (hebräisch: *Zinnorot*), die die S. verbinden. In der hochmittelalterlichen →Kabbala verfestigt sich diese Struktur zum Symbol eines von oben nach unten (nach dem Gefälle der Offenbarung) wachsenden Baumes. Die drei obersten S. bezeichnen die der menschlichen Welt am meisten abgewandten Seinsweisen Gottes, während die unterste S., →Malchut (Königsherrschaft) oder →Schechina (Einwohnung) genannt, diejenige →Emanation oder „Abglänzung" Gottes bezeichnet, die dem Volk Israel am nächsten kommt. Bereits der Kirchenvater Hieronymus berichtet von jüdischen Quellen, die die →Gottesnamen in ein Zehnerschema bringen. Dieses Schema weist auffällige Ähnlichkeit mit dem jüdischen *Sefer Jezira* (Buch der Schöpfung) auf, in dem von den zehn Grund- oder Urzahlen die Rede ist, die im System der →S. mit den zehn Offenbarungsweisen Gottes identifiziert werden.

Sieben, Siebenzahl	Die Bedeutung der Zahl S. ergibt sich im vorkopernikanischen Weltbild u. a. daraus, dass die Wochentage sieben Planeten zugeordnet sind (die Sonne galt ebenfalls als „Planet"):

Sonntag	Sonne
Montag	Mond (vgl. französisch „lundi")
Dienstag	Mars (französisch „mardi")
Mittwoch	Merkur (französisch „mercredi")
Donnerstag	Jupiter (französisch „jeudi")
Freitag	Venus (französisch „vendredi")
Samstag	Saturn (englisch „saturday")

In ihren meditativen Übungen bestimmte Antonia für jeden Wochentag einen Text aus Psalm 119 und verband den jeweiligen Text mit einem Buchstaben ihres siebenbuchstabigen Namens. Auf der Bad Teinacher Lerntafel kommt die Symbolik der →S. auch durch die sieben Sterne zum Ausdruck, mit denen sie zweite Sefira gekrönt ist. Auch ergibt die Quersumme beider auf der Tafel angegeben Namen und Bibelverse (2590 und 2005) jeweils sieben. Zählt man zur Siebenzahl die der →Trinitätslehre entnommene Drei hinzu, ergibt sich die →Zehnzahl der →Sefirot. Addiert man noch die Zahl →Zwölf, entsteht eine Äquivalenz zu den 22 →Buchstaben des hebräischen Alphabets.

Sohar	Aus der Tradition des spanischen Judentums entstand gegen Ende des 13. Jahrhunderts die bedeutendste kabbalistische Schrift überhaupt: der S. (*Sefer ha Sohar*, hebräisch „Buch des Glanzes"; der Name nimmt ein Motiv aus Daniel 12, 3 auf). Als Autor seines Hauptteils gilt der spanische Kabbalist Mosche de Leon (gest. 1305). Der Text, formal eine Art Kommentar oder →Midrasch zu den fünf Büchern Moses, wurde in aramäischer Kunstsprache verfasst und ab etwa 1275 im Namen des Rabbi Schimon bar Jochai (frühes 2. Jahrhundert) verbreitet. Innerhalb kurzer Zeit genoss der S. hohes Ansehen. Er gilt als geoffenbartes, heiliges Buch und wurde vielfach kommentiert.
Sulamith	S., vielleicht eine Nebenform zu dem weiblichen Personennamen Salome, heißt die Braut im biblischen Hohenlied (Kap. 7, 1), die traditionell dem König Salomo als Bräutigam gegenübersteht. Sprachlich spielt der hebräische Name auf die Schönheit der Braut an. Auf der Lerntafel versteht Antonia sich selbst als S. und Braut Christi.

Syrisches Neues Testament, syrische Sprache	Hintergrund der Vorstellung von der besonderen Heiligkeit der s. Sprache ist die „Abgar-Legende", von der Eusebius von Caesarea in seiner Kirchengeschichte berichtet. König Abgar V. von Edessa soll sich demnach brieflich zu dessen Lebzeiten an Jesus gewandt und ihn zu sich eingeladen haben, um ihn von einer Krankheit zu heilen. Jesus pries den König selig. Er könne zwar nicht kommen, einen seiner Jünger wolle er aber später zu ihm senden. Nach Christi Himmelfahrt habe dann der Apostel Thomas seinen Mitapostel Judas Thaddäus nach Edessa abgeordnet. Thaddäus (s. unten sein Bild S. 256) habe den König und die Stadt für das Evangelium gewonnen. Im Zusammenhang mit dieser Sage entstand die Legende, dass der Apostel, als er in Edessa eintraf, Evangelien in aramäischer Sprache mit sich führte und daher bereits im 1. Jahrhundert n. Chr. eine syrisch-aramäische Übersetzung des Neuen Testaments entstand. Mit dieser Überlieferung verbinden sich in den orientalischen Kirchen Vorstellungen hinsichtlich der besonderen Heiligkeit der s. (und aramäischen) Sprache und der s. (und aramäischen) Bibelübersetzung, die sie – ebenso wie den hebräischen Text – geeignet macht für Operationen der →Gematrie, der Zahlenmystik und für weitere kabbalistische Erklärungen. So ist es zu erklären, dass Johann Albert Widmannstadt seiner syrischen Ausgabe des Neuen Testaments einen Kupferstich beigegeben hat, der die Struktur der zehn →Sefirot als Geheimnisbaum zeigt. Vgl. dazu Anhang I: Der Kanzeldeckel der Jakobuskirche Brackenheim.
Talmud	Der T. gilt im rabbinischen Judentum als mündliche →Tora, als den biblischen Texten gleichwertige Tradition, die Mose am Sinai gegeben, aber erst von den T.weisen der Spätantike in schriftliche Form überführt wurde. Diese nachbiblischen Überlieferungen des Judentums wurden von Christen jahrhundertelang wenig beachtet. Seit dem Hochmittelalter gelangten sie aber stärker in das öffentliche Bewusstsein und wurden zum Ausgangspunkt heftiger Angriffe auf das Judentum. Johannes Reuchlin, dessen Schriften im Antoniakreis gelesen wurden, war aber der Meinung, dass der T. wichtige Informationen enthalte, die auch für das Verständnis des Christentums von Bedeutung seien.
Temura	T., hebräisch „Vertauschung", ist ein Verfahren der →Kabbala, bei dem →Buchstaben des hebräischen Alphabets nach einer bestimmten Methodik ausgetauscht werden, um so eine Botschaft zu chiffrieren oder eine neue Bedeutung zu erzeugen. Beliebt ist die Ersetzung des ersten Buchstabens des Alphabets durch den letzten, des zweiten Buchstabens durch den zweitletzten usw. (Atbasch-Methode).

Tetragramm	Das T., der *Schem (Ha)mephorasch* (korrekt שם מפורש oder השם המפורש, *Schem mephorasch* oder *Ha-Schem Ha-mephorasch*), der „ausgeführte Name", bezeichnet den vierbuchstabigen →Gottesnamen JHWH der Hebräischen Bibel, der im rabbinischen Judentum geschrieben, aber nicht ausgesprochen wird. Mündlich wird dieser Name durch Gottesbezeichnungen wie *Adonai* (wörtlich „meine Herren"), „Der Name" (ha-Schem), „Der Ort" (ha-Maqom) oder →Schechina, die göttliche „Einwohnung", ersetzt. Mit Hilfe dieses Namens soll Gott den Kosmos erschaffen haben. Zugleich heißt es, dass er mit diesem Namen selbst identisch ist: Bereits zur Zeit von →Talmud und →Midrasch galt dieser Name als wundertätig. Darauf spielt Johannes Reuchlin mit seiner Schrift „Vom wundertätigen Wort" (1494) an. In Luthers Bibelübersetzung wird das T. durch ein in Kapitälchen gesetztes HERR wiedergegeben. Neben dem Tetragramm kennt das nachbiblische Judentum Traditionen von zwölf-, zweiundvierzig- oder auch zweiundsiebzig-buchstabigen Gottesnamen.
Theosophisch, Theosophie, theosophische Kabbala	Griechisch „Gottesweisheit" bzw. Weisheit von Gott; in der →Kabbala bezeichnet die T. ein Wissen um die innergöttlichen Verhältnisse, d. h. die Beziehungen der einzelnen →Sefirot oder →Emanationen Gottes zueinander. In der christlichen Theologie gibt es ähnliche Überlegungen; dabei wird zwischen der „immanenten Trinität" (den innergöttlichen Beziehungen) und der „ökonomischen Trinität" (den Wirkungen der drei Personen Gottes in der Heilsgeschichte) unterschieden.
Theurgisch, Theurgie	Als T. wird die Vorstellung betrachtet, dass Menschen durch rituelle Handlungen Einfluss auf Gottes Wirken nehmen. Diese Vorstellung, die von →Zauberei und →Magie nicht leicht zu unterscheiden ist, bezieht sich sowohl auf Gottes Eingreifen in diese Welt als auch auf die innergöttlichen Verhältnisse, d. h. auf die Beziehungen der →Sefirot zueinander. Durch T. können demzufolge verstopfte „Kanäle" des Segensflusses zwischen den Sefirot „repariert" und gereinigt werden, so dass der Segen zu den Menschen gelangen kann. In einigen Systemen der →Kabbala werden kultische Handlungen wie das Anzünden der Kerzen am Vorabend des Sabbats, der Bau der Laubhütte während des Laubhüttenfests und das rituelle Schwenken des Feststraußes mit den vier Pflanzen – Zitrusfrucht, Bachweide, Myrte und Dattelbaumzweig (vgl. 3. Mose 23, 39–40) – im Sinne der T. gedeutet.
Tif'eret	T. (hebräisch „Herrlichkeit", „Schönheit", „Pracht"; vgl. 1. Chronik 29, 11) heißt die sechste →Sefira, die als Zentralsefira gilt und mit dem Erzvater Jakob, also Israel, in Verbindung gebracht wird. Der ihr zugeordnete hebräische Gottesname lautet JHWH (das Tetragramm).

Tora	Als T. (hebräisch „Lehre") werden im Sinne der „schriftlichen T." zum einen die fünf Bücher Mose (Pentateuch) bezeichnet; als T. im Sinne der mündlichen T. gelten aber auch die →Mischna, der →Talmud und die klassischen →Midraschim. Im erweiterten Sprachgebrauch kann man über den Talmud hinaus die gesamte jüdische Lehre bis in die Gegenwart als T. bezeichnen. Im →Bet Midrasch ist die T. Gegenstand jüdischen Lernens.
Trinität, Trinitätslehre, Trinitätstheologie	Die Lehre der T. (Dreieinigkeit, Dreifaltigkeit) bezeichnet im Christentum die Einheit des Wesens Gottes in drei Personen (Hypostasen) als „Vater", „Sohn" (Jesus Christus) und „Heiliger Geist". Johannes Reuchlin und andere christliche Kabbalisten waren überzeugt, die T. mithilfe der Lehre von Gottes →Emanationen (→Sefirot) bestätigen zu können. Die Bad Teinacher Kirche (Dreifaltigkeitskirche) verdankt ihren Namen dieser auch von Prinzessin Antonia und ihrem Beraterkreis geteilten Vorstellung.

Gruppe der 12 Apostel (oberhalb des Evangelisten Markus, dessen Löwe links unten im Bild zu sehen ist): der „Herrenbruder" Jakobus (seine Hand ruht auf der Säule, die in der Nähe des Tempels auf seinem Grab stand), Johannes (mit Kelch und rotem Kleid; die Farbe erinnert an das Motiv der Liebe in seinen Briefen), Thaddäus, der Missionar in aramäisch-syrischer Sprache (er soll von persischen Magiern mit einer Keule erschlagen worden sein), Andreas (mit Andreaskreuz), Petrus (mit dem Schlüssel) und Matthäus (hält die Hellebarde in der Hand, mit der er erschlagen wurde).

Zauber, Zauberei	Die biblische Tradition bringt Z. mit okkulten Praktiken und der Sterndeuterei in Verbindung, die in Ägypten bekannt waren (vgl. 2. Mose 7, 22; 9, 11 u. ö.). In esoterischen Deutungen wird die neutestamentliche Erzählung von der Flucht der Familie Jesu nach Ägypten (in Antonias Schrein auf dem Bild der linken Seitentafel) häufig so gedeutet, dass Jesus dort mit dem am Nil vorhandenen magischen Wissen bekannt wurde (vgl. Matthäus 2, 13–15). Dazu passt, dass der Babylonische →Talmud (Traktat →Sanhedrin 107b; Traktat Sota 47a und Traktat Schabbat 104b) Jesus der Z. beschuldigt. In der →Kabbala und auch bei Reuchlin wird aber zwischen (legitimer) weißer und (illegitimer) schwarzer →Magie unterschieden. Die Ägypten-Motive auf den beiden Seitentafeln des Bad Teinacher Schreins (links die Flucht der Heiligen Familie, rechts die Auffindung des Knaben Mose auf dem Körbchen) sind wohl so zu verstehen, dass Antonia und ihr Kreis das geheimnisvolle uralte Wissen vom Nil für sich in Anspruch nehmen wollen.
Zehn, Zehnzahl	Die Zahl Z. gilt bei Pythagoras als perfekte und heilige Zahl, die das ganze Wesen der Zahlen umfasst, da die Summe der Zahlen 1, 2, 3 und 4 die Zahl 10 ergibt (Aristoteles: *Metaphysik* 986a8–10). Dieser Zusammenhang wird von den Pythagoreern als „Tetraktys" bezeichnet. Auch die Tatsache, dass diese Zahl bei Griechen und „Barbaren" in gleicher  Weise Ausgangspunkt des Dezimalsystems war, führte zur Stellung dieser Zahl. Hinzu kam die Annahme, es müsse zehn bewegte Himmelskörper geben, die nach mathematischen Regeln harmonisch geordnet waren. Dieser Vorstellung entspricht auch die dezimale →Sefirot-Struktur der →theosophischen Kabbala, wie sie auf Antonias Lerntafel sichtbar wird. Johannes Reuchlin verglich in seinem 1494 erschienenen Werk *De verbo mirifico* (Vom wundertätigen Wort) das Tetragramm, das den Gottesnamen JHWH darstellt, mit der Tetraktys.
Zwölf, Zwölfzahl	Die Zahl Z. symbolisiert auf der Lerntafel die kosmische Ordnung in zeitlicher und räumlicher Dimension. Die 12 Sternbilder repräsentierten die Monate des jüdischen Jahres (und die je 12 Tages- und Nachtstunden) und die vier Jahreszeiten, die zugleich auf die vier Himmelsrichtungen bezogen sind. Entsprechend gegliedert ist auch die Tier- und Pflanzenwelt sowie, stellvertretend für die unbelebte Natur, die Welt der Edelsteine. Die Zwölfzahl der Söhne Jakobs bzw. der Stämme Israels im Paradiesgarten, aber auch die 12 kleinen Propheten und die 12 Apostel zeigen, dass sich diese Struktur auch in der Heilsgeschichte wiederfindet, in der Gottes Wirken in der Menschenwelt sichtbar wird. Auch für das Ende der Zeit, im wiederhergestellten Paradies, erwartet Antonia eine im Sinne der Z. erkennbare Harmonie.

Personenregister (Auswahl)

Abulafia, Abraham (1240–1291/92), Vertreter der prophetisch-ekstatischen Kabbala   45, 47, 68f, 116
Adret, Salomon ben Abraham ibn (1235–1310), Rabbiner   45
Agnes von Sachsen-Lauenburg (1592–1629), Herzogin von Württemberg, Tante Antonias   135
Agricola, Rudolf (gest. 1485), humanistischer Gelehrter   60
Alexander VI. (1431–1503), Papst   60
Andreae, Johann Valentin (1586–1654), Dekan in Calw, Hofprediger und Konsistorialrat in Stuttgart   21, 23, 31, 35–37, 91, 119, 130f, 142, 164, 220f, 223, 251
Andreae, Maria, geb. Moser (1550–1632), Mutter J. V. Andreaes, erste Apothekerin am Stuttgarter Hof   233
Anna Johanna (1619–1679), Herzogin von Württemberg, Schwester Antonias   29, 77, 130f, 141, 147, 153, 181f, 215, 221, 229
Anna Katharina von Salm-Kyrburg (1614–1655), Herzogin von Württemberg, erste Ehefrau Eberhards III., Schwägerin Antonias   133, 138, 142, 148
Aristoteles (384 v. Chr.–322 v. Chr.)   257
Arndt, Johann (1555–1621), Lüneburgischer Superintendent, Autor der „Vier Bücher vom wahren Christentum"   13, 30, 32, 35, 139
Barbara Sophia von Brandenburg (1584–1636), Herzogin von Württemberg, Mutter der Prinzessin Antonia   28, 30, 46, 128f, 131, 135f, 138, 140, 203, 215ff, 220, 233f
Barbara von Baden-Durlach (1593–1627), Herzogin von Württemberg, Tante der Prinzessin Antonia   135
Bengel, Johann Albrecht (1687–1752), schwäbischer Theologe, Hauptvertreter des Pietismus   13
Böhme, Jakob (1575–1624), christlicher Mystiker   13, 19, 29
Bomberg, Daniel (1470/80–1549), flämischer Drucker, Verleger hebräischer Bücher   116f
Brahe, Tycho (1546–1601), Astronom   112
Brenz, Johannes (1499–1570), württembergischer Reformator   130, 225
Buxtorf Johann d. Ä. (1564–1629), Theologe und Orientalist   174
Buxtorf, Johann d. J. (1599–1664), Orientalist, Lehrer Ph. J. Speners   38, 110, 152, 175f
Calvin, Johannes (1509–1564)   205
Candel, Karl Philibert Ferrara Fiesco von (gest. 1675), Graf, württembergischer Obervogt   33
Christoph (1515–1568), Herzog von Württemberg   24
Drusius, Johannes (1550–1616), Orientalist   174
Eberhard III. (1614–1674), Herzog von Württemberg, Bruder Antonias   9, 24, 28ff, 136ff, 141, 151, 153, 156f, 163f, 166, 199, 229
Eberhard im Bart (1445–1496), erster Herzog von Württemberg, Gründer der Universität Tübingen   12, 24, 59
Ebermeier, Johann (1598–1666), Pfarrer und kaiserlich gekrönter Poet, Kurseelsorger Antonias   24, 37, 133f, 146f, 149, 153, 164f, 220f, 242
Eva Christina von Brandenburg-Jägerndorf (1590–1657), Markgräfin, Tante Antonias   135
Friedrich III. (1415–1493), Kaiser des Heiligen Römischen Reiches Deutscher Nation   61
Friedrich (1615–1682), Herzog von Württemberg-Neuenstadt, Bruder Antonias   153, 178
Froberger, Johann Jakob (1616–1667), Musiker und Komponist   141
Gerhardt, Paul (1607–1676), Theologe und Kirchenliederdichter   100, 167
Gikatilla, Josef ben Abraham (1248–ca. 1325), Kabbalist   20, 49f, 65, 67, 69, 92, 95, 98, 104
Gregor XIII. (1502–1585), Papst   105
Gruber, Johann Friedrich (um 1620–1681), Maler am württembergischen Hof   11, 13, 27, 151, 153f, 162
Gustav II. Adolf (1594–1632), König von Schweden   30
Hafenreffer, Matthias (1561–1619), Deutscher Theologe, Lehrer J. V. Andreaes und Johannes Keplers   27, 181
Hahn, Michael (1758–1819), schwäbischer Mystiker, Begründer der nach ihm benannten Gemeinschaft   20
Heinlin, Johann Jakob (1588–1660), Tübinger Mathematiker und Theologe, Lehrer Strölins   22f, 26f, 30, 112
Hess, Tobias (1558–1614), Jurist in Tübingen   35
Hutten, Hans von (1486–1515), Stallmeister Herzog Ulrichs von Württemberg   24
Johann Friedrich (1582–1628), Herzog von Württtemberg, Vater Antonias   28f, 129, 203, 211
Katharina von Brandenburg-Küstrin (1549–1602), Kurfürstin, Großmutter Antonias   131
Kepler, Johannes (1571–1630), Astronom, Physiker, Mathematiker   111f, 240
Klemm, Jakob Friedrich (1733–1793), Repetent im Tübinger Stift   19
Konstantin d. Große (zw. 270 und 288–337), Römischer Kaiser   86
Kopernikus, Nikolaus (1473–1543), Astronom und Arzt, Domherr in Preußen   112, 240, 253

Personenregister

Leo X. (1475–1521), Papst   63, 114
Leon, Moshe de (ca. 1240/50–1305), Kabbalist   20, 44, 253
Leopold Friedrich (1624–1662), Herzog von Württemberg, Ehemann von Antonias Schwester Sibylla   153
Levita, Elija Bachur (1469–1549), jüdischer Humanist und Gelehrter   116
List, Nikolaus (1610–1685), württ. Hofmaler   24
Loans, Jakob (gest. 1506), Leibarzt Friedrichs III.   61
Löw, Juda ben Bezalel (Maharal) (ca. 1512/1525–1609), jüdischer Gelehrter und Kabbalist   112
Ludwig Friedrich (1586–1631), Herzog von Mömpelgard, Vormund Eberhards III.   29, 136
Luria, Isaac (1534–1572), Kabbalist   58f, 116, 248
Luther, Martin (1483–1546)   61f, 66, 68, 93, 108–112, 114, 117, 178, 185, 189, 199, 239, 248, 251, 255
Lyra, Nikolaus von (1270/75–1349), Franziskanischer Theologe   251
Maimonides (Mose ben Maimon) (1138–1204)   51
Maria Dorothea Sophia von Oettingen-Oettingen (1639–1698), Herzogin von Württemberg, zweite
    Ehefrau Eberhards III.   153, 229
Melanchthon, Philipp (1497–1560)   108, 117
Mirandola, Pico della, Graf (463–1494), italienischer Humanist   59, 62, 114, 242
Mithridates, Flavius (ca. 1450–ca. 1490), sizilianischer Gelehrter   60, 242
Nachmanides (Mose ben Nachman) (1194–1270), Kabbalist und Torakommentator   45
Nicolai, Philipp (1556–1608), Theologe und Liederdichter   76
Nikolaus III. (1210/1220–1280), Papst   45
Oetinger, Friedrich Christoph (1702–1782), Special-Superintendent in Herrenberg   13, 19ff, 23, 59, 126, 145, 248
Paracelsus (Philippus Theophrastus Aureolus Bombast von Hohenheim) (1493/94–1541), Schweizer Arzt und
    Naturphilosoph   13, 98f, 246
Postel, Guillaume (1510–1581), franz Hebraist   46
Pythagoras (um 570 v. Chr. – nach 510 v. Chr.)   63, 111, 154, 257
Raith, Balthasar (1616–1683), Theologieprofessor, Rektor d. Univ. Tübingen   11f, 19, 37, 112, 166, 182, 239
Raschi (Rabbi Schelomo ben Isaak) (1040/41–1105), jüdischer Bibel- und Talmudkommentator   16, 65, 251
Reuchlin, Johannes (1455–1522)   11f, 14, 17, 19f, 34, 45f, 59–69, 84, 86, 95, 100, 108f, 111, 113f, 116f, 154,
    182, 204, 207, 242, 244, 247, 249, 251, 254–257
Sabbatai Zwi (1626–1676), Kabbalist und „Messias" der sabbatianischen Bewegung   53f
Schickard, Wilhelm (1592–1635), Astronom, Mathematiker, Hebraist (Universität Tübingen)   16
Schickard, Ursula Margarete (1618–1634), Tochter W. Schickards   174
Schimon bar Jochai (Raschbi) (2. Jh. n. Chr.), legendarischer Talmudweiser   94, 253
Schmidlin, Johann Laurentius (1626–1692), Pfarrer in Sindelfingen, später Konsistorialrat, Berater
    Antonias   13f, 21f, 24, 26f, 37, 41, 88, 91, 98f, 102, 105, 110, 112f, 135, 143–146, 149, 151, 153, 162, 164f
Schmidt, Johann (1594–1658), lutherischer Professor und Prediger in Straßburg   30, 36, 139f
Schurmann, Anna Maria von (1607–1678), deutsch-niederländische Universalgelehrte, eine der ersten
    Studentinnen Europas   174f
Sibylla (Sybilla) von Anhalt (1564–1614), Herzogin von Württemberg, Großmutter Antonias   130f
Sibylla (Sybilla) (1620–1707), Herzogin von Württemberg-Mömpelgard, Schwester Antonias   22, 29, 77, 130,
    141, 153, 157, 217, 219
Spalatin, Georg (1484–1545)   108
Spener, Philipp Jakob (1635–1705)   30, 37f, 109ff, 152, 250
Steiner, Rudolf (1861–1925)   20, 117
Steudner, Johann (1620–1666), Berater Antonias   16f, 36
Strölin, Johann Jakob (1620–1663), Hebräischlehrer Antonias   22, 37, 70, 73f, 103, 107, 110, 142f, 145,
    150ff, 162, 164f, 176f, 219, 221
Tersteegen, Gerhard (1697–1769), Kirchenliederdichter   96
Ulrich (1487–1550), Herzog von Württemberg   24
Ulrich (1617–1671), Herzog von Württemberg-Neuenbürg, Bruder Antonias   136, 153
Viterbo, Egidio de (1469–1532), Ordensgeneral des Augustinerordens   116
Weinmann, Erhard (1577–1637), Hofprediger und Konsitorialrat   204
Widmannstadt (Widmannstetter), Johann Albert (um 1506–1557), Herausgeber des Neuen Testaments
    in syrischer Sprache (1555)   46f, 84f, 204, 254
Wölfflin, Christoph (1625–1688), Oberhofprediger und Konsistorialrat   153
Zeller, Christoph (1605–1669), Oberhofprediger, Konsistorialrat und Professor an der Universität
    Tübingen   164, 215, 221

Bildnachweis

Seite	Herkunft
11–12	https://www.deutsche-digitale-bibliothek.de/item/KJVQG47KNG2BBTLUBYX7JTFYDA4GQUOO?lang=de
18	http://idb.ub.uni-tuebingen.de/Gf2021/0435
36	https://nat.museum-digital.de/object/856408000001.jpg (2000×3012) (hab.de)
50–51	https://www.digitale-sammlungen.de/de/view/bsb00002115?page=2,3
84–85	Syrisches Neues Testament, Wien 1555. https://www.digitale-sammlungen.de/de/view/bsb00070810?page=320,321 München, Bayerische Staatsbibliothek -- Rar. 155
108	https://commons.wikimedia.org/wiki/File:Johannes-Reuchlin-1516.jpg
109	https://de.wikipedia.org/wiki/Martin_Luther_und_die_Juden#/media/Datei:1543_On_the_Jews_and_Their_Lies_by_Martin_Luther.jpg (gemeinfrei)
110	https://de.wikipedia.org/wiki/Zohar#/media/Datei:Zohar.png (gemeinfrei)
127	http://idb.ub.uni-tuebingen.de/Gf2021/0435
133	Threnodia Würtembergica, Johann Ebermaier, Stuttgart, Württembergische Landesbibliothek, R 17 Ebe 1, S. 23
134	Threnodia Würtembergica, Johann Ebermaier, Stuttgart, Württembergische Landesbibliothek, R 17 Ebe 1, S. 29
137	Patrick Garruchet mit freundlicher Genehmigung von Dr. Gilbert Luttenschlager
138–139	Alamy Bild MN5HNY
143–145	Stuttgart, Württembergische Landesbibliothek, Cod. Hist. Fol. 551, Bl. 108r.
147 oben	HAB http://diglib.hab.de/drucke/80-4-eth/start.hmt?image=00116
147 unten	HAB http://diglib.hab.de/drucke/80-4-eth/start.hmt?image=00117
148 links	HAB http://diglib.hab.de/drucke/80-4-eth/start.hmt?image=00515
148 rechts	HAB http://diglib.hab.de/drucke/80-4-eth/start.hmt?image=00005
149	Threnodia Würtembergica, Ebermaier, Johann, Stuttgart, Württembergische Landesbibliothek, R17 Ebe 1, S. 8.
155	Kartografie der Nähte des Innenbildes, Befunduntersuchung Lehrtafel, Philipp Grässle, Abbildung 25, Seite 26
156	Ev. Kirchengemeinde Bad Teinach
157	Fotos aus der Befunduntersuchung Lehrtafel, Philipp Grässle, Abbildung 15+16, S. 16.
158	Befunduntersuchung Lehrtafel, Philipp Grässle, Abbildung 23, Seite 24
159 links	Masterarbeit Ilona Schwägerl, Abbildung 58, S. 40. Inkarnate Farbvergleich Original und ersetzter Teil des Bildträgers
160 links	Nachlass von Walter Maschke, mit freundlicher Genehmigung von Uta Hiller, Calw.
164	https://de.wikipedia.org/wiki/Christoph_Zeller_(Theologe) (gemeinfrei)
167	https://de.wikipedia.org/wiki/Wie_soll_ich_dich_empfangen (gemeinfrei)
171	Landesamt für Denkmalpflege, Dienstsitz Karlsruhe
172, 184, 186, 188, 190, 192, 194, 196, 198, 200	Stuttgart, Württembergische Landesbibliothek, Cod. or. qt. 2, Bl. 4r/v, 5r/v, 6r/v, 7r/v, 8r.
214, 221	Markus Gräter, Bad Cannstatt
215, 220	Eckart Schultz-Berg, Bad Cannstatt
216–219	Marie-Luise Kohler, Brackenheim
222–223	Oliver Heidorn, Herrenberg
230–237	Franz Herrschlein, Leutenbach
257	https://de.wikipedia.org/wiki/Tetraktys#/media/Datei:Tetractys.svg (gemeinfrei)

Alle anderen Bilder: Ewald Freiburger

Beitragende

Ewald Freiburger ist Mitbegründer und Mitgesellschafter des J. S. Klotz Verlagshauses. Er hat in den vergangenen Jahren mehrere hundert Kirchen und Klöster fotografiert und eine umfangreiche Sammlung an Bildmaterial erstellt.

Monika Garruchet, deutsch-französische Theologin württembergischer Ordination, ist mit der Lerntafel der Prinzessin Antonia in Liebelsberg/Nordschwarzwald aufgewachsen. Sie lebt heute in der Schweiz, wo sie in Muttenz bei Basel ein Pfarramt versieht. Zusätzlich ist sie mit einer Studienleitung an der evangelisch-theologischen Fakultät der Universität Bern beauftragt.

Dr. **Reinhard Gruhl** ist Kirchenhistoriker, Redakteur im Projekt „Frühe Neuzeit in Deutschland 1620–1720 – Literaturwissenschaftliches Verfasserlexikon 17. Jahrhundert" und wiss. Mitarbeiter am Institut für Deutsche Philologie der Ludwig-Maximilians-Universität München.

Dr. **Matthias Morgenstern** ist apl. Professor für Religionswissenschaft und Judaistik am Institutum Judaicum (Evangelisch-Theologische Fakultät) der Eberhard Karls Universität Tübingen.

Eckart Schultz-Berg ist Dekan an der Evangelischen Stadtkirche Bad Cannstatt.

Danksagungen

Wir danken für vielfältige Hilfe, die wir bei der Erstellung dieses Bandes erfahren haben. Frau Popp-Grilli und Frau Engster-Möck von der Württembergischen Landesbibliothek Stuttgart ermöglichten den Zugang zu den historischen Dokumenten und den Abdruck der Bilder und des hebräischen Gedichts Antonias. Dr. Nicole Bickhoff, die ehemalige Direktorin des Hauptstaatsarchivs, hat unser Projekt von Anfang an wohlwollend begleitet. Wilfried Lieb hat das Akrostichon des Jahres 1639 sorgfältig transkribiert.

Uta Hiller, geb. Maschke, war mit Material aus dem Fotoarchiv ihres Vaters Walter Maschke behilflich. Ilona Ewald, geb. Schwägerl, und der Restaurator Philipp Gräßle stellten uns die Ergebnisse ihrer Untersuchungen zur Verfügung. Herr Gräßle gab wertvolle Hinweise zur Datierung und zum Werdegang der Lerntafel. Dr. Doru Doroftei entzifferte den syrischen Text. Matthias Betz, der die Lerntafel mit der Panorama-Technologie aufnahm, wies uns auf den Internet-Link hin, der die virtuelle Besichtigung der Bad Teinacher Kirche ermöglicht.

Für die Bilder und Texte zu den Stiftungen (Anhang II) danken wir der Ev. Kirchengemeinde Neubulach, Nathalie Riegert vom Stadtarchiv Schorndorf, Franz Herrschlein vom Historischen Verein Leutenbach e.V., Dekanin Dr. Brigitte Müller und Marie-Louise Kohler (Brackenheim) sowie Dr. Isolde Döbele-Carlesso vom Stadtarchiv Brackenheim. Oliver Heidorn danken wir für die Erstellung der Bilder des Herrenberger Taufgeschirrs. Dr. Eran Shuali (Strasbourg) und Tjark Wegner (Tübingen) halfen mit wertvollen Literaturhinweisen. Lisa Härlin aus dem Sekretariat des Institutum Judaicum (Tübingen), Dr. Matthias Schiebe und Friedhilde Gold haben sorgfältig Korrektur gelesen. Pfarrer Matthias Schmidt von der Ev. Kirchengemeinde Bad Teinach-Zavelstein hat unser Lerntafel-Projekt immer engagiert und tatkräftig unterstützt. Ihnen allen sei herzlich gedankt!

Corinna Wintzer danken wir für die sorgfältige Schlusskorrektur und Harald Funke für sein stets freundliches und kompetentes Eingehen auf unsere graphischen Sonderwünsche! Eine besondere Freude war für uns die Zusammenarbeit mit Ewald Freiburger vom J.S. Klotz-Verlagshaus, der mit seinem schier unerschöpflichen Fotoarchiv und seinen Detailkenntnissen diesen Band erst möglich gemacht hat, der immer wieder hilfreiche sachliche Hinweise gab und uns mit Rat und Tat und zur Seite stand.

Schließlich nennen wir unsere Ehepartner Patrick Garruchet und Gabriele Morgenstern, denen wir für ihre liebevolle Unterstützung von Herzen danken.

Matthias Morgenstern und Monika Garruchet

Mit freundlicher Unterstützung

Evangelische Kirchengemeinde
Bad Teinach-Zavelstein

Evangelischer Kirchenbezirk
CALW-NAGOLD

Forschungsstiftung für
Spätmittelalter und Reformation

Kreisgeschichtsverein Calw e.V.

LANDKREIS CALW

WÜRTTEMBERGISCHER
GESCHICHTS- UND ALTERTUMSVEREIN

Edition Papierblatt

*„Was ist das Menschlein,
dass du sein gedenkst ...
Ließest ihm ein Geringes nur mangeln,
göttlich zu sein,
kröntest ihn mit Ehre und Glanz."*

Psalm 8,5f nach Martin Buber

Die Edition Papierblatt trägt ihren Namen in Anlehnung an **Mordechai Papirblat**, der 1923 in Polen geboren wurde und von 1946 bis zu seinem Tod 2022 in Israel gelebt hat. Er überlebte antisemitische Anfeindungen, die Ghettos Warschau und Garbatka sowie vier Lager des Konzentrationslagerkomplexes Auschwitz. Weil er den Holocaust als einziger Träger seines Namens überlebt hat, sagt er „Mein Name ist ein Denkmal!" Ein Denkmal für seine ermordeten Familienangehörigen. Der Name „Papirblat" wurde den Vorfahren von Mordechai Papirblat gegeben, weil sie als Journalisten und Schreiber Informationen auf Papierblättern festgehalten und an andere Menschen weitergegeben haben.

In diesem Sinne stellt die digitale Plattform **www.papierblatt.de** seit 2016 Zeitzeugenberichte von jüdischen Holocaust-Überlebenden kostenfrei zur Verfügung. Sie enthält ferner eine Stichwortsuche zur thematischen Erschließung der Videoberichte, didaktische Hilfen, Unterrichtsbausteine sowie vielfältige Materialien für Schule und Erwachsenenbildung.

Mit der **Edition Papierblatt** ergänzen wir das digitale Angebot. Die Bücher erinnern einerseits an die Ereignisse des Holocaust, doch machen sie andererseits die Bedeutung des jüdischen Lebens und Glaubens in der Region Nordschwarzwald deutlich und dokumentieren Beispiele des vielfältigen Miteinanders von Juden und Christen.

Es ist unser Anliegen, dass sowohl die Bücher als auch die Online-Plattform einen Beitrag leisten gegen das Vergessen und für die Erinnerung, gegen Antisemitismus und für Respekt gegenüber jüdischen Mitbürgerinnen und Mitbürgern, gegen Verdrängung und für ein mündiges und mutiges Einstehen für die Rechte aller Menschen, die von Gott mit *„Ehre und Glanz"* gekrönt sind.

Frank Clesle	Timo Roller	Thorsten Trautwein
Zedakah e. V.	Morija gGmbH	Ev. Schuldekan
Talstr. 100	Im Flöschle 42	Wielandstr. 12
75378 Bad Liebenzell	72218 Wildberg	75365 Calw

In der Edition Papierblatt sind bisher folgende Bände erschienen:

Band 1
Mordechai Papirblat

900 Tage in Auschwitz. Tagebuch eines Holocaust-Überlebenden

Wildberg 2020, ISBN 978-3-9451-7817-1

Mordechai Papirblat schildert sein Leben als polnischer Jude zwischen 1939 und 1945. Ein eindrucksvolles und erschütterndes Zeitzeugnis über seine Erfahrungen unter anderem im Warschauer Ghetto, im Stammlager von Auschwitz, in Auschwitz-Birkenau und im Arbeitslager Neu-Dachs sowie auf seiner Flucht vom Todesmarsch und bei der erfolglosen Suche nach Verwandten. In Zeiten, in denen das Wissen um den Holocaust abnimmt, ist das Vermächtnis von Mordechai Papirblat wichtiger denn je.

Band 2
Thorsten Trautwein (Hg.)

Jüdisches Leben im Nordschwarzwald

Neulingen 2021, ISBN 978-3-948968-45-8.
Das Buch ist vergriffen. Es findet sich digital unter www.papierblatt.de/edition/
In 30 Einzeluntersuchungen wird ein einzigartiges Panorama jüdischen Lebens im Nordschwarzwald präsentiert. Erstmals wird dafür der weite Bogen von den Anfängen im Spätmittelalter bis zur Gegenwart gespannt und die Vielfalt jüdischen Lebens zwischen Pforzheim und Rottweil, von Baisingen bis Freudenstadt dargestellt.

Band 3
Christoph Timm, unter Mitarbeit von Olaf Schulze

Jüdisches Leben in Pforzheim – Vom Mittelalter bis heute

Neulingen 2021, ISBN: 978-3-948968-51-9

Kenntnisreich wird die eindrucksvolle jüdische Geschichte Pforzheims geschildert. Dazu gehört der Beitrag der jüdischen Mitbürgerinnen und Mitbürger zum religiösen, wirtschaftlichen, kulturellen und gesellschaftlichen Leben der Stadt. Ein Rundgang erklärt bauliche Zeugnisse und führt zu Erinnerungsorten jüdischen Lebens.

Band 4
Ella Liebermann-Shiber

Erinnerungen aus dunkler Vergangenheit

Texte und Zeichnungen einer Holocaust-Überlebenden
im Kontext ihres Lebens und Gesamtwerks

Herausgegeben von Zedakah e.V. und Thorsten Trautwein
Neulingen 2022, ISBN 978-3-948968-86-1

Ella Liebermann-Shiber (1923–1998), eine in Berlin geborene Überlebende des Konzentrationslagers Auschwitz-Birkenau, hat uns mit ihren 93 Zeichnungen ein ausdrucksstarkes Zeitzeugnis hinterlassen. Ihre Zeichnungen und prägnanten Texte schildern besonders das Schicksal von Frauen, Müttern und Kindern während des Holocaust. Für sie selbst wurde das Zeichnen eine Form der Therapie angesichts ihrer traumatischen Erlebnisse.

Weitere Informationen und Zusatzmaterial zu den Büchern: www.papierblatt.de/edition/